Menschwerdung
eines Affen

Heike Behrend

MENSCHWERDUNG EINES AFFEN

Eine Autobiografie
der ethnografischen Forschung

Matthes & Seitz Berlin

Für meine Enkelinnen Hanna,
Lili und Emma

Inhalt

EINFÜHRUNG

Ihr Affentum, meine Herren, soferne sie etwas derartiges hinter sich haben, kann Ihnen nicht ferner sein als mir das meine: An der Ferse aber kitzelt es jeden, der hier auf Erden geht, den kleinen Schimpansen wie den großen Achilles.

Franz Kafka[1]

1

Der Affe, der Mensch werden will, bin ich, eine (Berliner) Ethnologin. »Affe« nannten mich die Bewohner der Tugenberge im Nordwesten Kenias, als ich 1978 zu ihnen kam. »Affe«, »Närrin« oder »Clown«, »Hexe«, »Spionin«, »satanischer Geist« und »Kannibale« waren Namen, die mir auch auf späteren Forschungen in Ostafrika gegeben wurden. Über diese ethnografischen Forschungen möchte ich hier berichten. Mein Text ist also dem Genre des autobiografischen Feldforschungsberichts zuzuordnen und folgt ethnologischen »Vorfahren« wie Hortense Powdermaker, Laura Bohannan, Claude Lévi-Strauss, Paul Rabinow, Alma Gottlieb, Harry West oder Roy Willis, um nur einige zu nennen. Doch während bei ihnen der Ethnograf im Feld meist als heroischer Wissenschaftler und Meister der Forschung in Erscheinung tritt, behandle ich in diesem Buch vor allem die Geschichte der eher unheroischen Verstrickungen und kulturellen Missverständnisse, der Konflikte und Fehlleistungen, die sich während meiner Feldforschungen in Ostafrika ereigneten. Es geht um die Irritationen, Zufälle, unglücklichen Erfahrungen und blinden Flecken, soweit sie mir überhaupt bewusst geworden sind, die in den publizierten Monografien fast immer ausgeschlossen werden.[2] Zur ethnografischen Praxis gehören jedoch wesentlich Situationen des Scheiterns. Sie tun weh und zwingen die Ethnografin, den Kurs ihrer Forschung zu ändern, einen anderen Ort, einen anderen »Informanten« oder auch ein anderes Feld des Wissens zu suchen. Doch in publizierten Texten ist das Scheitern meist ausgelöscht; die Ethnografin erzählt vor allem eine Erfolgsgeschichte. Die Produktivität, die auch im Scheitern liegen kann, wird selten anerkannt und der Reflexion unterzogen.

Tatsächlich aber bestimmten Irritationen, Missverständnisse und Zufälle wesentlich den Forschungsprozess, denn sie zwangen mich, in nicht vorhersehbare Richtungen zu denken und den Gegenstand der Forschung immer wieder neu zu fassen.

2

Feldforschungen nehmen ihren je eigenen Verlauf, da auch die Menschen vor Ort Interessen und Projekte haben, in die sie die Ethnografin einzubinden suchen. »Meine« Forschung gehörte mir nicht. Sie wurde weitgehend, wie ich zeigen werde, von den Ethnografierten bestimmt, verlief weder nach Plan noch ohne Konflikte. Denn mein »Wille zum Wissen« (Foucault) kollidierte nicht selten mit lokalen Interessen und Vorstellungen von Höflichkeit, Moral, Macht, Geschlecht und Geheimnis. Gerade die Akzeptanz, das Sich-Einlassen auf Kollisionen und deren Reflexion, erwies sich als äußerst produktiv und eröffnete Felder des Wissens, die ich mir zu Hause nicht hätte ausdenken können. Das heißt aber auch, dass ich ein Anderes postuliere, das in der Beziehung zum Eigenen nicht aufgeht. Es gibt ein Außen, das über die narzisstische Spiegelung des Eigenen im Fremden hinausweist und den Kreis der Selbstreflexion durchbricht.

Die Irrungen und Wirrungen, die »im Feld« akkumulierten, nahmen schemenhafte Gestalt an und verlangten, so scheint es mir, wie Geister nach Anerkennung. Sie führten zur Herausbildung von einem »Gegenstand«, der gemeinhin Forschungsthema genannt wird. Der war nicht einfach gegeben, sondern musste erst im Austausch – manchmal auch im Streit – mit den Männern und Frauen vor Ort gefunden werden. Dabei waren, wie ich feststellen musste, meine Gesprächspartner höchst interaktiv und überhaupt nicht indifferent; sie veränderten sich bereits, während wir noch miteinander sprachen. Und sie veränderten mich; auch ich bin heute das, was sie während der Forschungszeit in Afrika aus mir gemacht haben.

3

Ein autobiografischer Bericht beruht auf einem einzigen Namen. Da ich die Autorin, Erzählerin und Protagonistin des Textes bin, halte ich den »autobiografischen Pakt«[3] ein und bin verantwortlich für den Text. Gleichzeitig aber sprenge ich den Rahmen, denn ich füge dem einen Namen, der den Pakt garantiert, andere, fremde Namen hinzu. Diese Namen, die mir in Afrika von den Subjekten meiner Forschung gegeben wurden, stelle ich ins Zentrum meiner Autobiografie der ethnografischen Forschung. Es sind Namen, die nicht schmeicheln und in denen ich mich nicht unbedingt wiedererkenne. Ich versuche, meine Subjektivität bis ins Äußerste zu steigern und zu erweitern, indem ich mich zum Objekt der Ethnografierten machen lasse und zeige, wie sie mich sahen und benannten. Vor diesem Hintergrund fällt es mir schwer, das »Auto-« in Autobiografie stark zu machen. Ist es nicht so, dass die eigentliche Signatur des Textes aufgebrochen, fragmentiert, erweitert und verfremdet wird, wenn fremde Namen ins Zentrum rücken? Ist ein Text noch eine Autobiografie, wenn er sich bemüht, Elemente einer ethnografischen Fremdbeschreibung zu liefern?

Tatsächlich ist mein Text der Versuch nachzuvollziehen, wie im Austausch mit den Subjekten meiner Forschungen zahlreiche sehr befremdliche und beunruhigende »Ichs« entstanden, die mich fragen ließen, welche Wahrheit, welche Kritik, welches Versprechen und welches Versagen diese fremden Namen bergen, die mir gegeben wurden. Mein Text ist zugleich ein Versuch, die ethnografische Produktion von Wissen – manchmal sehr unwissenschaftlich – erzählbar zu machen. Vor diesem Hintergrund erhebe ich auch nicht den Anspruch, einen wissenschaftlichen Bericht zu produzieren, denn höchst unwissenschaftlich halte ich manchmal an beiden Seiten eines Gegensatzes fest und falle mir selbst in zahlreichen Aussagen immer wieder in den Rücken.

Die kritische Beschäftigung mit der westlichen autobiografischen Tradition, unserer »biografischen Illusion«[4], wie Pierre Bourdieu sie nannte, veranlasste mich, auch den Vorstellungen von (Auto-)Biografie, Leben und Lebensweg der Subjekte meiner Forschung nachzugehen und sie in diesen Text mit aufzunehmen.

4

In Deutschland und Frankreich gibt es eine kleine Tradition, die als »inverse Ethnografie« beschrieben worden ist. Vor und nach dem Zweiten Weltkrieg haben Julius Lips, Hans Himmelheber, Michel Leiris, Jean Rouch, Fritz Kramer und Michael Harbsmeier und andere sich für die Frage interessiert, wie die Konfrontation mit fremder Fremderfahrung europäisches – und vor allem – koloniales Selbstverständnis erschüttern konnte. Sie kehrten die Perspektive um, vertauschten die kolonialen Positionen von Beobachter und Beobachteten und thematisierten in verschiedenen Medien, wie die Kolonisierten die Kolonisatoren, deren Lebensweise und Technologien zum Objekt ihrer eigenen Ethnografien machten. Diese Figur der Umkehrung, des inversen Blicks der Ethnografierten auf die Ethnografin und ihre Forschung, liegt auch diesem Bericht zugrunde und treibt ihn an. Welche Kategorien bemühten die Subjekte meiner Forschung, um mich und meine Arbeit zu bezeichnen? Welche Möglichkeiten der Eingliederung boten sie mir als einer zunächst Fremden an? Wann und unter welchen Bedingungen wurde ich als Person angenommen oder zurückgewiesen? Welche Grenzen setzten sie mir? Gab es Augenblicke, in denen sich ihre und meine Perspektiven trafen oder sogar zur Deckung kamen? Welches Wissen, welche Begriffe und Theorien schenkten sie mir? Welche Allianzen gingen wir ein, und welche Widerstände bildeten sich bei ihnen wie bei mir heraus? Konnten sie sich in meinen Texten wiedererkennen? Und wie ging ich mit den Namen um, die sie mir gaben? Affe, Närrin oder Clown, Hexe, Spionin, böser Geist und Kannibale - diese irritierenden Bezeichnungen, die mir während meiner Aufenthalte in Afrika gegeben wurden, verunsicherten, verwirrten und trafen mich. Welche Kraft und Dynamik gewannen diese Namen während der Forschung und im Schreiben darüber?

Wie ich im weiteren Verlauf meiner ethnografischen Arbeit feststellte, hatten die Namen bereits eine lange Geschichte. Sie waren mehr oder weniger klassische Stereotype der Fremdheit, die in interkulturellen Begegnungen, beschrieben in Reiseberichten bereits aus dem 19. Jahrhundert (manchmal sogar weit früher), auftauchen und von den Beteiligten - Kolonisatoren und Kolonisierten - hin und her gespielt wurden. »Alterisierung« ist eine Praxis, die nicht nur (koloniale) Ethnologen betrieben haben, auch die Subjekte ihrer Forschung haben Fremde - Ethnologen eingeschlossen - »verandert«, sie als Kannibalen bezeichnet, als Fremdgeister in Ritualen der Besessenheit tanzen lassen, als Colon-Figuren auf Altäre gestellt oder mit Namen verspottet.

Die Namen, die mir gegeben wurden, gewähren also Einblick in fremde Fremderfahrung und zeigen, wie die Subjekte meiner Forschung mich in ihren Kategorien in Besitz genommen haben. Gegen eigene Selbstwahrnehmung, Intentionen und Forschungspläne vervielfachten sie Versionen von mir, die ich mir nicht im Traum vorgestellt hätte. Vielleicht sind es aber gerade diese eher destabilisierenden Erfahrungen, die ein Verständnis des Differenten ermöglichen.[5]

Ich präsentiere mich dem Leser also weniger als autonomes Subjekt und Beobachterin, sondern vielmehr als sehr genau beobachtetes Objekt in einem Feld von Zufällen, Unsicherheiten, Konflikten und höchst unterschiedlichen Machtverhältnissen. Dennoch bin ich es, die schreibt und beschreibt. Ich bin es, die sich als erinnerndes Subjekt in einer Beziehung der Differenz zu den vielen fremden Versionen meines Selbst befindet. Und ich bin es, die dem Genre der Reise- und Forschungsliteratur folgt – dieser »Schundliteratur«, wie Lévi-Strauss sie genannt hat –, ihre Konventionen manchmal aber auch bricht oder persifliert. Ich bin beides, Opfer und Akteurin in fremden Komödien und Dramen, und steige, als Affe oder Kannibalin, in immer niederere Genres hinab – ohne eine erhabene Umkehr am Ende.

Tatsächlich geht es um mehr als Umkehrung. Denn die Namen, die mir gegeben wurden, brachten weniger das Andere der anderen zum Ausdruck – wie ich zumindest während meiner ersten Feldforschung annahm – als vielmehr die wechselseitigen Spiegelungen von Fremd- und Selbstbildern. In der langen Geschichte kolonialer Begegnungen und Konfrontationen sprang der Affe als Unruhestifter zwischen den verschiedenen Akteuren hin und her. Er war Beschimpfung und subversive Figur zugleich, eingelassen in eine Hierarchie von Alteritäten in einem kolonialen Mosaik von Anziehung und Abweisung. Als die Ältesten in den Tugenbergen mich »Affe« nannten, bezog sich diese Namensgebung eben nicht nur auf mein ungehobeltes, wildes und äffisches Benehmen, wie ich ursprünglich angenommen hatte, sondern war auch eine Replik auf die eigene koloniale Erniedrigung und Diskriminierung, die sie erlitten hatten. Offensichtlich stehen die Namen nicht mehr nur eindeutig in Relation zu dem, was wir »ihren eigenen kulturellen Kontext« nennen. Die scheinbar klare Trennung zwischen ihnen und uns und zwischen ihren und unseren Vorstellungen vom Anderen ist instabil geworden. Das eine ist mit dem anderen bereits verwoben. Die einfache Umkehrung der Perspektive, so wie ich sie am Anfang dieses Textes ins Spiel brachte, muss also vor dem Hintergrund einer langen Geschichte von Globalisierungs-, Austausch- und Aneignungsprozessen eher einer Vielfalt von miteinander verflochtenen Alteritäten Platz machen, die sich wie in einem Kaleidoskop brechen, spiegeln und umherwirbeln, aber nicht leicht zu isolieren sind und immer wieder neue Differenzen hervorbringen.[6]

5

Bronisław Malinowski, der Gründerheros der modernen Ethnologie, forderte von seinen Schülern einen mindestens zweijährigen Aufenthalt in der Fremde. Meine Forschungsaufenthalte in Ostafrika dauerten sehr viel länger; mit Unterbrechungen kehrte ich in einem Zeitraum von sieben bis acht Jahren immer wieder an denselben Ort zurück. Meist hielt ich mich nur zwei bis vier Monate am Stück in Afrika auf, weil ich Mann und Kind nicht zu lange alleinlassen wollte. Der Aufenthalt zu Hause erlaubte mir, Distanz zu gewinnen, zu lesen und nachzudenken, um mich dann mit neuen Fragen wieder nach Afrika zu begeben. Das Verschwinden und die wiederholte Rückkehr an den Ort der Forschung stellten sich als unerwartete Maßnahme der Vertrauensbildung heraus. Ich verschwand nicht auf Nimmerwiedersehen, sondern kam zurück; die Rückkehr war kein leeres Versprechen, denn ich brachte auch die Geschenke mit, die ich versprochen hatte. Was das Wiederkommen betraf, stellte ich mich als verlässlich heraus. Tatsächlich gab dieses Hin und Her zwischen Europa und Afrika meinem Leben einen festen Rhythmus der Zerrissenheit.

Während die ethnografische Feldforschung auch als eine Art Besessenheit beschrieben werden kann – die fremde Kultur ergreift von mir Besitz und die Subjekt/Objekt-Relationen lösen sich teilweise auf –, so geht das Schreiben der Monografie zu Hause mit einem Rückgewinn der im Feld verlorenen Macht einher. Dieses Schreiben hat Michael Harbsmeier als »Heimkehrritual«[7] bezeichnet, durch das die Heimgekehrte »gereinigt« wird und sich reintegriert. Während sich im Feld Ethnografin und Ethnografierte im Idealfall einander annähern und gemeinsam die zu ethnografierende Kultur erfinden[8], vollzieht sich im Schreibprozess ein Exorzismus, der oft genug die Freunde und Gesprächspartner in der Fremde in den Hintergrund treten lässt. Stattdessen rücken die

Kollegen, für die oder gegen die man schreibt, ins Zentrum. Im partiellen Ausblenden der Gesprächspartner im Feld behauptet sich die Ethnologin als Autorin; sie tritt wieder ganz und gar in den wissenschaftlichen Diskurs ein, den sie nie völlig verlassen hatte. Sie bleibt im Genre des Forschungsberichtes gefangen und damit im schriftlichen Diskurs mit seinen kolonialen und postkolonialen hierarchischen Ordnungen, auch noch oder gerade in der Umkehrung.

Ich werde jedoch im Folgenden weniger über den Prozess des ethnografischen Schreibens als vielmehr über das Nachleben der ethnografischen Texte berichten. Sie zirkulierten nicht nur im akademischen Milieu, sondern kehrten auch – übersetzt – als Gegengabe zu den Ethnografierten zurück. Denn der Dialog und die Auseinandersetzung hören auch nach der Publikation einer Monografie nicht auf. Die Texte, die gefüllt sind mit dem Wissen der Ethnografierten, finden den Weg zu ihnen zurück; sie werden (hoffentlich) auch von ihnen gelesen, und dann können die Subjekte der Forschung, wenn sie wollen, Rache nehmen, Kritik üben, den Text umschreiben, ihn aufnehmen oder auch weiterschreiben.

6

Seit Langem erreichen wechselseitige Informationen und Wissen übereinander die Peripherien unserer Welt. Alle Regionen, in denen ich ethnografisch gearbeitet habe, waren bereits von anderen Ethnologen besucht und erforscht worden. In den Antworten meiner lokalen Gesprächspartner traf ich also nicht unbedingt nur auf vermeintlich authentisches Wissen, sondern manchmal auch auf die Spuren meiner Kollegen. Auf diese Weise sind Ethnologen und die Subjekte ihrer Forschung einander sowohl a priori vertraut und bekannt wie auch fremd. Ihre Geschichten und die der Ethnografierten sind lange schon eng miteinander verwoben und Transformationen voneinander. Es mag in Zukunft vor allem darum gehen, in einem Prozess nicht endender Reflexivität vor allem die Gemeinsamkeiten und weniger die Differenzen zwischen den verschiedenen Versionen so genau wie möglich zu bestimmen.

Mit dem Bericht über meine vier ethnografischen Forschungen in Kenia und Uganda in einem Zeitraum von fast fünfzig Jahren enthält dieses Buch auch ein Stück Ethnologiegeschichte, eine Geschichte der Veränderungen des Machtgefüges und der Debatten sowie eine eher implizite Auseinandersetzung mit ihren Theorien, Methoden, Medien und deren Kritik. Dies ist auch ein Versuch der Dekolonialisierung der ethnografischen Arbeit. Die (post-)kolonialen Verhältnisse im Verlauf dieser fünfzig Jahre haben zwar eine radikale Veränderung erfahren, aber das »Elend der Welt«[9], wie Pierre Bourdieu den Zustand der Globalisierung bezeichnet hat, ist nicht beendet. Im Gegenteil, neue Formen der Abhängigkeit und Kolonialisierung bildeten und bilden sich heraus, die ein Elend produzieren, das in manchen Regionen heute vielleicht noch größer ist als zur Zeit des klassischen Kolonialismus. Unter diesen Bedingungen bleibt die Dekolonialisierung ein nicht abzuschließendes Projekt.

Während ich im Folgenden die vier verschiedenen Feldforschungen chronologisch in einzelnen Kapiteln darstelle, bleiben die jeweiligen Berichte fragmentarisch und springen in der Zeit vor und zurück, sodass das Alte manchmal näher erscheinen kann als die jüngere Vergangenheit. Die einzelnen Fragmente haben den Status von Vignetten. Da die Monografien, die ich über die verschiedenen Forschungen geschrieben habe – mit einer Ausnahme –, auf Englisch (und Französisch) publiziert wurden, ist dieser Text auch eine Rückkehr zur deutschen Sprache. Er stützt sich wesentlich auf bereits veröffentlichte Texte, die umgeschrieben und erweitert eine neue Fokussierung erfahren.

Eine Autobiografie schreiben heißt, in einer rückläufigen Bewegung am Anfang anzukommen. Deshalb erfährt im Epilog der Affe ein Comeback. Er erscheint noch einmal in seiner Vieldeutigkeit als »Wilder«, als Nachahmer, als Forscher und als »akademischer Affe« - so wie Franz Kafka ihn in seinem »Bericht für eine Akademie« von 1917 auftreten ließ.

MENSCHWERDUNG EINES AFFEN

In den Tugenbergen im Nordwesten Kenias

1978–1985

Der Mensch ist auch die Summe aller Tiere, in die er sich im Lauf seiner Geschichte verwandelt hat.

Elias Canetti, im Gespräch mit Theodor W. Adorno[1]

1

Claude Lévi-Strauss hat Ethnologen als die letzten mehr oder weniger heroischen Abenteurer bezeichnet. Und es war das Abenteuerliche an der ethnografischen Feldforschung, das mich immer wieder nach Afrika führte, die Herausforderung, mich in der Fremde, in Situationen, die ich nicht oder kaum kontrollieren konnte, zu bewähren und dabei herauszufinden, ob es mir gelänge, das Interesse und Vertrauen von Fremden zu erlangen und sie in Freunde zu verwandeln. Dabei vergaß ich, dass Abenteurer auch leiden müssen, ehe sie nach unzähligen Missgeschicken nach Hause zurückkehren.

Aus einem diffusen Gefühl des Protestes begann ich 1966 das Studium der Ethnologie. Auch andere, spätere Entscheidungen in meinem Leben gründeten auf einer Haltung, die Kraft vor allem aus Opposition und Verweigerung gegen das Vorherrschende schöpft. Meine Eltern hatten – ohne Druck auszuüben – damit gerechnet, dass ich in ihre Fußstapfen treten und Ärztin werden würde. Ich hatte, im Alter von 12 oder 13 Jahren, den französischen Film *Es ist Mitternacht, Dr. Schweitzer* aus dem Jahr 1952 gesehen, ein koloniales, schwülstiges Machwerk in Schwarz-Weiß, das Albert Schweitzer zeigt, wie er mit einer hübschen, tapferen Krankenschwester Lambarene aufbaut. Noch bevor er das Krankenhaus überhaupt eingerichtet hat, kommt kurz vor Mitternacht ein Häuptling mit furchterregenden Kriegern, die seinen kranken, bereits bewusstlosen Sohn zur Station tragen, der, wie Dr. Schweitzer sofort feststellt, an einer Blinddarmentzündung leidet. Der Häuptling zeigt auf den Mond, der silbrig am Himmel steht, und erklärt, wenn der Mond hinter einer bestimmten, sich im Wind biegenden Palme verschwunden sei und der Sohn nicht mehr lebe, werde er dem Doktor und der hübschen Krankenschwester den Kopf abschneiden. Nachdrücklich macht er die entsprechende Geste mit einem großen, scharfen, im Mondlicht blitzenden Messer. Dr. Schweitzer und die Krankenschwester bauen den Küchentisch zu einem OP-Tisch um, und mit einem in kochendem Wasser notdürftig sterilisierten Küchenmesser schneidet der tapfere Doktor, Schweißperlen auf der Stirn, dem Häuptlingssohn den Bauch auf. Als Zwischenschnitt wird immer wieder der Mond eingeblendet, der sich viel zu schnell auf die Palme zubewegt. Die Spannung steigt ins fast Unerträgliche. Aber alles wird gut! Im Augenblick, als der Mond hinter der Palme verschwindet, gibt der Sohn ein Lebenszeichen von sich, und der Häuptling wird, wenn ich mich recht erinnere, nicht nur ein bester Freund des Doktors, sondern er konvertiert auch noch zum Christentum.

Dieser durch und durch koloniale Film hat mich entscheidend beeindruckt. Er verband sich auf heroische Weise mit dem Beruf meiner Eltern, verlegte aber das Geschehen in ein gefährliches, sehr fremdes Anderswo, nach Afrika. Dort wollte ich hin.

Die Ethnologie oder Völkerkunde, wie sie damals genannt wurde, war eine seltsame Disziplin. Sie hatte sich ihren Gegenstand aus einem verachteten Rest gebildet, aus einem Sammelsurium von Kulturen, die nicht zu den sogenannten Hochkulturen gehören, sondern durch Negation bestimmt wurden – keine Schrift, kein Staat und keine Geschichte. Tatsächlich erfuhr die Ethnologie damals eine gewisse Geringschätzung, die sich erst nach 1968 mit der Neudefinition der Sozialwissenschaften ändern sollte.

Im Winter 1966/67, meinem ersten Semester, habe ich in München als einzige Anfängerin mit dem Studium der Völkerkunde begonnen. Im Jahr davor hatte sich niemand für das Fach eingeschrieben, Nachwuchs und Zukunft des Instituts verkörperten sich für ein Semester in meiner Person. Ich wurde äußerst freundlich, zuvorkommend und nachsichtig behandelt und musste mich nicht von Unter- in Oberseminare hocharbeiten, sondern durfte an allem teilnehmen, was mich interessierte.

Ich hatte damals keine Ahnung, wie tief der Ordinarius Hermann Baumann in die Ideologie des Nationalsozialismus verstrickt war. Die älteren Studenten und Assistenten schwiegen über Baumanns Vergangenheit. In seinen Vorlesungen und Seminaren standen »Kulturkreise« im Vordergrund, über deren Kennzeichen, Zusammensetzung und Geschichte manchmal recht heftig gestritten wurde. Nach zwei Semestern hatte ich genug von München, ging ein Semester nach Wien und dann im Januar 1968 nach Berlin, ins Zentrum der studentischen Proteste.

Das Berliner Institut für Ethnologie war in diesem Jahr, nachdem die Studenten die Macht übernommen hatten, akephal geworden; der Professor hatte sich nach Asien geflüchtet. Es herrschte eine merkwürdig enthusiastische Stimmung, getragen von einer (aus heutiger Sicht) naiven Hoffnung auf radikale Veränderung, die manchmal Charakteristika aufwies, wie ich sie später in der Prophetenbewegung der Alice Lakwena im Norden Ugandas wiederfinden sollte. Das Studentenleben bestand aus einer Reihe ziemlich aufregender sozialer Experimente mit unsicherem Ausgang. Wir hatten einen wirklich großen Gegner, das kapitalistische System, und gefielen uns darin, aus dieser halluzinatorischen Opposition manchmal sehr fadenscheinige Rechtfertigungen für Krawall und alle möglichen Formen des Ungehorsams zu finden. Und oft genug gelang es, das Sich-Abstoßen vom Althergebrachten mit viel Spaß und Lust zu verbinden. Ich wohnte in einer alten Dahlemer Villa mit älteren Studenten in einer Wohngemeinschaft; wir lasen zusammen *Das Kapital* und andere Texte von Marx, aber auch von Bakunin und Kropotkin, und diskutierten nächtelang, wie die Revolution zu bewerkstelligen sei. Wir feierten ausgiebig Feste, die mitunter das ganze Wochenende dauerten, wir nahmen an Demonstrationen unter der schwarzen Fahne der Autonomen teil und wir fuhren nach Ostberlin in die kubanische Botschaft, um mit dem dort kostenlos verteilten Tagebuch von Che Guevara Spanisch zu lernen. Denn Ziel war es, uns als Ethnologen nutzbringend in den Dienst von antikolonialen und antikapitalistischen Freiheitsbewegungen zu stellen.

Im Jahr 1971 endete die Akephalie. Fritz Kramer kam aus Heidelberg ans Berliner Institut. Damit veränderte sich meine Vorstellung von Ethnologie grundlegend. Kramer zeigte uns, dass Ethnologie nicht museal und exotistisch sein musste. Er brachte uns die *Dialektik der Aufklärung* nahe, mit ihm studierten wir (bäuerliche) Umsturzbewegungen und später die klassische britische Sozialanthropologie. Die akephalen Gesellschaften, die englische Ethnologen wie Edward E. Evans-Pritchard oder Meyer Fortes erforscht hatten, lieferten uns das Vorbild für eigene soziale Utopien. Allerdings nur für kurze Zeit. Dann rückten die anarchistischen Illusionen und Karl Marx zunehmend in den Hintergrund und machten Max Weber, Karl Löwith, Hans-Georg Gadamer und anderen Platz.

Etwas später kam Lawrence Krader aus New York ans Institut. Mit ihm, Fritz Kramer und Jacob Taubes fanden unvergessliche Seminare statt. Und am religionswissenschaftlichen Institut lehrte Klaus Heinrich die kritischen Potenziale der Psychoanalyse mit Religion, Philosophie, Kunstgeschichte und Ethnologie zu verbinden. Ich machte 1973 meinen Magister und unterrichtete danach als wissenschaftliche Assistentin bis 1978 vor allem politische und ökonomische Anthropologie. Es gab keinen Studienplan; die Themen der Lehrveranstaltungen bestimmten die Studenten zusammen mit den Dozenten. Das änderte sich erst, als gegen Ende der 1970er-Jahre die Ethnologie zum Massenfach wurde und in den Veranstaltungen plötzlich Hunderte saßen: als ob sich unsere Begeisterung durch die enttäuschte Hoffnung auf radikale Veränderungen in der eigenen Gesellschaft auf die sogenannte Dritte Welt verschoben hätte. Wie zur Zeit nach dem Ersten Weltkrieg, als die »Primitiven« in Afrika und Ozeanien mit ihrer Kunst für das herhalten mussten, was im Westen zerstört und verloren gegangen war, so suchten auch wir in Afrika nach alternativen Lebensformen. Allerdings, so viel verstanden wir immerhin, hatte der Kolonialismus das Ziel unserer Fluchtversuche bereits in Begegnungen verwandelt, die uns mit den »allerunglücklichsten Formen unseres eigenen historischen Daseins«[2] konfrontierten.

2

Mitte der 1970er-Jahre fuhr ich nach Paris und lernte dort Jean Rouch kennen. Rouch, Schüler von zwei Marcels, Marcel Mauss und Marcel Griaule, hatte sich aufs ethnografische Filmemachen verlegt. Anfangs sowohl von etablierten Filmemachern wie auch Ethnologen als Außenseiter und Spinner marginalisiert, nahm er sich die Freiheit, gegen die akademische Textzentriertheit mit dem Medium Film und neuen ethnografischen Praktiken zu experimentieren. In Opposition zu kolonialen asymmetrischen Methoden entwickelte er eine »geteilte Ethnografie«, ein filmisches Unternehmen, das die Bilder und Töne, die er in Afrika vor allem von Besessenheitsritualen aufgenommen und in Paris montiert hatte, nach Afrika zurückbrachte. In der »Ciné-Trance«, einer mimetischen Praxis, teilte er die Trance und Besessenheit, die Überwältigung durch fremde Mächte, mit den Gefilmten. Gegen die szientistische Selbstermächtigung des Ethnografen, der im Feld zu handeln vermeint, rückte er die andere Seite des Handelns, nämlich das Erleiden des Handelns anderer, das Behandelt-Werden, in den Vordergrund. Wie sich in Besessenheitskulten Geister in ihren Medien verkörpern, so ließ sich Rouch von der Praxis der Geistbesessenheit der Ethnografierten ergreifen. Gerade die kinematografische Technik, die Verschaltung seines Körpers mit der Kamera, erlaubte ihm, sich fremden Geistern auszuliefern und eine reziproke Ethnografie zu praktizieren, die sich durch transkulturelle Feedbacks immer wieder selbst korrigierte.

Rouch praktizierte auch eine »verkehrte« Ethnografie. In seinem berühmten Film *Les maîtres fous* von 1956 zeigt er das jährliche Ritual der *Hauka*, kolonialer Fremdgeister, »der Geister der Macht und des Windes, die den Wahnsinn bringen«. Im Zustand der Besessenheit verkörpern die Mitglieder des Kultes die »Geister der Kolonialgesellschaft«, des »Gouverneurs«, der »Lokomotive« oder der »Frau des Doktors«. Im Ritual entwerfen sie ihre Ethnografie der westlichen (kolonialen) Kultur. Der Film ist also zugleich doppelte und umgekehrte Ethnografie: gefilmte Ethnografie sowie die Ethnografie der Gefilmten, die uns den Spiegel vorhalten und uns zeigen, wie sie uns sehen.

Auch in seinem späteren Film *Petit à Petit* aus dem Jahr 1969 behandelte Rouch das Thema des umgekehrten Blicks und die Gewaltsamkeit ethnografischer Methoden. Er zeigt einen afrikanischen Ethnografen in Paris, der dort eine Feldforschung über die »Pariser Wilden« und ihre Probleme beim Wohnen in Hochhäusern durchführt. Durch die Vertauschung von Subjekt- und Objektpositionen finden die ethnografischen Methoden bei denen Anwendung, die sie entwickelt haben. Durch die Umkehrung der Perspektive, die die Europäer zum Objekt der Feldforschung macht, kann der westliche Ethnograf erkennen, was es heißt, ethnografische Methoden erleiden zu müssen.

Rouchs ethnografische Filmarbeit beeindruckte mich so stark, dass ich 1977 mit Ulrich Gregor, damals Leiter des Berliner Kinos Arsenal und der Freunde der deutschen Kinemathek, eine erste Retrospektive seiner Filme in Berlin organisierte und 1980 eine Ausbildung an der Deutschen Film- und Fernsehakademie begann, die ich 1984 abschloss.

3

Am Berliner Institut für Ethnologie galt die ethnografische Feldforschung als absolutes Muss. Unsere großen Vorbilder waren Bronisław Malinowski (trotz oder gerade wegen des Skandals um die Veröffentlichung seines Tagebuchs 1967), Edward E. Evans-Pritchard, Geoffrey Lienhardt und Jean Rouch. Die Feldforschung als teilnehmende Beobachtung hatte den Status einer doppelten Initiation, nicht nur in eine fremde Gesellschaft, sondern auch in die Gemeinschaft der Berliner Ethnologen. Sie war der zentrale Passage-Ritus mit seinen drei Phasen, wie sie Arnold van Gennep beschrieben hat: das Verlassen der eigenen Welt, der Aufenthalt in der Fremde als liminale Phase und die Rückkehr.[3]

Da ich bereits Mann und Kind hatte, waren es vor allem praktische Gesichtspunkte, die zur Auswahl der Tugenberge im Nordwesten Kenias als Forschungsterrain führten. Die Tugenberge, eine Gebirgskette, die sich bis in 2000 Meter Höhe in Nord-Süd-Richtung erstreckt, gehören zum Großen Afrikanischen Grabenbruch, dem Rift-Valley. Dort oben gab es keine Malaria, aber für alle Fälle eine Krankenstation in nicht zu weiter Ferne.

Dieses karge und nicht besonders fruchtbare Gebirge hatte schon im 19. Jahrhundert vielen Menschen als Rückzugs- und Zufluchtsort gedient. Die Bewohner nannten es »Land der Steine« und erzählten, dass ihr Gott, als er die Berge erschuf, schon so müde gewesen sei, dass er nur noch Steine auf die Erde habe werfen können. Das Land war so arm, dass es relativ unbehelligt blieb, als Kenia Siedlungskolonie wurde und aus Großbritannien und Südafrika Siedler ins Land strömten, um sich die fruchtbaren Regionen anzueignen. Während in der Zentralprovinz die Menschen brutal von ihrem Land vertrieben, enteignet und in Reservate gezwungen wurden, konnten die Bewohner der nördlichen Tugenberge ihr karges Land behalten.

In den 1970er-Jahren umfasste die Bevölkerung etwa 120 000 Menschen, die weit verstreut in einzelnen Gehöften in den Bergen lebten. Sie bauten Mais und Hirse an und hielten Ziegen, Schafe und Rinder. Von allen Tieren schätzten sie vor allem das Rindvieh. Sie setzten – wie die berühmten Nuer im Sudan – eine

»Rinderästhetik« ins Werk, mit der sie die Schönheit ihrer Bullen und Kühe im Tanz und in poetischen Lobgesängen zum Ausdruck brachten. Hätten die männlichen Bewohner der Berge mich eine »Kuh« genannt, wäre das ein großes Kompliment gewesen, beinahe eine Liebeserklärung. Leider raubten ihnen die Pokot, ihre Nachbarn im Norden, regelmäßig ihre wertvollen, hochgeschätzten Rinder und nannten sie verächtlich »Ziegenleute«.

Alle paar Jahre suchte außerdem eine verheerende Dürre die Region heim. Wenn die Situation unerträglich wurde und »Menschen und Tiere vor Hunger und Durst umfielen«, verließen Männer und Frauen mit ihren Kindern die Gehöfte und zogen in die Wildnis, um dort zu jagen und zu sammeln. Kam der Regen, kehrten sie in ihre Häuser zurück.

In vorkolonialer Zeit waren die Bewohner akephal, hatten also keinen Häuptling, stattdessen eine gerontokratische Organisation in acht Altersklassen, deren Namen nach etwa 100 Jahren, wenn ein Kreislauf vollendet war, wiederkehrten. Alte Männer und Frauen herrschten über junge Männer und Frauen. Solange sie Kinder bekamen, waren Frauen von der Politik ausgeschlossen. Nach der Menopause erlangten sie jedoch den Status von rituellen Ältesten und waren den alten Männern gleichgestellt.

Während der Kolonialzeit verloren männliche und weibliche Älteste weitgehend ihre Macht an mehr oder weniger despotische Häuptlinge, die zunächst von der britischen Kolonialverwaltung und später, ab der 1963 erlangten Unabhängigkeit, vom postkolonialen Staat eingesetzt wurden. Meist lehnte die lokale Bevölkerung die Häuptlinge ab. Diese trieben Steuern ein, sprachen Recht und versuchten die Belange des Staates durchzusetzen. Außerdem verfügten sie über finanzielle Ressourcen und bestimmten, wer in Hungerszeiten Maismehl aus den Hilfsprogrammen erhielt.

4

1978 besuchte ich die Tugenberge zum ersten Mal. Fünfzehn Jahre zuvor hatte Kenia die Unabhängigkeit erlangt. Jomo Kenyatta, ein Ethnologe, der bei Malinowski in London studiert und promoviert hatte, wurde Präsident, und sein Vize Daniel arap Moi stammte, was ich erst später erfuhr, aus den Tugenbergen. Es herrschte (noch) eine optimistische Grundstimmung, die von der Hoffnung auf Modernisierung und Entwicklung (für alle) getragen war.

Den damaligen Standards einer »Rettungsethnologie« entsprechend war ich jedoch weniger an einer afrikanischen Moderne interessiert als an ihrem Gegenbild, an vom Kolonialismus möglichst unberührten Traditionen. Ich hatte mir deshalb eine Gegend im Norden der Tugenberge ausgesucht, wo die Bewohner »noch wie ihre Väter lebten«. In dem Dorf Bartabwa ließ ich mich nieder und begann meine ethnografische Arbeit, ahnungslos und ziemlich ignorant.

Bartabwa war zwar eine koloniale Gründung und diente als Handels- und Verwaltungszentrum, aber die Mehrzahl der Bevölkerung lebte weiter entfernt in verstreuten, kreisrunden Gehöften in den Bergen. Bartabwa bestand aus einer staubigen, nicht asphaltierten Straße mit tiefen Löchern und Rinnen, die Ende der 1950er-Jahre fertiggestellt worden war und sich in der Regenzeit in eine kaum befahrbare Rutschbahn verwandelte. Zu beiden Seiten der Straße standen »moderne« rechteckige Holzhäuser mit Wellblechdach, die an Orte im Wilden Westen erinnerten. Einige der Holzhäuser beherbergten kleine Geschäfte, die Batterien, Taschenlampen, Salz, Zigaretten, Kerzen, Seife – vor allem das Waschmittel Omo – und diverse Konservenbüchsen verkauften. Da die Kundschaft mit wenigen Ausnahmen sehr arm war, wurden Zigaretten einzeln oder sogar halbiert verkauft. Andere Häuser dienten als kleine Bars, die Bier, Tee, Chapati und Bohneneintopf,

Kartoffeln und Maisbrei anboten. Es gab auch einen Marktplatz, auf dem Frauen aus der Umgebung zweimal pro Woche Gemüse, Früchte und fertig gekochte Speisen verkauften. In einem der Häuser hatte der einzige wohlbeleibte Mensch in Bartabwa, nämlich der Häuptling, sein Büro. Außerdem gab es eine Maismühle, eine Grundschule und eine Krankenstation.

Zwei Monate nach meiner Ankunft starb Kenyatta, und Daniel arap Moi übernahm die Macht. Damit wurden die Bewohner der Tugenberge »the President's people«. Viel Geld floss plötzlich in die Region, und eine rasante Entwicklung fand statt. Vor allem der Süden wurde durch eine elegante moderne Asphaltstraße, auf der allerdings weniger Autos als vielmehr Ziegen verkehrten, mit Nakuru, der nächstgrößeren Stadt, verbunden. In Kabarnet, der Distrikthauptstadt am Fuße der Tugenberge, entstanden in Windeseile drei antiken Tempeln nachempfundene pompöse Gebäude: eine Post, ein Supermarkt und eine Schule, die den Rest des Ortes umso erbärmlicher aussehen ließen.

Der neue Präsident Daniel arap Moi stammte aus einem Dorf mit Namen Kabartonjo, das etwa in der Mitte der sich in Nord-Süd-Richtung erstreckenden Tugenberge liegt. Hier war er geboren, und bis hierhin führte die asphaltierte Straße, keinen Schritt weiter. Die Bewohner des Nordens, so auch die aus Bartabwa, blieben von der neuen Straße, den Strömen des Geldes und den beschleunigten Entwicklungsprozessen weitgehend ausgeschlossen. Sie mussten als immer noch »Arme«, »Primitive«, »Unterentwickelte« und »Zurückgebliebene« für ein verachtetes Gegenbild in einem Nationalstaat herhalten, der »Fortschritt« und »Entwicklung« propagierte. Neben die räumliche Differenz trat eine zeitliche. Obwohl die Bewohner des Nordens gleichzeitig mit denen im Süden existierten und beide den gleichen Raum, die Tugenberge, teilten, wurden sie in ein »Vorher« und ein »Noch-Nicht« gezwungen. Mit der Verzeitlichung des Gegenbildes entstand eine Dynamik der Negation, der Herabsetzung und Ausgrenzung, die letztlich – vor dem Hintergrund des Versprechens auf Modernisierung und Fortschritt – auf Aufhebung zielte. So wiederholte und bestätigte sich die Zweiteilung der Welt in sogenannte entwickelte und unterentwickelte Regionen hier noch einmal – in Verzerrung und Abhängigkeit.

Die Bewohner von Bartabwa nahmen das sehr wohl zur Kenntnis. Als einige Jahre später eine schlimme Dürre sie heimsuchte und die Regierung keine Hilfe schickte, nannten sie die Hungersnot »nyayo«. *Nyayo* war der Slogan, den der neue Präsident nach seiner Machtübernahme ausgegeben hatte und der für seine »Philosophie des Friedens, der Liebe und Einheit« stand. Doch der Präsident und seine Anhänger betrieben in den folgenden Jahren nicht nur eine brutale »Politik des vollen Bauches«, der Korruption und des Raubes, sondern auch – um an der Macht zu bleiben – eine verstärkte Politisierung und sogar Militarisierung von Ethnizität, die in den 1990er-Jahren zu gewalttätigen ethnischen »Säuberungen« führten. Dabei sollten Bewohner der Tugenberge sowohl zu Tätern als auch zu Opfern werden.

Es ist kein Zufall, dass die Bewohner Bartabwas in den 1980er-Jahren die eigene nationale Regierung als »chumbek« bezeichneten, eigentlich eine Bezeichnung für Europäer, die Kenia und die Tugenberge kolonialisiert hatten. Offensichtlich sahen sie keine Veranlassung, die Zeit der Kolonialisierung, Unterdrückung und Ausbeutung als vergangen zu betrachten. Trotz des Wechsels der Herrschenden war die Kolonialzeit für sie nicht beendet. Das »post-« in postkolonial erkannten sie nicht an.

5

In Kabarnet stiegen mein Sohn und ich in ein Matatu, ein sogenanntes Buschtaxi, das uns nach Bartabwa bringen sollte. Es war ein uralter klappriger Jeep mit durchlöchertem Boden; wenn er sich, vollbepackt, auf der holprigen, von großen Kratern durchzogenen Straße nach rechts oder links neigte, sprang die jeweilige Seitentür auf. Die Räder waren, wie sich auf der Fahrt herausstellte, nicht ordentlich befestigt: Schrauben fehlten. Wir hatten die sichersten Plätze, saßen neben dem Fahrer vorne in der Mitte und konnten, wenn die Türen sich öffneten, nicht hinausfallen. Der Mann rechts neben mir versuchte mit einer Hand die Tür geschlossen zu halten und streckte immer wieder den Kopf aus dem Fenster, um das Vorderrad zu beobachten und den Fahrer rechtzeitig zu warnen. Es lockerte sich tatsächlich, wir hielten an, und der Fahrer wechselte es gegen ein anderes aus, das jedoch auch nur mit drei Schrauben befestigt wurde. Wir fuhren weiter, bis auch dieses Rad sich löste.

Trotz der Pannen war die Stimmung unter den Fahrgästen hervorragend. Sie scherzten, erzählten Witze und gaben den übrig gebliebenen Schrauben die Namen berühmter Krieger, die besonders tapfer gewesen waren - vielleicht in der Hoffnung, dass die Schrauben sich nun auch als tapfer und widerständig erweisen würden. Doch die Namensgebung half nicht, es gab kein weiteres Ersatzrad. Wir blieben auf der Strecke. Nach etwa drei Stunden kam ein anderes Matatu angefahren und nahm uns mit nach Bartabwa. Dort angekommen stiegen wir aus. Wir waren Besucher, die nicht eingeladen waren. Wir waren Fremde, die zu Gästen gemacht werden mussten.

Ich hatte damals keine Ahnung, ob überhaupt und wenn ja, wie viel meine Forschungsgenehmigung wert war und inwieweit sie Schutz und Unterstützung bedeutete. Ich wusste nur, dass mein erster Ansprechpartner der Vertreter des Staates, der Häuptling, war. Wir suchten sein Büro in der Hauptstraße auf; ich zeigte meine Forschungsgenehmigung vor, und der etwas überraschte, aber freundliche Häuptling stellte nach kurzer Überlegung meinem Sohn Henrik und mir eine leer stehende, etwas verfallene Hütte zur Verfügung. Henrik, damals sieben Jahre alt, war ein antiautoritär erzogenes Berliner Kinderladenkind, offen, neugierig und rotzfrech. Da Bartabwa bis dahin nur von erwachsenen Europäern, vor allem katholischen Missionaren, besucht worden war, avancierte er zu einer exotischen Sehenswürdigkeit. Von weit her kamen die Bewohner der Berge, um ihn zu betrachten. Henrik half in den kleinen Geschäften und lockte Kunden an; er bewachte mit den anderen Kindern die Maisfelder, hütete Ziegen und Schafe, lernte mit Keulen werfen und hantierte - wie Tarzan - mit Pfeil und Bogen. Er wurde mit Gaben überschüttet, bekam sogar eine Ziege geschenkt. Im Gegensatz zu mir lernte er die lokale Sprache in Windeseile und erzählte mir abends Klatsch und Tratsch. Wie in den Tugenbergen üblich wurde er nicht nach mir, sondern ich nach ihm »Mama Henry« genannt.

Wie ich später lernte, erhalten Frauen und Männer im Lauf ihres Lebens viele verschiedene Namen. Das rituelle Geben von Namen ist eine (auto-)biografische Praxis. Kurz nach der Geburt bekommt ein Kind in einem »kleinen« Ritual den Namen eines Ahnen. Vorher finden die Ältesten in einem Orakel den Ahnen heraus, der »ein gutes Leben führte« und bereit ist, dem Kind seinen Namen zu geben. Jede Lineage verfügt nur über eine bestimmte Anzahl von Namen, die unter den Angehörigen, den Toten und den Lebenden, zirkulieren; neue Namen gibt es nicht. Die Namen sind dauerhafter als die Menschen, die sie tragen. Und sie verpflichten: Ein Kind erhält im Namen als Zukunft die Vergangenheit eines und damit vieler Vorfahren. Es lebt in gewisser Weise in umgekehrter Richtung, denn es muss dem Namen des Ahnen gerecht werden, sein Leben nach ihm ausrichten, es wiederholen. Doch ist der Ahne, dessen Name so übermächtig das Leben seines Nachkommen bestimmt, tot. Sein »Leben« gehört den Lebenden, sie können es biegen und zu eigenen Zwecken nutzen. Erweist sich die Beziehung zwischen Kind und Ahne als unglücklich, wird der Ahne ausgetauscht. Er muss sich als der Richtige beweisen, indem er das Wohlergehen des Kindes garantiert. Gelingt ihm das nicht, so wird sein Name abgeschafft und vergessen und ein anderer Vorfahre muss mit seinem Namen herhalten.

Während Frauen dem Kind den ersten Namen gaben, erhielt es einige Jahre später von Männern einen zweiten, den »Ziegennamen«, benannt nach der Ziege, die das Kind geschenkt bekommt. Manchmal setzte sich im Lauf des Lebens der Name durch, den die Frauen gegeben hatten, manchmal der Ziegenname. Es kam aber auch vor, dass das Kind auf beide Namen hörte; dann riefen es die Frauen mit dem Namen, den sie ihm gegeben hatten, und die Männer benutzten den Ziegennamen.

Doch gaben Eltern mitunter ihren Kindern zusätzlich noch einen dritten Namen, der an ein Ereignis erinnert, das während der Geburt stattfand. Zahlreiche Kinder hießen zum Beispiel *Kemei*, »Hunger«, weil zur Zeit ihrer Geburt der Hunger herrschte. Ein Kind wurde *Chumba*, »Europäer«, genannt, weil es geboren wurde, als ein Europäer anwesend war. Ich traf auch ein Kind, das »Löffel« hieß, weil seine Eltern am Tag der Geburt zum ersten Mal einen Löffel sahen.

Während die Ahnennamen das Kind als Wiederholung in die Genealogie eingliedern, betonen die Ereignisnamen (so wie Spitznamen) eher seine Einmaligkeit und Individualität, Eigenschaften, die es auszeichnen, die aber auch – im Gegensatz zu den Ahnennamen – mit seinem Tod verschwinden.

6

Da ich bis 1985 regelmäßig nach Bartabwa zurückkehrte, teilten die Ältesten mir einen jungen Mann mit Namen Naftali Kipsang zu, der mich bei all meinen Unternehmungen begleitete, mich beschützen sollte und als Übersetzer diente, mich aber vor allem kontrollierte. Kipsang wurde auch »Professor« genannt; er las viel und trug gern ein Buch als Zeichen seiner Belesenheit mit sich herum. Ein Kugelschreiber steckte in seinem Haar. Zusammen mit den Ältesten bestimmte er, was und wen ich zu sehen bekam und was ich in Erfahrung bringen durfte. Ich bezahlte ihm das vor Ort übliche Gehalt eines Lehrers. Doch das Geld verpflichtete ihn kaum zur Loyalität mir, einer Fremden, gegenüber. Die Illusion, Kontrolle über meine Arbeit zu haben, gab ich schnell auf.

Kipsang, mein galanter Begleiter, wurde zu einem der begehrtesten Gesprächspartner. Wenn wir von einem Treffen mit einem Ältesten zurück ins Dorf kamen, machte er die Runde. Er wurde zum Bier eingeladen, um die neuesten Geschichten über mich zum Besten zu geben. Sie hatten hohen Unterhaltungswert; ich hörte das laute Gelächter, das mit ihm von einem Haus zum nächsten wanderte.

In den folgenden Jahren entstand zwischen Kipsang und mir eine Freundschaft. Er war ein geschickter Vermittler, der zwischen meinen und den unterschiedlichen Interessen der Ältesten zu lavieren verstand. Auch begann er, sich zunehmend für die eigene Kultur und insbesondere ihre Rituale zu interessieren, und wurde selbst zu einem Ethnografen der Tugenberge. Wir wurden Komplizen und spiegelten einander in den unterschiedlichen Rollen, die wir übernommen hatten. Während er zum Ethnografen seiner eigenen Kultur avancierte, wurde ich zur Primitiven, zum Affen, allerdings mit Aufstiegschancen.

7

Zufällig erfuhr ich, dass ich »Affe« genannt wurde. Dieser Name war, wie Kipsang mir gestand, kein Ehrenname, sondern eher ein Spottname, der vor mir verborgen bleiben sollte. Eindringlich hatte ich Kipsang gebeten, mir zu berichten, wie die Leute über mich sprachen und welche Namen sie mir gaben. Ich versicherte ihm, dass ich nicht böse würde, auch wenn die Namen verletzend seien. Denn das Wissen, das man mir schenke, sei vom sozialen Status abhängig, den man mir zuweise. Natürlich verstand er sofort die epistemologische Dimension, die die Bezeichnung »Affe« barg, wusste er doch am allerbesten, was mir als Affe vorenthalten und verborgen blieb.

Ich beschloss, das semantische Feld des Affen zu erschließen. Kipsang half mir dabei. Wir fanden heraus, dass die Bewohner der Tugenberge zwei Arten von Fremden unterscheiden: *bunik*, die nahen Fremden, gegen die man Krieg führt, die man aber auch heiratet; und *toyek*, die radikal Fremden, die sozial und kulturell so weit entfernt sind, dass sie den wilden Gegensatz bilden. *Toyek* leben wie Affen in der Wildnis, sind behaart, haben lange Schwänze, fressen Menschen, laufen auf dem Kopf und begehen Inzest. Die beiden Kategorien, die nahen und die ganz Fremden, stehen jedoch nicht in einem absoluten Gegensatz, sondern können auch als aufeinanderfolgende Phasen in einem Prozess der Integration von Fremden gesehen werden. In Clangeschichten erzählten die Ältesten von wilden Männern, die wie Affen leben. Ein Zufall führt sie in die bewohnte Welt. Sie bringen den dort lebenden Menschen Hirse oder das Feuer und erhalten als Gegengabe eine Frau. Die Heirat verwandelt sie in Schwiegersöhne, die nach und nach ihre Fremd- und Wildheit verlieren und durch ihre Kinder und Enkel vollständig in die bewohnte Welt integriert werden.

Anstelle unserer Klapperstorchgeschichte erzählten Mütter in den Tugenbergen ihren Kindern, dass eine Frau, die sich ein Kind wünscht, in die Wildnis geht. Sie stiehlt dort ein Affenbaby, schneidet ihm den Schwanz ab und trägt es nach Hause. Sie legt es an ihre Brust und nennt es »mein Affe«, bis es in einem Ritual den Namen eines Ahnen erhält. Dann wird seine Herkunft, sein äffischer Ursprung, »vergessen«.

Die Grenze, die die Bewohner der Tugenberge zwischen Mensch und Tier ziehen, in diesem Fall Affe, ist sehr viel durchlässiger als jene, die das Christentum zieht. Während die christliche Schöpfungsgeschichte den Menschen als Herrn über die Tiere setzt und damit eine starke Diskontinuität zwischen beiden erschafft, ist das Verhältnis in den Tugenbergen eher kontinuierlich; es schließt eine Entfernung des Menschen vom sowie eine Rückkehr zum Affen ein.

Die Bewohner Bartabwas vertraten also einen Primitivismus und eine Evolutionstheorie, die Darwin sicherlich erfreut hätte. Ihre Theorie der Menschwerdung war nicht unilinear und auf Fortschritt hin ausgerichtet. Das Äffische verschwand nie ganz, wurde nicht völlig überwunden. Denn in verschiedenen Ritualen des Lebenszyklus mussten die Initianden in der liminalen Phase nicht nur in die Wildnis zurück, sondern auch wieder zu wilden Tieren werden, bevor sie sich in eine »größere soziale Person« verwandeln konnten.

Als Affe wurde ich der Kategorie der Primitiven und ganz Fremden zugeteilt. Ich war nicht Mensch, sondern Tier. Man platzierte mich an den Rand einer mir fremden Kosmologie. Doch bekam ich die Chance, mein äffisches Wesen hinter mir zu lassen: Meiner Entwicklung förderlich waren zunehmende Sprachkenntnisse und das Erlernen der Regeln der Höflichkeit, auch wenn ich mich nicht immer an sie hielt. Vom Affen stieg ich zum »Ding« auf; »Ding« bezeichnet eine Person, die noch nicht wirklich erwachsen und selbstverantwortlich handelt – so wie man auch bei uns von einem »jungen Ding« spricht. Doch da ich regelmäßig in die Tugenberge zurückkehrte und die Ältesten mich nicht loswurden, stellte ein Ältester mit Namen Aingwo fest: »Das Ding kommt immer wieder zu uns, das Ding liebt uns.« Meine Beharrlichkeit, zu ihnen zurückzukehren, war die erste Eigenschaft, die sie meiner noch höchst unvollständigen sozialen Person anhefteten.

8

Ich versuchte vor allem mit den Ältesten, »die noch wie ihre Väter lebten«, ins Gespräch zu kommen. Das war recht schwierig, zum einen, weil ich Kalenjin, die lokale Sprache, zwar erlernte, aber nicht gut sprechen konnte. Kalenjin gehört zu den tonalen Sprachen und besitzt mindestens fünf verschiedene Tonhöhen, die ich nie traf. Da sich mit der Tonhöhe auch die Semantik ändert, konnte es passieren, dass ich das Gegenteil von dem sagte, was ich eigentlich sagen wollte. Einmal versuchte ich einen Mann mit freundlichen Worten zu begrüßen, doch was ich sagte, war eine Beleidigung. Er wurde böse, und Kipsang musste ihm mühsam erklären, dass ich ihn nicht absichtlich beleidigt hatte, sondern unfähig war, seine Sprache zu sprechen.

Zum anderen weigerten sich viele der Ältesten, überhaupt mit mir zu reden. Denn ich kannte die Regeln der Höflichkeit nicht, ja wusste nicht einmal, dass es sich für eine junge Frau nicht gehörte, einem älteren Mann Fragen zu stellen. Die aus ihrer Perspektive unverschämte Neugier, die mich antrieb und die, wie ich glaubte, selbstverständlich zum ethnografischen Unternehmen gehörte, führte zu Ablehnung.

Besonders der Älteste Aingwo, der mit der Geschichte der Tugen und ihren Ritualen bestens vertraut war, litt unter meinen Besuchen. Immer wieder fragte er, ob nicht wenigstens mein Ehemann meine Arbeit übernehmen könne. Er fragte auch, was ich mit dem Wissen, das er mir gab, anstellen würde. Er seufzte und stöhnte, setzte sich aber doch mit mir zusammen und antwortete auf meine »falschen« Fragen. Falsch waren sie in dem Sinn, dass er sie sich so nie selbst gestellt hätte. Ohne es eigentlich zu wollen, forderte ich ihn heraus, das manchmal Ungesagte und im Dunkel Gebliebene zur Sprache zu bringen und in neue Richtungen zu denken. Ich mutete ihm eine Fremderfahrung zu, die er zu artikulieren suchte. Oft genug mögen ihm meine Fragen höchst unsinnig erschienen sein. Doch großzügig gab er mir Antworten, die sich aus der Übernahme eines ihm fremden Anspruchs ergaben und ihn veranlassten, nicht einfach etwas zurückzugeben, was bekannt war, sondern etwas zu erfinden.

Auch rührte ihn mein Interesse an seiner Vergangenheit. Er liebte es, von den alten Zeiten zu sprechen, als seine Altersklasse noch mächtig war. Nicht ohne eine gewisse Nostalgie trafen wir uns in dem gemeinsamen Wunsch nach Rekonstruktion des Vergangenen.

Und ich lernte und ließ mich belehren. Wenn wir eine ältere Frau, die »Bulle« geworden war, oder einen männlichen Ältesten besuchten, rief ich laut vor dem Eingang zum Haus *toek*, was so viel bedeutet wie »hier kommt ein Gast«. Dann wartete ich, bis die Frau des Hauses oder der Hausherr erschien, mich begrüßte und einlud, Platz zu nehmen. Danach tauschten wir Neuigkeiten aus, redeten über das Wetter, die Ernte, die Gesundheit und so weiter. Erst danach begann ich vorsichtig anzufragen, ob ich fragen dürfe; und wenn mir die Erlaubnis erteilt wurde, stellte ich zuerst eher allgemeine und dann immer konkretere Fragen, die Kipsang kunstvoll den lokalen Regeln der Höflichkeit anzupassen suchte.

Da ich jedoch überhaupt erst die richtigen Fragen finden musste, Fragen, die ich mir zu Hause nicht hätte ausdenken können, bat ich die Ältesten um Geschichten. Ich hatte, um Forschungsgelder zu bekommen, in Berlin einen sehr vorläufigen und extrem offenen Forschungsplan zur »Sozial- und Wirtschaftsgeschichte in den Tugenbergen« geschrieben, der es mir erlaubte, vor Ort das Thema meiner Arbeit zusammen mit meinen Gesprächspartnern zu (er-)finden.

In ihren Geschichten führten mich die Ältesten in höchst unterschiedliche – und mir oft unbekannte – Felder des Wissens ein. Sie erzählten nicht eigentlich ihre Lebensgeschichte, denn die Tradition autobiografischer Bekenntnisse war ihnen fremd.

So wie das individuelle Porträt in vielen Teilen Afrikas in der vorkolonialen Kunst verboten war, weil nicht das Einzigartige, Idiosynkratische des Individuums, sondern seine soziale, den anderen zugewandte Seite interessierte, so stellten die Erzähler in ihren Geschichten eher das Beispielhafte, Allgemeine heraus. Individuelles Scheitern und Aufbegehren blitzten darin nur als ein kurzes Abweichen auf, um das rechte Leben umso eindringlicher vorzuführen. Sie sahen sich eher von außen und betrachteten ihre Person als opak, »als ein geschlossenes Gefäß, in das man nicht hineinschauen kann«. Ihr »Ich« gehörte vor allem den anderen.

Anders als bei uns wurde ihnen in den Ritualen des Lebenszyklus die soziale Biografie irreversibel in den Körper eingeschrieben. Die Ältesten übten so ihre Macht aus, fügten Schmerzen zu und markierten den Körper der Kinder, indem sie Zähne rituell entfernten und Ohrläppchen durchbohrten. Nach Eintritt in die Pubertät fand die Beschneidung statt. Im Ritual erlitten die Initianden den sozialen Tod, opferten einen Teil ihres Körpers, um als Mann oder Frau »wiedergeboren« zu werden. Die verheilten Narben lieferten eine Spur, eine soziale Biografie, die wie eine Schrift gelesen werden konnte, aber der Singularität der einzelnen Initianden und ihrem Schmerz nicht unbedingt Rechnung trug.

Die Geschichten, die Kopcherutoi, Sigriarok, Aingwo und Kipton mir erzählten, waren nicht eigentlich zum Bleiben bestimmt. Dass ich sie aufschrieb, verstanden sie als Versuch, sie vor dem Verschwinden zu bewahren. Kopcherutoi sagte: »Du schreibst die Geschichten auf, damit wir sie vergessen können.«

Das ethnografische Notizbuch, meist ein Schulheft, das ich in einem der kleinen Läden in Bartabwa gekauft hatte und immer bei mir trug, wurde Teil meiner Person. Wo immer ich auftauchte, war es dabei. Es ist nicht übertrieben, wenn ich heute mein Verhältnis zu diesem Notizbuch als fetischistisch beschreibe. Das Heftchen war aufgeladen mit Gefühlen, Hoffnungen und Ängsten. Ich hatte wilde Träume über seinen Verlust, es wurde gestohlen oder verbrannte im offenen Feuer meiner Hütte. Tatsächlich taucht in Erzählungen und Anekdoten, die Ethnologen sich gerne über ihre Feldforschung erzählen, das Thema der verlorenen Feldnotizen immer wieder auf.[4] Auch in Darstellungen von Ethnologen als Masken, Skulpturen oder in Zeichnungen, die während der Kolonialzeit von den Kolonisierten angefertigt wurden, bildet das ethnografische Notizbuch ein unerlässliches Accessoire des Forschers. So tauchte unter den Dogon in Mali, als der Ethnologe Marcel Griaule mit seinem Team 1931 die Felsen von Bandiagara besuchte, eine Maske mit Namen »Madam« auf. »Madam« trat ohne feste rituelle Form auf. Doch der Träger der Maske trug immer ein Notizheft bei sich, mischte sich mit unverschämter Neugier in Zeremonien ein, machte Notizen, riss Seiten aus dem Heft und verteilte sie, als seien sie schriftliche Befehle. Ein andermal setzte sich »Madam« auf einen Stuhl, ein wenig entfernt von den anderen Masken. Ihr zu Füßen saßen zwei Gehilfen (ohne Maske). Aus einem Koffer holte sie Papier und Stift und schrieb auf, während sie sich abwechselnd den beiden Gehilfen zuwandte, die Informant und Übersetzer spielten. Wie Griaule in einer Fußnote mitteilte, handelte es sich um eine Imitation der Arbeitsweise der weiblichen Expeditionsmitglieder, wenn sie Leute befragten.[5]

Auf einer Zeichnung, die südamerikanische Indianer vom Ethnologen Karl von den Steinen anfertigten, gaben sie seiner rechten Hand sieben statt fünf Finger. Auf seine Frage nach dem Grund dafür erklärten sie, sie hätten ihm zwei Finger extra gegeben, damit er sein ethnografisches Notizbuch besser halten könne.[6] Auch in den Tugenbergen gehörte mein Notizbuch zu dem mehr oder weniger exotischen Bild, das sich die Bewohner Bartabwas von mir machten. »Wo ist dein Notizbuch?« war die erste und regelmäßig wiederholte Frage, die Aingwo und Kopcherutoi mir zu Beginn eines Gesprächs stellten.

Meistens schrieb ich direkt auf, was die Ältesten mir erzählten und Naftali übersetzt hatte. Abends in meiner Hütte ergänzte ich die Notizen und fügte Anmerkungen, Beobachtungen und Ideen zum Weiterdenken ein. Und ich listete neue Fragen auf, die ich bei der nächsten Begegnung stellen wollte. Daneben führte ich ein privates Tagebuch, das manchmal therapeutische Funktionen übernahm. Wenn das Heimweh zu stark war, meine Fragerei nichts erbracht hatte oder Kipsang oder ein Ältester mich hatte sitzen lassen, dann schrieb ich mir hier meine Enttäuschung von der Seele. Und gerade diese sehr subjektiven Eintragungen, die nicht in die publizierten Monografien Eingang fanden, erlauben mir jetzt im Prozess des Schreibens, mich als Objekt zu sehen, mich zu ethnografieren und mir als Fremde gegenüberzutreten.

Schriftlichkeit und damit alphabetische Herrschaft hatten einige der Ältesten bereits in den Missionsschulen kennengelernt. In den Gesprächen, die sie mit mir führten, nutzten sie das Wort *kesir* für die Tätigkeit des Schreibens. *Kesir* heißt so viel wie »ein beständiges Zeichen setzen«. Als zum Beispiel die koloniale Administration die Grenze zwischen Tugen und ihren nördlichen Nachbarn, den Pokot, mithilfe von Bäumen und Felsen festgelegt hatte, bezeichneten die Ältesten diese Grenzmarkierung als *kesir*. Wenn Männer die Ohren von Ziegen und Rindern einschnitten und mit dem Clan- oder Familienzeichen versahen, benutzten sie für diese Tätigkeit *kesir* im Sinn von »etwas in Besitz nehmen«. Während die im Alltag gesprochenen Worte allen gehörten, überführte das Markieren oder Aufschreiben sie in ein Besitzverhältnis. Wenn ich etwas aufschrieb (oder auf Tonband aufnahm), dann wurde das Geschriebene, ihr Wissen, mein Besitz. Dem entsprachen auch die Sorgen, die sich einige der Ältesten um ihre Worte und Geschichten machten. Sie fürchteten nicht nur, dass ich das Gesagte verdrehen und verfälschen könnte, sondern auch, dass ich es gegen viel Geld in Europa verkaufen würde und sie bei diesem Geschäft leer ausgingen. Die Überführung in Schrift schuf also eine asymmetrische Situation, einen ungleichen Tausch, bei dem sie sich als potenzielle Verlierer sahen. Deshalb überwachten sie nicht nur mich, sondern auch Naftali Kipsang und stellten auf diese Weise sicher, dass das, was ich aufschrieb, ihren Vorstellungen entsprach und sich innerhalb der Grenzen bewegte, die sie gesetzt hatten.

Das semantische Feld von *kesir* ist damit aber noch nicht erschöpft. Denn die Tätigkeit, die das Wort bezeichnet, verleiht auch eine bestimmte Autorität. Um mir die Macht von Asis, ihrem Gott, zu verdeutlichen, erklärte ein Ältester, dass dieser alles wisse, weil er alles aufschreibe. Da könne nichts verloren gehen. Ein anderer Ältester erzählte, dass die ersten Europäer, die die Tugenberge besuchten, alles in ein großes Buch schrieben und deshalb allwissend waren. Schriftlich fixiertes Wissen wird nicht vergessen und erhebt wie Asis, der Gott der Tugenberge, Anspruch auf (göttliche) Wahrheit. Die ihnen seit der Kolonialzeit aufgezwungene alphabetische Herrschaft hinderte die Ältesten jedoch nicht, sie zu eigenen Zwecken zu nutzen. Mit der Erschaffung der Figur ihres alles aufschreibenden Gottes Asis beantworteten sie die Asymmetrie, die die alphabetische Herrschaft hervorgerufen hatte, mit einer machtvollen Gegen-Asymmetrie.

Während die Ältesten auf der einen Seite ihr rituelles Wissen vor mir zu schützen suchten, erkannten sie auf der anderen sehr wohl, dass meine Verschriftlichung und auch das spätere Filmen ihrer Rituale ihnen eine zusätzliche Autorität verlieh. Und nachdem ich immer wieder über viele Jahre zu ihnen zurückgekehrt war, trat ihre Sorge über den möglichen Diebstahl in den Hintergrund. Sie forderten mich nun aktiv auf, das aufzuschreiben, was ihnen wichtig war. Sie luden mich zu Ritualen ein, und Aingwo sagte: »Schreib das auf!«, oder er fragte Kipsang: »Hat sie diese rituelle Handlung mit allen Details aufgeschrieben?« Sie machten mich zu ihrer Chronistin, die durch Verschriftlichung das vor dem Vergessen bewahren sollte, was ihnen wichtig war.

9

Meine Verwandlung von einem Affen in eine »kleine Person« begann mit Einladungen zum Essen und Trinken. Gemeinsame Mahlzeiten machten aus mir, der Fremden, einen Gast. Die Gesetze der Gastfreundschaft und das gemeinsame Essen und Trinken garantierten ein friedliches Miteinander. Die Einverleibung derselben Substanzen näherte uns einander an und minderte unsere Fremdheit auch physisch. Zur Festigung des Bandes musste das gemeinsame Mahl öfter wiederholt werden. Ich erwiderte die Einladungen und war bald eingewoben in ein Netz von Beziehungen, in dem Gleiches gegen Gleiches – Tabak gegen Tabak, Hirsebrei gegen Hirsebrei und Bier gegen Bier – getauscht wurde.

Die Bewohner der nördlichen Tugenberge nannten ihr Land, wie gesagt, »das Land der Steine«. Die Erde war nicht besonders fruchtbar, der Regen fiel unvorhersehbar, und regelmäßig suchte der Hunger Menschen und Tiere heim. Die verschiedenen Hungersnöte wurden als »Hunger der vertrockneten Bäume«, »Hunger des Vogels Tuge«, »Hunger der Heuschrecken« oder als »Hunger des wilden Yams« erinnert. Das Motiv des Hungers und knapper Nahrung durchzog nicht nur die Geschichten der Ältesten wie ein roter Faden, auch in den Begrüßungsformeln und in den Tischsitten kam es zum Ausdruck. Mit der Frage: »Was essen die Großmütter heute?«, begrüßten sich ältere Frauen. Darauf gab es keine Antwort; es war eine rein rhetorische Frage, ein Gruß, der ins Leere lief.[7]

Ich war als Nachkriegskind von meinen Eltern, die mir viel vom Hunger im Krieg und in den ersten Jahren danach erzählt hatten, dazu erzogen worden, Nahrung zu schätzen und aufzuessen, was auf den Teller kam. Als der Häuptling mich in Bartabwa das erste Mal zum Essen einlud – es gab Hirsebrei und Gemüse –, servierte seine Frau mir und den übrigen Gästen den Brei auf je einem Teller; ich aß meinen Teller leer. Mit Erstaunen stellte ich fest, dass alle anderen die Hälfte oder mindestens ein Drittel des Essens auf dem Teller liegen ließen und deutlich durch Rülpsen kundtaten, dass sie rundum gesättigt waren. Mir dagegen bot die Hausfrau noch einen Nachschlag an, den ich höflich ablehnte, weil ich satt war.

Später erklärte mir Kipsang, dass ich einen Fauxpas begangen hatte. In den Tugenbergen verlangen die Tischsitten, dass man niemals aufisst, was auf dem Teller liegt, weil das den Eindruck erweckt, man sei nicht satt geworden und wolle mehr. Außerdem gehören die Reste auf dem Teller der Hausfrau und den Kindern, die sie nach den Gästen essen. Weil ich meinen Teller geleert hatte, hatte ich mich wie ein Fresssack benommen und, schlimmer noch, den Anteil der Hausfrau und der Kinder aufgegessen.

Ich schämte mich sehr, bat Naftali, mich zu entschuldigen, und brachte der Frau des Häuptlings bei unserem nächsten Treffen einen Korb gefüllt mit Mais- und Hirsemehl mit. Ich lernte, dass in den Tugenbergen, gerade weil dort der Hunger oft so groß war, vor allem eines die Tischsitten bestimmte: Mäßigung. Niemals darf ein Hungriger zeigen, dass er hungrig ist, und Gefräßigkeit ist der Inbegriff schlechten Benehmens. Seither habe ich keinen Teller mehr völlig leer essen können.

Nach meiner Einführung in die Tischsitten beschlossen die Ältesten, mir auch Verwandtschaft zu geben. Weil ich bereits verheiratet war, konnte ich nicht über eine Heiratsallianz integriert werden; deshalb gaben sie mir eine Mutter mit Namen Kopcherutoi, eine hoch angesehene weise Frau, die den Status eines Mannes, eines Bullen und rituellen Ältesten, besaß. Sie war bereits Urgroßmutter und trug einen Gürtel, der mit vier Reihen Kaurimuscheln geschmückt war. Jede Reihe stand für eine Generation von Nachkommen. Ich zog zu ihr auf den Berg Rimo und schlug mein Zelt neben ihrer Hütte auf. Wieder erhielt ich einen neuen Namen. Man nannte mich jetzt die »kleine Kopcherutoi«.

Weil Kopcherutoi meine Mutter geworden war, gehörte ich nun dem Teriki-Clan an und mein Totem war der Elefant. Mit einem Schlag hatte ich zahlreiche Verwandte und war in ein Netz aus Freund- und Feindschaften eingebunden. Als ich meine neue Verwandtschaft zu einem Fest einlud und Maisbier braute - was von der kenianischen Regierung verboten war, in den Tugenbergen aber überall getan wurde -, sagten Kopcherutoi und ihr Bruder Sigriarok: »Sie gibt uns zu essen, sie liebt uns!«

Tatsächlich wurde meine Teilnahme an offiziell verbotenen Bierfesten von den meisten Bewohnern Bartabwas mit einer gewissen Genugtuung gesehen. Gegen den Häuptling, der das staatlich verordnete Arbeitsethos durchsetzen sollte - aber so tat, als wisse er nichts von den morgendlichen Saufereien -, verbündete ich mich mit der anderen Seite, den Alten und den Habenichtsen. Wie ich später herausfand, war der Häuptling nicht sehr angesehen. Nicht umsonst war er die einzige Person in Bartabwa, die über eine beachtliche Leibesfülle verfügte. In der lokal geltenden, sehr einsichtigen Logik galt derjenige, der fett und reich war, als einer, der es den anderen weggenommen haben musste. Ich denke heute, dass meine Teilnahme an den eigentlich verbotenen Bierfesten dazu beigetragen hat, das Wohlwollen und Vertrauen der Ältesten zu gewinnen. Doch war damit der Affe als Teil meiner Person nicht völlig verschwunden. Er blitzte immer wieder in den Witzen auf, die die Ältesten erzählten. Als ich zusammen mit einer jungen Frau die Maisfelder bewachte, um Affen und Vögel vom Fressen der Ernte abzuhalten, habe mein äffisches Wesen die Affen so erschreckt, dass sie schnell wegliefen, erzählte Sigriarok, und alle anwesenden Verwandten schüttelten sich vor Lachen.

Ich erschreckte nicht nur Affen, sondern auch kleine Kinder. Mir fiel auf, dass sie bei meinem Anblick zu weinen und zu schreien begannen. Anfangs nahm ich das nicht persönlich, sondern sagte mir, die Kleinen hätten wohl Hunger oder Bauchweh.

Doch dann erklärten mir zwei Frauen, ich sähe mit meinem wilden Haar – ich trug es lang und offen, eine Frisur, mit der ich eigentlich sehr zufrieden war – wie ein Monster aus der Wildnis aus, besonders wenn der Wind mein Haar bewege. Die Kinder, so sagten sie, schrien, weil mein Anblick so schrecklich sei. Ich musste feststellen, dass ich für die Bewohner der Tugenberge offensichtlich eine fremdkulturelle Zumutung war. Frauen trugen dort das Haar sehr kurz; allein in liminalen Phasen, während der Initiation oder nach einem Todesfall, ließen sie es wachsen.

Die beiden Frauen setzten mich auf einen Stuhl, und unter allgemeinem Zuspruch und Gelächter flochten sie mein Haar in zwei feste Zöpfe. Ich erlitt diese Demontage, unterwarf mich dem mir fremden Schönheitsideal und versuchte von nun an, mein Haar zu bändigen. Und tatsächlich hörten die Kinder auf zu schreien, wenn sie mich sahen. Gleichzeitig erfuhr ich aber auch, dass einige Eltern mich zur Disziplinierung einsetzten. Wenn die Kinder etwas Verbotenes getan hatten, drohten sie: »Mama Henry kommt und frisst dich!« Ich diente also als kannibalischer Kinderschreck. In der Reiseliteratur des 19. Jahrhunderts, die ich verschlungen hatte, beschrieben westliche Reisende Afrikaner mit Vorliebe als Kannibalen, die andere Afrikaner, aber auch Europäer, gerne in großen Töpfen kochten, um sie dann zu verspeisen. Nun wurde ich zur Belustigung der Erwachsenen und zum Schrecken der Kinder zu einem solchen Kannibalen erklärt. Ich sah mich gefangen in der komplizierten Wechselseitigkeit der Perspektiven und den sich ins Unendliche spiegelnden Bildern von Alterität.

Ich musste auch zur Kenntnis nehmen, dass nicht nur mein Haar, sondern meine ganze Person als hässlich empfunden wurde. Aus Sicht der meisten Bewohner der Tugenberge war ich viel zu dünn, mir fehlten die körperlichen Rundungen, die eine Frau schön und begehrenswert machen. Weil sich dort Reichtum und Wohlbefinden direkt in Fettleibigkeit und Körperfülle manifestieren – ein Ideal, das aufgrund von Armut und Hunger nur selten erreicht wurde –, erschien ich als armseliges, bedauernswertes Geschöpf. Auch war meine Nase zu groß. Meine Haut, so erklärte mir Kopcherutoi, sei viel zu durchsichtig und lasse nicht nur die Adern sehen, in denen das Blut fließt, sondern auch das rohe Fleisch. Sie schüttelte sich und lachte. Ich war offensichtlich auf eine obszöne Weise transparent, nackter als nackt und ließ Dinge sehen, die besser verhüllt blieben. Auch meine sich ändernde Hautfarbe, die nach einem Sonnenbrand von knallrot zu braunrot und dann zu bräunlich wechselte, gab Anlass zu Kommentaren und Witzen, die meine Eitelkeit verletzten und mein Selbstbild nicht unbedingt stärkten. Überhaupt verfügten meine sehr genau hinsehenden Beobachter über einen erstaunlichen Interpretationsreichtum, der den meinen bei Weitem übertraf und (leider) mit ihm nicht deckungsgleich war. Doch gerade weil ich ihren ästhetischen Vorstellungen so wenig entsprach und ihnen – zumindest anfangs – so fremd war, griffen sie auf ihre Regeln der Höflichkeit und Gastfreundschaft zurück, die mir über lange Zeiträume hinweg zu vergessen gestatteten, wie sie mich sahen. Ihre Wahrheitsliebe erlaubte ihnen nicht, mir (falsche) Komplimente zu machen. Aber wenn es genug zu essen gab, schoben mir die Frauen manchmal kleine Fleischstücke extra zu, damit ich »fett und ansehnlich« würde.

Obwohl ich gegen das Bild, das sie von mir hatten, letztlich nicht ankam, gewöhnten sich meine Verwandten, Nachbarn und vor allem die Kinder im Verlauf meiner Aufenthalte langsam an mich – und ich mich an sie. Ich passte mich an, veränderte mich in ihre Richtung und verlor wenigstens teilweise meinen exotischen Ausstellungswert. Meine vorsichtigen Vorstöße, mein Selbstbild ein Stück weit zurückzugewinnen, indem ich zum Beispiel das Haar wieder ein wenig offener trug und auf die Zöpfe verzichtete, wurden kommentarlos hingenommen.

10

Am Berliner Institut für Ethnologie hatte ich mit Adornos Kritik der empirischen Sozialforschung gelernt, der quantitativen Forschung grundsätzlich zu misstrauen. Ich stellte also den Ältesten, nachdem ich die wichtigsten Themen gefunden zu haben meinte, vor allem qualitative Fragen, und erst später begann ich, auch quantitativ zu arbeiten. Dass dies die passende Vorgehensweise war, wurde mir klar, als ich versuchte, die Kolonialzeit aus der Perspektive der Ältesten zu rekonstruieren. Denn wie mir Kipton erzählte, hatten die Europäer ihre Herrschaft mit der Forderung etabliert, dass die Bewohner der Tugenberge für »die Regierung« zu zahlen hätten. Regierungsbeamte oder die von ihnen eingesetzten Häuptlinge begannen, Rinder und Ziegen zu zählen. Sie zählten auch Häuser, Kinder und Erwachsene. Danach mussten die Gezählten Steuern zahlen, zuerst in Form von Naturalien, später in Form von Geld. Auch andere Älteste erzählten, dass das Gezähltwerden mit Zwangsabgaben und kolonialer Kontrolle einherging. Vielleicht als Reaktion darauf, vielleicht aber auch als bereits althergebrachtes Verbot versuchten die Bewohner der Tugenberge jegliche Form von Quantifizierung zu vermeiden. Zwar kannten alle die Anzahl der eigenen Ziegen, Rinder und natürlich auch der Kinder ganz genau, aber darüber zu sprechen oder sogar die Zahl zu nennen, galt nicht nur als unhöflich, sondern war geradezu eine Herausforderung, aus Neid dem Reicheren Schaden zuzufügen. Hätte ich also angefangen, die Häuser, Tiere und ich weiß nicht was zu zählen, dann hätte ich mich sehr direkt in die Tradition kolonialer Herrschaftspraktiken gestellt. Die Erhebung quantitativer Daten wäre auf Kosten jener Versenkung ins Detail erfolgt, die gerade den Reichtum und die Subversion ethnografischen Wissens ausmacht.

11

Zum ethnografischen Unternehmen gehört wesentlich die Übersetzung. Sie stellte sich als ein überaus schwieriger Prozess heraus, nicht nur für mich, sondern für alle Beteiligten. Unsere Not war groß. Besonders anfangs wurde das Über*setzen* zu einem *Über*-setzen an ein anderes Ufer, das kaum bekannt war. Es gab Irrfahrten und mitunter auch Schiffbruch.[8] Manchmal wurde mir angesichts der unumkehrbaren Fremdheit zwischen den Sprachen schwindelig. Bevor ich Naftali Kipsang kennenlernte, hatte ich bereits in Kabartonjo mit einem jungen Mann als Übersetzer gearbeitet, der recht gut Englisch sprach und die Grundschule besucht hatte. Er war sehr freundlich und höflich und wollte mir vor allem gefallen. Seine Vorstellung von Übersetzung bestand darin, mir mehr oder weniger unabhängig von dem, was unser Gesprächspartner sagte, zu erzählen, wovon er meinte, es erfreue mich. Ich versuchte ihm zu erklären, dass es darum ging, möglichst genau – Wort für Wort – das vom Gesprächspartner Gesagte ins Englische zu übertragen, unabhängig davon, ob es mir gefiel oder nicht. Er verstand und war enttäuscht. Kipsang dagegen las englische Literatur und hatte sich mit dem Problem der Übersetzung durchaus beschäftigt. Er wusste auch, dass das Missverständnis wesentlich dazugehört. Meine Fragen verstand er auf seine Weise; manchmal übersetzte er sie so, dass die Antwort des Ältesten in nichts daran anknüpfte. Oder mein Gesprächspartner missverstand Kipsangs Übersetzung meiner Frage und antwortete entsprechend erratisch. Die Kette der Übersetzungen – der Fragen wie der Antworten – erinnerte mich oft an »Stille Post«, ein Spiel, das ich als Kind gern gespielt hatte. Es dauerte seine Zeit, bis wir in konkreten Sprachsituationen und Kontexten durch wechselseitiges Nachfragen, lange Diskussionen, Einübung und Wiederholung einen gemeinsamen Wortschatz aufgebaut hatten, der die

Basis für neue Themen lieferte. Doch gerade die vielfältigen Missverständnisse ließen manchmal neue, unvorhersehbare Themen und Fragen aufscheinen, an die ich nie gedacht und die ich deshalb auch nicht hätte erfragen können. Tatsächlich ging es mir vor allem darum, vor dem Hintergrund von Benjamins Theorie der Übersetzung die fremde Sprache und ihre Übersetzung als eine Form von Produktion zu begreifen, die die Fremdheit nicht völlig auflöst, sondern als eine Art Ergänzung und Bereicherung in die eigene Sprache überführt, die ihrerseits verfremdet wird. Ich wollte also eine »Tugenisierung« und damit eine Bereicherung und Erweiterung der deutschen Sprache erreichen.

12

Um die richtigen Fragen zu finden, kam mir manchmal auch der Zufall zu Hilfe. So erfuhr ich anlässlich eines Streits von der zyklischen Geschichtsvorstellung der Ältesten, die sowohl ihre Lebenszeit als auch ihre Geschichte zu einem Kreislauf bogen, in dem sich die Ereignisse wiederholten. In der Literatur, die ich zur Vorbereitung gelesen hatte, war von dieser Geschichtsauffassung keine Rede; ich hätte also nicht danach fragen können. Zufällig, bei einer Unterhaltung einiger Ältester, erfuhr ich von ihrer Erwartung, dass die Europäer wieder ins Land kommen und die Regierung übernehmen würden. Ich fragte vorsichtig nach, und es stellte sich heraus, dass ich richtig verstanden hatte. Die Großmutter eines der Anwesenden hatte die Rückkehr der Europäer und damit die Wiederkehr der Kolonialzeit prophezeit. Mit dem schlechten Gewissen der Ethnografin, die um die Verstrickung von Kolonialismus und Ethnologie weiß, protestierte ich heftig und versuchte zu erklären, dass die Europäer kein Interesse daran hätten, Kenia erneut zu kolonialisieren. Mit meinem Einspruch machte ich mich unbeliebt; die Ältesten ärgerten sich. Einer von ihnen wies mich scharf zurecht und sagte, ich wisse gar nichts, bei ihnen in den Tugenbergen würden die Ereignisse nicht nur einmal geschehen, sondern zweimal, dreimal, viele Male. Darauf begann ich, mich für ihre Vorstellung von Zeit und Geschichte zu interessieren.

Die Bewohner der Tugenberge teilten ein zyklisches Altersklassensystem mit ihren Nachbarn, das nicht nur als Integrationsmaschine für die Aufnahme von Fremden diente, sondern auch wesentlich ihre Zeit- und Geschichtsvorstellung bestimmte. Das Altersklassensystem lieferte ihnen die Kategorien, ihre Gesellschaft und Geschichte zu denken. In den Tugenbergen gab es acht Altersklassen mit je einem eigenen Namen. Altersklassen sind soziale Gruppen, die Männer und Frauen hierarchisch gliedern und den Fluss der Zeit markieren. Mit der Initiation in eine der acht Altersklassen verordneten die Ältesten, »denen die Welt gehört«, die »soziale Geburt« von jungen Frauen und Männern unterschiedlichen Alters; als »Gleichaltrige« durchliefen sie dann zusammen die verschiedenen Stadien des Lebenszyklus. Nach etwa 100 Jahren, wenn alle Ältesten einer Altersklasse gestorben waren, wurden die Jungen, ihre Urenkel, in die verwaiste Altersklasse initiiert, und ein neuer Zyklus begann.

Gleichnamigen Altersklassen wurden gemeinsame Eigenschaften zugesprochen, zum Beispiel besonders friedfertig oder kriegerisch zu sein. Diese Eigenschaften wiederholten sich, wenn die entsprechende Altersklasse im nächsten Zyklus die Macht übernahm. Gleichzeitig wurden die jungen Mitglieder einer Altersklasse als Wiederkehr der alten angesehen. Und die Ältesten erwarteten, dass auch die Ereignisse, die zur Zeit der »Herrschaft« einer bestimmten Altersklasse stattgefunden hatten, sich im neuen Kreislauf wiederholen würden. In gewisser Weise geschah das auch, weil die Ältesten sie nach dem ihnen überlieferten Muster interpretierten und danach handelten.

Doch kannten sie auch eine Möglichkeit, dem Zwang der Wiederholung zu entgehen. Aingwo erklärte mir, dass die Ältesten auf *otin* – »Tradition«, »Vergangenheit« oder »Geschichte« – schlagen, so wie sie nach einem schlechten Traum auf eine Ziegenhaut zu schlagen pflegen, um durch den Lärm die Gedanken an den Traum zu vertreiben. Als im 19. Jahrhundert die Krieger der Altersklasse Maina eine katastrophale Niederlage erlitten, entschlossen sich die Ältesten listig, diese Altersklasse abzuschaffen, um eine Wiederholung der Katastrophe im nächsten Zyklus zu verhindern. Ihre Maßnahme hatte Erfolg, die Katastrophe blieb aus. Seither gibt es statt acht nur noch sieben Altersklassen.

Auch die Kolonialzeit wurde in die zyklische Geschichtsvorstellung integriert. Die »Entdeckung« der Europäer und der Beginn der Kolonialzeit fanden statt, als die Altersklasse Kaplelach an die Macht kam. Mir wurde erzählt, dass die ersten Begegnungen mit den Fremden ein Schock waren, aber keine Katastrophe. Denn die Ältesten nahmen die Ankunft der Europäer für die Wiederkehr der Sirikwa, einem geheimnisvollen Volk, das vor Hunderten von Jahren in die Tugenberge gekommen war. Die Sirikwa hatten Rinder und Eisen mitgebracht und waren nach einigen Generationen wieder verschwunden. Und genauso verschwanden auch die Europäer, die zweiten Sirikwa, Anfang der 1960er-Jahre. Doch, so sagte Sigriarok, habe sich mit dem Verschwinden der Europäer nicht viel verändert. Tatsächlich bezeichneten die Ältesten, wie bereits erwähnt, die postkoloniale kenianische Regierung mit demselben Namen wie die Europäer: *chumbek*. Offensichtlich war ihnen die eigene nationale Regierung genauso fremd wie die Europäer.

Aingwo erzählte, dass er erschrak, als er den ersten Europäer sah. Er hielt ihn für einen Ahnengeist. Der Europäer war weiß wie Salz, und man konnte das Blut sehen, das in den Adern durch seinen Körper floss. Noch mehr aber fürchtete sich Aingwo vor dessen Gewehr. Auch war der Europäer so fett, dass er annahm, dieser esse nicht nur Hirse, sondern auch Menschen.

Andere Älteste erzählten, dass die Europäer während der Kolonialzeit kreuz und quer durch ihre Berge zogen und dass sie einen großen Reichtum an Lebensmitteln besaßen. Doch sie tauschten nur selten. Sie gingen nicht auf die Jagd, und obwohl sie keine Frauen dabeihatten, weigerten sie sich – so beschwerten sich die Ältesten –, Frauen aus den Tugenbergen zu heiraten und über diese Allianz in die Gemeinschaft der Tugen aufgenommen zu werden. Man hielt sie für Spione, die das Land auskundschafteten, um später Verwandte nachzuholen und das Land zu stehlen. Wie mich, so nannten sie auch die Europäer, die lange vor mir bei ihnen aufgetaucht waren, »Affen«, weil sie aus der Wildnis kamen, herumzogen und keine Häuser bewohnten. Und sie nannten einige Europäer auch »Kannibalen«, »die Leute vom Haus mit dem großen Topf«. Es tröstete mich ein wenig, dass ich die Bezeichnung Affe (und Kannibale) nicht mehr nur persönlich nehmen musste.

Als ich 1978 in die Tugenberge kam, stand die Initiation der Altersklasse Kaplelach bevor. Sie war an der Macht gewesen, als die Kolonialzeit begann. Es ist möglich, dass die Ältesten auch in meiner Anwesenheit ein Zeichen dafür sahen, dass die Europäer wiederkommen würden.

Während die Tugen im Norden nur selten direkten Kontakt mit Europäern hatten, bestimmte die Nähe zu den weißen Siedlern, die in der Umgebung von Nakuru auf Farmen lebten, wesentlich die Geschichte im Süden. Die Ethnografie, die die nördlichen Tugen von den Europäern während der Kolonialzeit entwarfen, zeichnet denn auch ein sehr viel positiveres Bild als das der südlichen, die häufig zu brutaler Zwangsarbeit, Trägerdiensten und Straßenbau herangezogen wurden und als Squatter auf den Farmen der Siedler arbeiten mussten. Tatsächlich erinnerten sich die Bewohner der nördlichen Tugenberge an die Kolonialzeit als eine Zeit des Friedens. In vorkolonialer Zeit hatten die Pokot ihnen immer wieder Rinder gestohlen und sie aus den besseren Weidegebieten verdrängt. Als die Kolonialverwaltung 1916 die Grenze zwischen Pokot und Tugen festlegte, gewannen sie einen Teil ihres

Weidelandes zurück. Auch gelang es der Kolonialverwaltung – im Gegensatz zur postkolonialen Regierung –, sie vor weiteren Übergriffen zu schützen. Auf lokaler Ebene erlebten die Kolonialisierten den Kolonialismus also höchst unterschiedlich, im Süden der Tugenberge als äußerst gewalttätig und ausbeuterisch, im Norden als eher friedlich. Erst in postkolonialer Zeit wurden den Bewohnern von Bartabwa die Rinder wieder von den benachbarten Pokot gestohlen.

Ich war nicht die erste Ethnologin, die die Tugenberge besuchte.[9] Doch keiner der anderen Forscher fand in den Berichten der Ältesten von Bartabwa Erwähnung, wahrscheinlich weil sie sich weiter im Süden aufgehalten hatten. Aingwo erzählte jedoch von europäischen Geografen, die in die Berge kamen und das Land vermaßen. Sie befahlen, dicke Eisenblöcke auszugraben, die von den Sirikwa stammten. Oder sie schauten auf den Boden und sagten: »Da liegt ein Elefant.« Dann gruben sie seine Knochen und Elfenbeinzähne aus.

Es scheint, als hätten die Europäer während der Kolonialzeit die nördlichen Bewohner der Tugenberge nicht besonders beeindruckt. Einen Anlass, eine differenzierte Ethnografie der Europäer zu entwerfen, hat es wohl nicht gegeben. Überhaupt war das Interesse der Ältesten für ihre (koloniale) Geschichte gering. Wenn ich Aingwo fragte, wann dieses oder jenes Ereignis stattgefunden habe, lächelte er und sagte, das sei nicht wichtig, weil die Ereignisse sich sowieso wiederholten. Auch die Kolonialzeit war nicht einmalig, sie war bereits die Wiederholung der Begegnung mit Fremden, den Sirikwa, und die Ältesten rechneten damit, dass sie sich auch in Zukunft wiederholen würde. Sie erkannten jedoch auch, dass ihre Geschichte nicht in einem Kreislauf der immer gleichen Ereignisse aufging. So sahen sie durchaus Unterschiede zum Beispiel zwischen Sirikwa und Europäern. Und sie stellten fest, dass seit der Ankunft der Europäer die verlässliche Verbindung von Überlieferung und Prophezeiung, von Tradition und Erwartung, gestört war. Denn auch sie mussten erfahren, dass sich die Zukunft immer mehr aus dem Kreislauf des scheinbar Gleichen löste und in eine eher neue Ereignisse produzierende Zeit entfloh, die sich nicht mehr so einfach mit der vergangenen gleichsetzen ließ. Der vergangene Zyklus, den sie erinnerten, wurde von zu vielen unkontrollierbaren Einflüssen gestört und nahm Richtungen, die nicht ihren Erwartungen entsprachen. Auch sie mussten feststellen, dass eine einfache Umkehrung des Blicks von der Vergangenheit in die Zukunft nicht mehr gelang.

13

Mit der Aufnahme in den Teriki-Clan war meine soziale Karriere noch nicht beendet. Die Ältesten hatten mir bisher verboten, an ihren Ritualen teilzunehmen, und sich auch weitgehend geweigert, darüber zu sprechen. Es war, wie ich später erfuhr, in ihren Augen völlig überflüssig, über Rituale zu reden: Sie waren, wie Aingwo mir erklärte, da, um gemacht zu werden. Jedes Kind in den Tugenbergen wurde in Ritualen des Lebenszyklus zu einer sozialen Person gemacht, am Anfang als Initiand, der das Ritual erleidet, dann als ritueller Helfer, der Handlungsmacht gewinnt und den Mitgliedern der nachfolgenden Altersklasse bei ihrer Initiation beisteht, und zum Schluss als Ältester, der nun wissend, mächtig und aktiv das Ritual leitet.

Allein Sigriarok machte mir das Angebot, Sohro, das letzte und größte Ritual des Lebenszyklus, zu »kaufen«. Tatsächlich erlaubten die Ältesten Fremden, die Tugen werden wollten, ihre Rituale zu erwerben. Ich »kaufte« das Ritual und steuerte Geld für Honig und Mais zum Bierbrauen bei. Gegen den Widerstand von einigen Männern und Frauen – darunter auch Kopcherutoi – setzte Sigriarok meine Teilnahme durch. Zum einen, so erklärte er, sei ich eine Teriki geworden und habe damit das Recht zur

Teilnahme an den öffentlichen Ritualen erworben. Andererseits, so tröstete er die Gegner, könne ich ja sowieso nichts verstehen und damit auch die Rituale nicht stehlen und mit nach Deutschland nehmen.

Ich durfte also an Sohro teilnehmen, jedoch nur an den öffentlichen Zeremonien, von den eher geheimen Ritualen, die allein den Männern oder allein den Frauen »gehörten«, blieb ich ausgeschlossen. Ich gehörte dem einfachen Publikum an, das lediglich zuschauen durfte. Ich habe die Grenzen, die mir gesetzt wurden, immer akzeptiert und nicht versucht, sie »im Dienste der Wissenschaft« mithilfe von Tricks zu durchbrechen, zeigten sie mir doch, wie weit die Subjekte meiner Forschung mir vertrauten und wie weit die Fiktion meiner Aufnahme in ihre Kultur reichte (und wo sie endete).

Drei Tage und drei Nächte dauerte das Ritual Sohro, in dem die Ältesten ihre Ritualkunst entfalteten. Ihr Ausdruckszauber riss mich mit und überzeugte mich. Mit geschickten Lichteffekten und einer raffinierten Lichtdramaturgie des Zeigens und Verhüllens, mit mehrstimmigen Gesängen, Tänzen, rituellen Handlungen und sehr viel Honigbier gelang es ihnen, eine dichte außeralltägliche Atmosphäre zu erschaffen, die mich tief beeindruckte.

In ihren Ritualen stellten die Ältesten eine praktische Philosophie der Bewegung, des Übergangs, der Verkehrung und der Verwandlung dar. Die Wege, die in den Ritualen zwischen bewohnter Welt und Wildnis gegangen wurden, trennten und verbanden die entgegengesetzten Pole der räumlichen Ordnung und erzeugten Transformationen. Indem Personen und Gegenstände einem »verkehrten« Ort zugeführt wurden, veränderten sie sich; Frauen wurden Männer und Männer (sogar) menstruierende Frauen, Menschen wurden wilde Tiere und umgekehrt.

In ihren Ritualen brachten sie zum Ausdruck, dass nichts ohne sein Gegenteil existiert. So steht die Wildnis, das eigene Andere, der bewohnten Welt gegenüber, das Tier – zum Beispiel der Affe – dem Menschen, der Mann der Frau und der Tod dem Leben. Doch ist das eine immer auch im anderen enthalten. Die Wildnis hat Orte der bewohnten Welt, die bewohnte Welt Orte der Wildnis; ein Stückchen Affe bleibt im Menschen erhalten und umgekehrt. Gegen die Übermacht des Todes bestanden die Ältesten auf einem komplementären Verhältnis von Leben und Tod. Sie domestizierten den Tod zum einen, indem sie ihn in das zyklische Altersklassensystem einbanden und damit die Rückkehr der Verstorbenen in die bewohnte Welt garantierten; und zum anderen, indem sie die männlichen und weiblichen Initianden in der liminalen Phase der Beschneidung und damit einem »kleinen Tod« auslieferten. Sie gaben dem Tod freiwillig ein Stück ihres Leibes und Lebens, um ihn in ein Tauschverhältnis zu zwingen und so seine Macht zu begrenzen.

Am Anfang ihrer Welt stand nicht das Eigene, sondern das Fremde und Andere, der Affe aus der Wildnis, der in Ritualen zur sozialen Person gemacht wurde und Schmerz und Gewalt erleiden musste, die mit der Entfernung aus der Wildnis und der Domestizierung einhergehen. In den Ritualen des Lebenszyklus wiederholten die Initianden diese Rückkehr in die Wildnis immer wieder. Damit führten sie auch vor Augen, dass die Wiederholung nie wirklich gelingt, da die Welt, die unverändert bleiben sollte, doch Veränderungen unterworfen ist. Gleichzeitig aber erzeugten sie auch »einen Gewinn an Sein«[10], denn erst in der Wiederholung wird die Wirklichkeit wirklich.

In ihren Ritualen behandelten die Ältesten auch das Thema der Verkehrung der Perspektive, das mich bis heute umtreibt. Denn jedes Ritual des Lebenszyklus, das der Initiand durchlief, führte zu einer Verschiebung seiner Sicht auf das eigene Leben und Selbst sowie auf das der anderen. Tatsächlich demonstrierten die Ältesten mir in verdichteter Form, dass die Verkehrung der eigenen Perspektive durch die Anderer notwendiger Bestandteil der Menschwerdung ist.

14

Nachdem das »große« Ritual Sohro beendet war, sagte Sigriarok zu mir: »Jetzt bist du groß geworden«, und lachte. Und der Vater von Kipsang erklärte, das Ritual habe mir gutgetan, ich sei fetter geworden! Auch er lachte, und alle Anwesenden stimmten mit ein.

Tatsächlich bin ich in meinem ganzen Leben nie so sehr ausgelacht worden wie in den Tugenbergen. Wie Clifford Geertz 1968 bemerkte, kann eine Feldforschung nur dann gelingen, wenn sich die Ethnografierten auf die Fiktion einlassen, dass die Ethnologin ein Mitglied ihrer Kultur ist – oder zumindest die beschränkte Mitgliedschaft anstrebt.[11] Mit meiner Aufnahme in den Teriki-Clan und der Teilnahme an den öffentlichen Sequenzen des Rituals Sohro bewiesen die Ältesten mir, dass sie sich diese ethnografische Fiktion zu eigen gemacht hatten. Natürlich durchschauten sie sie und spielten, wie ich, mit ihr, nur besser. Der Preis, den ich dafür zahlte, war die Übernahme der Rolle eines lächerlichen Menschen, einer Närrin. Jede meiner Handlungen konnte zu Heiterkeitsausbrüchen führen. Manchmal verstand ich die Ursache, meistens allerdings blieb mir der Grund verborgen. Ich wusste nur, dass ich lächerlich war. Mit diesem Lachen schützten sich die Ältesten vor mir und führten mir vor Augen, dass ich weiterhin Eindringling und fremd war. Ihr Lachen markierte die Grenze, den Augenblick, an dem sie an der ethnografischen Fiktion nicht mehr festhalten konnten – wie in der Pause eines Spiels, in der die Spieler für einen Moment ihre Umwelt vergegenwärtigen, bevor sie weiterspielen.

Ich kann nicht behaupten, dass dieses Lachen ohne Wirkung geblieben wäre. Auch wenn es nicht nur ein Auslachen war, sondern manchmal auch ein eher freundliches Anlachen, so trug ich, je länger es dauerte, sein Gewicht auf meinen Schultern. Es verunsicherte mich. Ich schaute öfter in den kleinen Spiegel, den ich aus Berlin mitgebracht hatte. Nach drei oder vier Wochen schnitt ich mir in den Finger, fiel hin oder rutschte einen Abhang hinunter. Dann wusste ich, dass es Zeit war für eine Pause, für einen Besuch meiner Freunde in Kabarnet oder Nairobi. Dort las ich meine Post, telefonierte mit meinem Mann und mit Freunden in Berlin, ging auf Partys und amüsierte mich. Nach einigen Tagen kehrte ich dann gestärkt und aufgerichtet in die Tugenberge zurück.

Das Lachen der Ältesten eröffnete mir jedoch auch einen gesellschaftlichen Freiraum, den man nur einem Narren zugesteht. Es ermöglichte mir, zwischen den verschiedenen Kategorien der sozialen Person und der Geschlechter hin und her zu wechseln und sie mit Fragen zu belästigen, die sie sich selbst so nicht gestellt hätten.

Nur wenn mein Ehemann mich besuchte, bestanden die Ältesten darauf, dass ich mich wie eine anständige Frau zu verhalten hätte, damit er sich nicht schämen müsse. Dann saß er zusammen mit anderen Männern im Schatten eines Mangobaumes und trank Bier, während ich zähneknirschend Frauenarbeiten verrichtete, Wasser holte, Wäsche wusch und kochte. Fuhr er wieder fort, wurde ich erneut geschlechtlich neutralisiert, gewann meine Freiheit zurück und durfte zwischen den verschiedenen Kategorien der Frauen- und Männerwelt hin und her wechseln.

Aber es gab auch einen Bereich, in dem sich die Interessen der Ältesten mit den meinen trafen. Sie erkannten, dass meine Aufmerksamkeit für ihre Rituale sie aufwertete. Weil ihre Kinder und Enkel in der Schule lernten, dass die eigenen Traditionen primitiv seien und man sie zugunsten von Fortschritt und Moderne aufgeben müsse, weigerten sich viele Junge, überhaupt an den Ritualen teilzunehmen. Dadurch stockte die rituelle Karriere der Väter und Großväter, die nun nicht mehr ihre soziale Person vervollständigen und sich in Ahnengeister verwandeln konnten. Mein Interesse für Traditionen und Rituale gab ihnen eine neue Beachtung und bewirkte immerhin, dass Kipsang sich entschloss, ein wichtiges Ritual durchzuführen, das nicht nur ihn, sondern auch seinen Vater zu einer »größeren Person« machte.

Ich kann nicht ausschließen, dass die Ältesten im Rahmen ihres zyklischen Geschichtsverständnisses hofften, dass die Erzählungen, die sie mir schenkten, eine verlorene Vergangenheit wieder aufleben ließ und ihre Wiederkehr herbeiführen würde.

15

Mit ihrem zyklischen Altersklassensystem gewannen die Ältesten das Privileg, nicht nur die jüngeren Generationen, sondern auch die Zeit selbst zu kontrollieren. Die Festlegung des Initiationsrituals ermächtigte sie, einen radikalen Neuanfang zu setzen. Gegen die biologische Zeit etablierten sie eine soziale, die mit der rituellen Geburt der Initianden begann, die Vorzeit auslöschte und die Kindheit rückgängig machte.

In vorkolonialer Zeit nahmen Männer und Frauen die Bewegung der Sonne am Horizont für einen Kalender, nach dem sie ihre Tätigkeiten ausrichteten. Vom festen Standpunkt aus beobachteten Astronomen die aufeinanderfolgenden Sonnenaufgänge am Horizont im Osten. Wie auf dem Zifferblatt einer Uhr legten sie eine Visierlinie fest, in der sie die wandernden Orte des Sonnenaufgangs mit besonders hervorstechenden Punkten am Horizont verbanden. Einige dieser Punkte nannten sie »die oberen (im Süden) oder unteren (im Norden) Häuser der Sonne«. So begannen sie zum Beispiel mit der Brandrodung der Felder erst, wenn die Sonne das obere Haus verlassen hatte.

Obwohl ihnen die Bewegung der Sonne am Horizont einen Maßstab lieferte, blieb diese Zeitbestimmung punktuell und situationsgebunden. Sie übte keinen umfassenden Zwang auf die Handlungen der Menschen aus. Diese mussten nicht gegen die Zeit kämpfen, und sie lief ihnen auch nicht davon.

Die Ältesten und ich gingen sehr unterschiedlich mit Zeit um. Während ich unter akuter Zeitnot litt und versuchte, meinen

Aufenthalt in den Tugenbergen möglichst effektiv zu gestalten, weil Zeit und Forschungsgelder knapp bemessen waren, schienen die Ältesten Zeit im Überfluss zu haben. Die meisten hatten keine Armbanduhr; wir verabredeten einen Termin, indem er, sie oder ich mit dem ausgestreckten Arm den Stand der Sonne beziehungsweise des fallenden Schattens markierte. Diese Art der zeitlichen Vereinbarung eröffnete einen beachtlichen Spielraum. Oft waren wir mehrere Stunden unterwegs, um einen bestimmten Ältesten zu treffen. Kamen wir endlich an, war er nicht zu Hause. Wir warteten, oft stundenlang und manchmal vergeblich. Anfangs bekam ich Wutanfälle über die vermeintlich verlorene Zeit; erst allmählich lernte ich, gelassen mit solchen Situationen umzugehen. Tatsächlich erwiesen sie sich manchmal als äußerst produktiv. Während des Wartens tauchten Leute auf, die ich nicht kannte, und erzählten den neuesten Tratsch, oder Kipsang und ich begannen ein Gespräch über einen Traum, den er gehabt hatte und den wir höchst unterschiedlich interpretierten. Meist gelang es mir nach einigen Wochen, ruhiger zu werden und mein Leben zu entschleunigen.

Doch in den Augen der Bewohner der Tugenberge blieb ich ein unruhiges, eiliges Wesen. Das großstädtische Berliner Tempo meines Ganges und meine hektischen Bewegungen führten, wie bereits erwähnt, zu Heiterkeitsausbrüchen; in den Augen meiner Beobachter fehlte mir jede Würde. Auch Frauen und Männer in den Tugenbergen mussten sich manchmal beeilen und von einem Berg zum anderen hetzen. Viele von ihnen können extrem schnell laufen, stellen die Kalenjin doch heute die besten Langstrecken- und Marathonläufer der Welt. Doch sowie sie in Sichtweite anderer Leute kamen, bremsten sie, wischten sich den Schweiß von der Stirn, brachten ihre Kleidung in Ordnung und wechselten in eine beherrschte und würdevolle Gangart.

Während der Kolonialzeit begann sich der Gebrauch von westlichem Kalender und von Uhren durchzusetzen. Obwohl die ersten

Uhren vor allem Prestigegüter waren und nur wenig Einfluss auf das Alltagsleben nahmen, führten vor allem Schulen und andere westliche Institutionen die abstrakte Zeit ein und sorgten für radikale Veränderungen. Ich erinnere mich an einen Lehrer in Kabartonjo, der sich anbot, für uns eine Sightseeingtour zu organisieren. Er wollte uns die Klippen zeigen, von denen die zu alt gewordenen Ältesten, die ihre Altersklasse überlebt hatten, in den Tod springen mussten,[12] sowie einige Höhlen, in denen die Sirikwa, die ersten Europäer, gelebt hatten. Er trug eine Armbanduhr und hatte einen genauen Zeitplan ausgearbeitet: 10:52 Uhr Abfahrt, 11:33 Uhr Ankunft bei den Klippen und so weiter. Er bestand auf der Einhaltung seines Plans, und wir mussten hetzen, um ihn zu erfüllen. So führte er mir in karikierender Weise meinen eigenen Umgang mit der Zeit vor Augen.

16

Nachdem ich zu Kopcherutoi, meiner neuen Mutter, auf den Berg Rimo gezogen war, nahm ich Anfang der 1980er ein Polaroidfoto von ihr auf. Ich bat um Erlaubnis, und sie willigte ein. Für das Foto posierte sie nicht. Sie ging weiter ihrer Arbeit nach und kümmerte sich nicht um mich; als die Kamera klickte, schaute sie kurz auf. Ich schenkte ihr das Foto, ein fremdes Bild ihrer Person. Sie hielt es verkehrt herum, sah flüchtig hin, lächelte und verbarg es unter einem Stein ihres Vorratsspeichers. Ich weiß nicht, ob sie sich erkannte. Zu ihrem Haushalt gehörte kein Spiegel. Wenn sie sich selbst sehen wollte, konnte sie ihr Abbild auf einer Wasseroberfläche spiegeln. Ansonsten war sie vor allem das, was andere in ihr sahen. Später zeigte Kipsang ihr ein weiteres Foto und erklärte ihr, dass sie diejenige sei, die dort abgebildet war. Sie lächelte wieder und legte das Foto beiseite; es interessierte sie nicht.

In vorkolonialer Zeit stellten die Bewohner der Tugenberge keine Porträts in Form von Bildern, Masken oder Skulpturen her. Wie in anderen eher pastoralen Gesellschaften war ihre materielle Kultur auf das Notwendigste beschränkt. Die Ältesten nutzten, wie bereits erwähnt, den menschlichen Körper, um die soziale Biografie buchstäblich in ihn einzuschneiden. Wunden, und später Narben, zeigten den anderen, wer man war.

In den 1950er-Jahren, noch vor dem Ende der Kolonialzeit, eröffneten vereinzelt Fotostudios in den größeren Orten der Tugenberge – nicht in Bartabwa – und gaben vor allem den Jüngeren die Möglichkeit, fotografische Porträts von sich und anderen zu bekommen. Während die Jungen und »modernen« Leute einen kleinen Kult mit Fotos betrieben, zeigten die Ältesten kaum Interesse. Sie waren jedoch nicht bilderfeindlich, wie die weiter nördlich lebenden Pokot, die den Akt des Fotografierens und Filmens als eine Form des Raubes ansahen, der ihnen Substanz nahm und sie dünner werden ließ. Wenn Touristen sie fotografieren wollten, verweigerten sie sich oder verlangten sehr viel Geld. Im Gegensatz dazu verhielten sich die Ältesten in Bartabwa, wie schon Kopcherutoi, Bildern gegenüber eher gleichgültig.

Was bedeutet es, in einer solchen Gesellschaft zu filmen oder zu fotografieren? Da die Ältesten große Erzähler, Künstler des Wortes und der Gesten waren, wollte ich unbedingt einen Film über sie und ihre Sicht auf die Welt drehen. Als Teil meiner Ausbildung an der Berliner Film- und Fernsehakademie wollte ich das »endlose Gespräch«, das wir begonnen hatten, vor der Kamera fortsetzen. Ich fragte Kopcherutoi, Aingwo, Kabon und den Wahrsager Sirpen, ob sie mir erlauben würden, sie zu filmen. Da ein paar Jahre zuvor katholische Missionare einen Jesus-Film in Bartabwa gezeigt hatten, kannten sie das Medium bereits. Sie waren einverstanden und gaben mir die Erlaubnis, sie so aufzunehmen, wie sie sich vor der Kamera darstellen wollten.

Zusammen mit der Kamerafrau Hille Sagel[13] habe ich 1980/81 zwei ethnografische Filme in den Tugenbergen gedreht: *Im Bauch des Elefanten* (1982) und *Gespräche mit Kopcherutoi* (1985). Im Gegensatz zu mir hatte Hille bereits Filmerfahrungen gesammelt und schon erfolgreich einen Spielfilm gedreht. Sie besuchte Afrika zum ersten Mal. Wir hatten deshalb ausgemacht, dass, falls sie mit der Situation vor Ort nicht zurechtkäme, sie jederzeit nach Hause fahren könne. Doch Hille zeigte sich den manchmal abenteuerlichen, für sie neuen technischen, kulturellen und sozialen Herausforderungen in den Tugenbergen überaus gewachsen.

Als sie eines Abends in unserem Haus von einem Skorpion gebissen wurde, bewahrte sie eine erstaunliche Gelassenheit, während ich in Panik geriet. Ich hatte von Skorpionen in Mexiko gehört, deren Biss tödlich endete, und in meinem *Ratgeber für die Tropen* nur den Hinweis gefunden, sofort den nächsten Arzt aufzusuchen. Das hätte mit dem Auto fünf Stunden gedauert, aber wir hatten kein Auto. Ich rannte zu unserem Nachbarn, der sogleich mit einem dicken Stock in der Hand zu uns kam. Mit einem Schlag erledigte er den Skorpion, der sich unter einer blauen Plastikschüssel versteckt hatte. Er sah sich den Leichnam an, schaute dann auf Hilles geschwollenen, roten Fuß und befand, der Biss sei nicht tödlich. Hille werde nachts starke Schmerzen haben, aber morgen Früh sei das vorbei. Sie schluckte drei Aspirintabletten und schlief gegen Morgen endlich ein. Am Nachmittag ließ sie sich nicht davon abbringen, die Filmarbeit wieder aufzunehmen. Nach diesem Ereignis begann sie, eine Liste über all die Tiere zu führen, die sie bissen. Glücklicherweise kam kein zweiter Skorpion hinzu, aber einige Floh- und Mückenstiche musste sie verzeichnen. Die Übersetzung ins Bürokratische half ihr (und mir), ein wenig Handlungsmacht, Ordnung und Kontrolle zurückzugewinnen, die wir in der Nacht des Skorpions verloren hatten. Ich jedoch entwickelte eine mörderische Gewohnheit. Jeden Abend, bevor es dunkel wurde, näherte ich mich vorsichtig mit einem

Schuh in der rechten Hand der blauen Plastikschüssel, hob sie behutsam hoch und erschlug den (neuen) Skorpion, der sich dort versteckt hatte.

17

Bevor ich weiter über unsere Filmarbeit berichte, muss ich kurz ein Ereignis schildern, das mich veranlasste, über technisch reproduzierte Bilder in einer neuen Richtung nachzudenken. Es war an einem späten sonnigen Nachmittag, als Menschen, Tiere und Dinge lange Schatten warfen. Kipsang und ich standen mit einer kleinen Gruppe auf dem Marktplatz von Bartabwa, als die neben mir stehende Frau laut aufschrie und sich hastig ein Stück von mir wegbewegte, als ob ich sie in Gefahr gebracht hätte. Ich erschrak und schaute Kipsang fragend an; er redete beruhigend auf die Frau ein und erklärte mir später, dass ich auf ihren Schatten getreten sei. Indem ich ihren Schatten mit Füßen getreten hatte, hätte ich ihr meinen Respekt verweigert und sie verletzt. Dass die älteren Bewohner der Tugenberge, die keine Uhr besaßen, auf den Schatten von Häusern oder Bäumen achteten und seine Richtung, Länge oder Kürze zur Bestimmung von Zeit nutzten, hatte ich bereits in Erfahrung gebracht; dass sie besondere Aufmerksamkeit auf den menschlichen Schatten legten, diesen beweglichen und flüchtigen Begleiter, war mir jedoch bis dahin verborgen geblieben. Ich entschuldigte mich bei der Frau und achtete danach peinlich genau darauf, wohin mein Schatten fiel und wohin ich trat. Ich stellte fest, dass selbst kleine Kinder sich bemühten, den Schatten einer anderen Person zu respektieren.

Dieser Zwischenfall veranlasste mich, Aingwo zu fragen, warum der Schatten einer Person so viel Achtsamkeit verlange. Diese Frage sei eine gute Frage, sagte er. Jeder Mensch habe zwei Schatten, einen hellen und einen dunklen. Im Gegensatz zu *tondoi*, dem hellen Schatten, den nur Menschen werfen, wird der dunkle Schatten von Menschen, Tieren und Dingen *rurwe* genannt. *Tondoi* ist eher unsichtbar, aber fest mit dem Körper einer Person verbunden. Er kann sich jedoch im Schlaf ablösen und in der Welt umherwandern. Was ihm widerfährt, erfährt der Schlafende im Traum. Erwacht er, kehrt der Schatten wieder in seinen Körper zurück. Nach dem Tod entfernt sich *tondoi* endgültig und irrt verzweifelt auf der Suche nach einem neuen Körper umher. In dieser Zeit gilt er als besonders gefährlich. Weil man nie wissen kann, ob sich der Schatten eines Toten an den eigenen geheftet hat, achten die Lebenden sehr genau darauf, wohin ihr Schatten fällt. Sie suchen vor allem zu verhindern, dass er Kinder und schwangere Frauen berührt, weil diese besonders leicht Schaden nehmen können. Auch der Schatten von Fremden - wie mir - sei gefährlich, sagte Aingwo.

Während *rurwe* die jeweilige Präsenz verdoppelt und die Grenze des Körpers ständig verändert, ausdehnt oder schrumpfen lässt, verbindet sich *tondoi* - von christlichen Tugen auch als »Seele« bezeichnet - mit dem Tod und weist damit auf eine Abwesenheit hin. Beide Schatten können sich überlagern und dann gefährlich werden. Offensichtlich sahen die Bewohner der Tugenberge den menschlichen Schatten als Teil der sozialen Person, den man nicht berühren oder verletzen durfte.

Vor diesem Hintergrund staunte ich sehr, als ich im Rahmen unserer ethnografischen Film- und Fotoarbeit in Bartabwa in Erfahrung brachte, dass die jungen Leute Fotos mit dem englischen Wort *picture* bezeichneten, die Ältesten aber das Wort *tondoi* gebrauchten. Damit schlossen sie nicht nur an westliche Bildtheorien an, die im Schatten den Ursprung des Bildes überhaupt sehen, sondern auch an religiöse Vorstellungen vom Schatten als Seele, Bild oder Widerschein sowie als Teil der Person, der auch abwesend sein, verloren oder geraubt werden kann. Wenn die Ältesten Fotos als Schatten bezeichneten, dann sahen sie auch das Foto als dem Körper eines Menschen zugehörig an. Damit stellten sie eine Verbindung zwischen dem modernen Medium der Fotografie und jenen Vorstellungen überall auf der Welt her, in denen der Schatten mit der Seele gleichgesetzt wird. Das Schattenbild verwies also auch auf religiöse Erfahrung und den Tod – und damit auf ein aufgeladenes performatives Moment des fotografischen Aktes. Umgekehrt ließe sich sagen, dass die Vorstellung von einer sozialen Person mit elastischen Grenzen, die sich relational ausdehnen oder schrumpfen, im Schattenbild sichtbar wird. Dieses erweiterte Körperbild besteht aus Eigenem und Fremdem, wenn sich der Schatten eines Verstorbenen oder einer Fremden an den eigenen hängt, ihn besetzt, überlagert oder verletzt. Dann wird der Schatten, um mit Deleuze zu sprechen, zu einem starken Affektbild, das Angst und Schrecken hervorruft.

Wenn die Ältesten ein analoges Foto als Schatten bezeichneten, dann stellten sie nicht, so wie wir, das Licht, das sich in die Bildoberfläche einschreibt, in den Vordergrund, sondern das Gegenteil, den Schatten, der dem Licht widersteht. Auch William Henry Fox Talbot, einer der Erfinder der Fotografie, hat das Medium nicht nur als Lichtschrift oder Lichtzeichnung, sondern auch als Skiagrafie, als ein »Schreiben mit dem Schatten« bezeichnet. Doch während im Westen das Licht (der Aufklärung) und die Vorstellung von Transparenz für die Konzeption von analoger Fotografie (gerade in ihrer Allianz mit der Wissenschaft) immer mehr in den Vordergrund trat, vernachlässigte auch die Kunstgeschichte den Schatten als abhängiges und eher negatives Element.[14] Und auch die technischen Wissenschaften interessierten sich nicht besonders für den Schatten, weil ihm nicht, wie dem Licht, das Potenzial zur Übertragung von Energie und Informationen zukam.[15]

Die Konzeption des Fotos als materialisierter Schatten war somit Ausdruck einer lokalen Ästhetik, die weniger Helligkeit und Licht als vielmehr die Widerständigkeit gegen das Licht ins Zentrum rückte und verschiedene Grade von Dunkelheit und

Opazität unterschied. Dabei waren die »dunklen Stellen« nicht nur negativ, sondern auch positiv konnotiert. Wie Aingwo erklärte, bietet gerade die Dunkelheit des Schattens Menschen und Tieren Schutz, Zuflucht und Kühle. Der Schatten eines Menschen kann auch, so Aingwo, die individuelle Würde und vor allem den Respekt, den andere - Lebende und Tote - ihm entgegenbringen, bergen und bezeugen. Und wie der Schatten Teil einer Person ist und die Körpergrenzen somit immer wieder verschiebt und variiert, so sind auch Fotoporträts Teil einer Person. Sie sind Abbild und Spur eines Subjekts, das Objekt geworden ist, und erlauben, sich zu sehen, wie andere einen sehen.

Während der Blick ins Licht eine Blendung hervorrufen kann, wäre der gegenläufige Blick ein Blick auf den Schatten, der die Relationen zum Ausdruck bringt, denen er unterworfen ist. Wie Édouard Glissant forderten in gewisser Weise auch die Ältesten eine positive Um- und Aufwertung von Schatten, Dunkelheit und Opazität. Diese Opazität koexistiert mit Licht auf der Oberfläche eines Fotos. Dabei kommt es, so Glissant, auf die Textur des miteinander Verwobenen an und nicht auf die einzelnen Komponenten.[16]

Aingwo erklärte mir, dass es auch Hexer und Zauberer in den Tugenbergen gebe, die *tondoi* stehlen. Heilern kam die Aufgabe zu, ihn wieder zurückzubringen.

Ich kann mit Sicherheit sagen, dass Aingwo nicht James Frazers berühmtes Buch *Der goldene Zweig* von 1890 gelesen hatte. In diesem Buch, das nicht nur Ethnologen, sondern auch Schriftsteller und Philosophen wie Rudyard Kipling, Ezra Pound, D. H. Lawrence, T. S. Eliot, Ludwig Wittgenstein und nicht zuletzt Sigmund Freud nachhaltig beeindruckte, ist viel von Schatten und Seele die Rede. In wahrhaft wilder Reihung, auf der ganzen Welt hin- und herspringend, beschreibt Frazer vor allem im Kapitel »Gefahren der Seele« die Seelenvorstellungen der »Wilden« in immer neuen Variationen: die Seele als Schatten, Bild oder Widerschein; die Seele als dickes, dünnes, leichtes oder schweres Männchen oder

Zwerg; und als Teil der Person ist es die Seele, die abwesend sein, verloren oder geraubt werden kann.

Die Beispiele, die Frazer für den Verlust oder Raub der Seele anführt, sind nicht zufällig dramatische Szenen kolonialer Begegnung, Szenen medientechnischer Überlegenheit, in denen Reisende und Forscher mit modernen technischen Medien, insbesondere der Kamera, die »Wilden« erschrecken und in Panik versetzen. In den Berichten verwandelt sich die Kamera in eine Seelenklaumaschine, einen Schattenräuber, der die Seelen der Fotografierten raubt, zerstört oder frisst.

Ich gebe zwei Beispiele:

> Ein Forschungsreisender hatte einmal in einem Dorf am unteren Yukonflusse seinen Kodak aufgestellt, um die Leute aufzunehmen, als sie zwischen den Häusern umhergingen. Während er den Apparat einstellte, trat der Häuptling hinzu und bestand darauf, unter das Tuch zu gucken. Es wurde ihm gestattet, und er starrte eine Minute lang auf die sich bewegenden Figuren auf der Mattscheibe, zog dann plötzlich seinen Kopf zurück und schrie den Leuten, so laut er konnte, zu: »Er hat all eure Schatten in seinem Kasten.« Eine Panik brach unter der Gruppe aus, und im Augenblick verschwanden sie alle Hals über Kopf in ihre Häuser.[17]

Und ein weiteres Beispiel:

> Die Tepehuanes von Mexiko hatten eine Todesangst vor dem Photographenapparat, und es kostete fünf Tage Überredung, sie dazu zu bewegen, sich aufnehmen zu lassen. Als sie endlich einwilligten, sahen sie wie Verbrecher vor ihrer Hinrichtung aus. Sie glaubten, der Künstler könne, wenn er sie photographiere, ihre Seelen wegtragen und in seinen Mußestunden verschlingen.[18]

Nicht nur bei Frazer, auch in anderen ethnologischen Texten und Reiseberichten des 19. und frühen 20. Jahrhunderts ist erstaunlich häufig und ausführlich von Furcht und Schrecken die Rede, die die Kamera (und andere Medien) bei den Bewohnern Afrikas, aber auch Asiens oder Amerikas auslöst.[19]

Schaut man sich die Reiseberichte genauer an, dann wird deutlich, dass westliche Reisende, Missionare und koloniale Verwaltungsbeamte Instrumente wie die Kamera, die eigentlich der wissenschaftlichen Erforschung und Dokumentation dienen sollten, auch nutzten, um »Wunder« zu erzeugen, um Afrikaner in Erstaunen zu versetzen und zu erschrecken. Sie gebrauchten Feuerwerk, Spiegel, Laterna magica, Fernglas und Kamera in doppelter Weise: Zum einen stellten sie sie als wunderbare Objekte aus, um sie als Waren in einen Kreislauf des Begehrens zu integrieren; zum anderen als magische Instrumente, die die Einheimischen überwältigen und sie selbst mit einer Aura übermenschlicher Macht ausstatten sollten. Sie konvertierten Technik in Magie und ließen sich scheinbar auf eine magische Welt ein, an die sie selbst nicht mehr glaubten. In den Szenen medientechnischer Überlegenheit erzeugten sie die magisch verblendeten »Wilden«, die immer wieder selbst den Beweis für diese Zuschreibung erbrachten, indem sie sich vor den Effekten der Technik fürchteten, Ding und Person nicht eindeutig trennten und ein Bild für den Teil einer Person nahmen, der geraubt werden konnte.

Wir wissen heute recht gut, wie Frazer sein ethnografisches Wissen erlangte. Als sogenannter Schreibtischethnologe, der Europa nie verließ und auf die Frage, ob er jemals »im Feld unter den Wilden« gewesen sei, mit »Gott behüte« antwortete, verschickte er Fragebögen an »men on the spot«, Reisende, Missionare und Verwaltungsbeamte in den Kolonien. Ihre Antworten, ein Sammelsurium aus Anekdoten, kulturellen Missverständnissen und Beobachtungen aus manchmal erster, meist aber zweiter und dritter Hand, bildeten den Stoff, aus dem er den »goldenen Zweig« wob.

Das Motiv des Seelenklaus oder des Verlusts des Schattens war auch in Europa bekannt. Es tauchte zum Beispiel zu Beginn des 19. Jahrhunderts in Adelbert von Chamissos *Peter Schlemihls wundersame Geschichte* von 1813 auf und später auch in anderen populären Erzählungen. Wie Roland Barthes[20] bemerkte, wurden diese Erzählungen jedoch geschrieben, bevor die Fotografie zur dominanten Technik der Reproduktion von Porträts wurde. Unabhängig vom Medium der Fotografie, das sich auf die Verdopplung spezialisierte, teilten also Europäer und Afrikaner den Diskurs über den Seelenklau. Allerdings nahmen sie je unterschiedliche Positionen der Macht ein: Die einen fotografierten, die anderen wurden fotografiert.

Beide teilten auch die Einsicht in die Gewalttätigkeit der Fotografie. Nicht zuletzt hat Roland Barthes in seiner Theorie der fotografischen Praxis in *Die helle Kammer* von 1989 die Enteignung des Fotografierten, seine Verwandlung in ein Objekt, ins Zentrum gestellt und damit das Gewaltsame, Räuberische und Tödliche der Fotografie betont. Tatsächlich hat er mit diesem Text den Versuch unternommen, die kolonialen Szenen technischer Überlegenheit umzukehren, indem er das, was »die Wilden« vor der Kamera zu erleiden hatten, nun verallgemeinert in seine Theorie der fotografischen Praxis aufnahm. Nicht aus der Perspektive des Fotografen, sondern aus der des Fotografierten, der den fotografischen Akt erleidet, entwickelte er seine Gedanken über das Medium.

Es ist kein Zufall, dass wir in Barthes' Text wieder dem Doppelgänger, dem Schatten und der Vorstellung vom Seelenraub begegnen. Obwohl Frazers »Wilde« bei Barthes nie explizit Erwähnung finden, haben sie dennoch eine deutliche Spur hinterlassen: Er verweist auf Edgar Morins Buch *L'homme et la Mort* von 1948, das sich vergleichend mit Todesvorstellungen überall auf der Welt auseinandersetzt. Und hier finden wir auch Frazer und seine »Wilden« wieder sowie die Idee des Seelenklaus, des Doppels, des Schattens und Spiegelbildes als Teil einer Person. Indem sich Barthes zum

»Wilden« macht, der die Fotografie erleidet - »ich bin ein Wilder, ein Kind oder ein Verrückter; ich lasse alles Wissen, alle Kultur hinter mir...«[21] -, gibt er den scheinbar neutralen technischen Apparaten und Bildern ihre Macht und Magie zurück. Auch das Unheimliche an der Fotografie, das lange aus dem dominanten westlichen Diskurs ausgeschlossen war, bringt er zurück. Damit rehabilitiert er die Frazer'schen »Wilden« und die Vorstellung vom fotografischen Seelenklau. Er zeigt, was wir alle teilen, wenn die Kamera uns erfasst.

18

Unsere Dreharbeiten in den Tugenbergen verliefen ohne Konflikte. Wir besuchten die einzelnen Protagonisten in ihren Gehöften und versuchten, die lokale Ästhetik des Schattens im Film umzusetzen. Wenn wir die Kamera einrichteten, achteten wir darauf, wohin und wie innerhalb des Bildes die Schatten von Personen, Tieren und Dingen fielen, und sorgten dafür, dass sie sich nicht überlagerten.

Bei der praktischen Filmarbeit war uns wichtig, die Kamera offen zur Schau zu stellen und unsere Anwesenheit nicht zu verheimlichen. Wir wollten sichtbar machen, was ohne die Filmarbeit nicht zum Vorschein gekommen wäre. Die einäugige Kamera, eine Bolex (zum Aufziehen, die Einstellungen von lediglich 24 Sekunden erlaubt), beobachtete nicht einseitig; die Gefilmten blickten zurück. Die Protagonisten schauten direkt in die Kamera und traten mit Hille und mir in einen offenen Dialog. Den lokalen Höflichkeitsregeln entsprechend entschieden wir uns für eine ruhige, eher fixierte Kameraführung, die die Protagonisten frontal und auf Augenhöhe filmte.

Beide Filme sind Versuche der vorsichtigen Annäherung. Die eher distanzierte Kameraführung bewahrt ein Moment von

Fremdheit, das unserer damaligen Situation entsprach. Wir wollten die Protagonisten nicht oberflächlich vereinnahmen, sondern aus Respekt auf einen Rest von Fremdheit verweisen, der uns unzugänglich blieb. Die oft enge und unbewegte Kameraführung betonte das Ausschnitthafte der Bilder, den Bruchteil einer Realität von tausend anderen möglichen Bildern, die Hille nicht aufgenommen und damit der Sichtbarkeit entzogen hatte.

Weil wir mit der Bolex keinen Synchronton aufnehmen konnten, fielen Bild und Ton auseinander. Auch später am Schneidetisch versuchten wir nicht, das Fragmentarische des Films zu einem in sich geschlossenen Ganzen zusammenzufügen. In *Gespräche mit Kopcherutoi* bemühte ich mich, durch Einfrieren eines Bildes ein spezifisches Moment der Gestensprache hervorzuheben. Während das Bild anhielt, lief der Ton weiter, und die Erzählung von Kopcherutoi rückte in den Vordergrund. Doch weil Ton und Bild nicht synchron waren, beraubten wir die Ältesten ihrer Sprachkunst, des schönen Zusammenspiels von Sprache und Gestik. Bis heute halte ich beide Filme deshalb für mehr oder weniger missraten und gescheitert. Obwohl sie auf Festivals in Berlin, Paris, Los Angeles und New York gezeigt wurden, habe ich mich nicht weiter um den Vertrieb gekümmert und sie mehr oder weniger unter Verschluss gehalten. Aber die wunderbaren Geschichten, die Kopcherutoi, Aingwo, Sigriarok, Kipton und andere mir aus ihrem Leben erzählten und die wir auf Tonband aufnahmen, habe ich zusammen mit Naftali Kipsang übersetzt und in dem Büchlein *Die Zeit des Feuers* 1985 publiziert.

Bei den Dreharbeiten zum Film *Im Bauch des Elefanten* erklärte uns Aingwo vor laufender Kamera die »Sprache des leeren oder vollen Bauches«. In dieser Sprache heißt lieben »mit Nahrung versorgen« und hassen »Nahrung verweigern«. Er erzählte, dass die Welt sich im Bauch eines Elefanten befinde. Die Mitte der Welt, ihr Zentrum, ist der Magen, der, wenn er leer ist, die Welt mit Bitterkeit erfüllt und somit Neid, Krankheit und Tod verursacht.

Ist er dagegen voll, dann erfüllt er alle Wesen mit Sanftheit, Süße und Liebe. Je hungriger und gefräßiger die Wesen sind, die den Bauch des Elefanten bevölkern, desto gefährlicher und bedrohlicher sind sie und desto größer ist ihre soziale Entfernung vom Zentrum der Welt. In diesem Zentrum leben die Bewohner der Tugenberge, die einander lieben und mit Nahrung versorgen sollten (was sie aber nicht immer tun). Etwas weiter am Rand halten sich die Ahnengeister auf, die Geister der Verstorbenen, die oft hungrig sind. Vergessen die Lebenden, ihre toten Verwandten mit Nahrung - Opfern - zu versorgen, dann »essen die Ahnengeister ihre Kinder«, sagt Aingwo im Film. Essen wird hier zum aggressiven, kannibalischen Akt der Zerstörung. Am äußersten Rand dieser Kosmologie befinden sich die Heiler und Wahrsager, die Hexen und Zauberer entdecken und unschädlich machen. Und jenseits dieser Welt leben die ganz Fremden, Europäer und Kannibalen. Ihre Gefräßigkeit übersteigt jedes vorstellbare Maß.

Im Film entwickelte Aingwo also eine Kosmologie, in der er auch uns verortete. Unser Platz befand sich jenseits der Welt - aber trotzdem noch im Bauch des Elefanten -, und was uns auszeichnete, war eine übermäßige Gefräßigkeit. Ich nehme an, dass unsere Fresssucht auch das »Essen« von Schatten (Bildern) mit einschloss.

Wie Jean Rouch wollte auch ich die »gefressenen« Bilder nach Bartabwa zurückbringen. Ich habe den Ältesten und anderen Freunden jedoch nur die Fotos, die ich von ihnen genommen hatte, zurückgeben können. Obwohl ich fest vorhatte, eine Filmvorführung in Bartabwa zu organisieren, gelang es mir nicht. Es gab dort keine Elektrizität; ein Generator sowie ein Projektor ließen sich nicht auftreiben. Ich habe *Im Bauch des Elefanten* schließlich nur im Goethe-Institut in Nairobi zeigen können. Bewohner der Tugenberge waren nicht anwesend.

Während sich die Ältesten und andere Freunde in Bartabwa nicht scheuten, mir deutlich zu sagen, was ich ihnen aus Berlin mitbringen sollte, haben sie nie nach den »Schatten«, den

Filmbildern, gefragt oder ihre Rückkehr gefordert. Ich weiß nicht, ob das aus Höflichkeit geschah oder weil es sie nicht interessierte. Kipsang und andere eher junge Leute waren dagegen mächtig stolz darauf, dass »ihre« Ältesten gefilmt wurden. Sie nahmen das Filmen und Fotografieren als Lob und Anerkennung ihrer Welt.

19

Von 1978 bis 1985, also in einem Zeitraum von sieben Jahren, besuchte ich immer wieder die Tugenberge, um manchmal nur zwei Monate, manchmal aber auch ein halbes Jahr mit den Ältesten zu arbeiten. Da es kein Telefon in Bartabwa gab, waren Briefe die einzige Möglichkeit, Nachrichten von zu Hause zu erhalten. Ein Luftpostbrief von Berlin zur katholischen Missionsstation in Kipsaraman, der einzigen Postadresse im Norden der Tugenberge, brauchte vier bis sechs Wochen. Wenn möglich, versuchte ich einmal in der Woche nach Kipsaraman zu laufen – es dauerte zu Fuß mindestens fünf Stunden –, um bei den irischen Missionaren meine Post abzuholen. Machte jemand aus Bartabwa sich auf den Weg nach Kipsaraman, dann bat ich ihn, meine Post mitzubringen. Briefe waren für mich lebenswichtig, lieferten sie mir doch eine Art Versicherung, dass es mich gab und dass ich nicht vergessen war.

1983 erklärte sich ein freundlicher, entfernter »Verwandter« aus dem Teriki-Clan bereit, meine Post in Kipsaraman abzuholen. Auf dem Rückweg wurde er zu einem Bierfest eingeladen und betrank sich so sehr, dass er in einen kleinen Bach fiel. Dort blieb er liegen und schlief seinen Rausch aus. Als er wieder aufwachte, hatten meine Briefe sich in seiner Hosentasche in einen feuchten Klumpen verwandelt. Er traute sich nicht, mir von seinem Ungeschick zu erzählen, und schickte Kipsang vor. Als dieser mir erklärte, was mit meinen Briefen geschehen war, schossen mir Tränen in die Augen, und ich tat, was eine erwachsene Frau in den Tugenbergen niemals tun darf: Ich weinte in der Öffentlichkeit. Alle Anwesenden erschraken. Ich bemerkte ihre Bestürzung, schämte und entschuldigte mich sofort, konnte aber den Tränenfluss nicht mehr stoppen.

Nach einigen Tagen besuchte mich gegen Abend ein junger Mann. Er holte einen Luftpostbrief ohne Briefmarke und Stempel aus seiner Tasche, der an mich adressiert war und zu meiner großen Überraschung eine schriftliche Einladung zur Teilnahme an einem Ritual enthielt. Von Kipsang erfuhr ich später, dass dieser Brief der Versuch von Sigriarok und Aingwo war, mich über den Verlust meiner Briefe zu trösten. Sie hatten einen Enkel, der lesen und schreiben konnte, beauftragt, als Ersatz für meine verlorenen Briefe mir die Einladung per Luftpostbrief zu überbringen.

Ich war gerührt und getröstet und bedankte mich. Sie hatten mir einen Brief geschickt, mir eine Gabe gesandt, sie liebten mich. Danach bekam ich noch weitere Luftposteinladungen zu Ritualen. Das sprach sich herum. Einige der Ältesten fühlten sich nun benachteiligt und forderten ebenfalls schriftliche Einladungen zum Ritual. Dem wurde entsprochen. Mein Fauxpas führte also zu einer kleinen lokalen Innovation. In dieser Zeit wurde ich »die Europäerin, die den Ältesten gehört« genannt.

Diese neue kleine Tradition der schriftlichen Einladung zum Ritual fiel, wie mir Kipsang später mitteilte, wieder der Vergessenheit anheim, nachdem ich Bartabwa endgültig verlassen hatte.

20

Ein Ältester, der während des Zweiten Weltkriegs bei den King's African Rifles in Europa gekämpft hatte, erzählte mir, wie die Bewohner der Tugenberge sich vorstellen, dass Engländer über sie redeten. Er lieferte also das Gegenstück zu meinen Versuchen, in Erfahrung zu bringen, wie die Bewohner der Tugenberge mich sahen und über mich sprachen. »Eines Tages fragten in Europa die Deutschen die Engländer: Gibt es in Afrika viel Land? Die Engländer antworteten, das sei der Fall. Sie erzählten den Deutschen, dass die Menschen dort lange Schwänze hätten und als Affen in der Wildnis lebten und dass ihre Aufgabe darin bestehe, ihnen den Schwanz abzuschneiden und sie großzuziehen.«

Es war diese Erzählung, die den Affen, der ich gewesen war, nochmals in eine andere Perspektive rückte. Denn meine Bezeichnung als Affe war eben nicht nur als Bild des primitiven Anderen der Anderen zu verstehen, sondern beinhaltete auch eine Reflexion ihrer kolonialen Erfahrung. Während der Kolonialzeit wurden Afrikaner, die den westlichen Lebensstil zu übernehmen suchten, als Affen bezeichnet. Und schon vorher, wie die im transatlantischen Sklavenhandel entstandenen *Tales of the Signifying Monkey*[22] zeigen, bildete sich die Figur des Affen in populären afrikanischen und afroamerikanischen Erzählungen als ironische und schmerzliche Verkehrung eines ihnen zugeschriebenen rassistischen Bildes heraus. Insbesondere im 19. Jahrhundert dienten Affen – wie Kannibalen – als Vermittlungsfiguren, mithilfe derer sich Europäer in ihrem Verhältnis zu Afrikanern kulturell, moralisch und rassistisch positionierten.

Als die Ältesten mich »Affe« nannten, bezog sich dieser Name also nicht nur auf meine soziale Ignoranz und mein wildes, unkultiviertes Benehmen, sondern war auch eine Entgegnung und Antwort auf die Politik kolonialer Repräsentation. Sie spiegelten mich zurück in einem Bild, das ihnen als Teil einer langen Geschichte kolonialer Alterität aufgezwungen worden war: Sie waren »Affe« genannt worden und nannten nun auch mich ebenso. In gewisser Weise teilten wir also den Affen. Doch es gab einen wesentlichen Unterschied. Ich konnte mein Affentum jederzeit hinter mir lassen, indem ich nach Hause zurückfuhr. Sie dagegen mussten befürchten, vor dem Hintergrund ungleicher Machtverhältnisse von Europäern weiterhin als Affe beschimpft zu werden.

Wie ich erkennen musste, war mein äffisches Wesen nicht mehr eindeutig auf das zu beziehen, was Ethnologen »ihren kulturellen Kontext« nennen. Globale Verflechtungen haben den scheinbar klaren Gegensatz von Selbst und Anderem, unseren und ihren Alteritäten unsicher werden lassen. Es geht nicht mehr um das vermeintlich Eigene im Gegensatz zum Anderen der Anderen, sondern um die wechselseitigen Verflechtungen und Spiegelungen von Selbst- und Fremdbildern. Die einfache Umkehrung kultureller Perspektiven, wie ich sie am Anfang dieses Buches vorgestellt habe, scheint nicht mehr möglich zu sein. Sie muss stattdessen von einer Kaskade aufgespaltener und sich wechselseitig spiegelnder Alteritäten[23], die schwer zu bestimmen sind, ersetzt werden.

21

Mit der Arbeit *Die Zeit geht krumme Wege. Raum, Zeit und Ritual bei den Tugen in Kenia* promovierte ich 1987 an der Freien Universität Berlin. Ich schickte ein gedrucktes Exemplar an Naftali Kipsang. Lange hörte ich nichts von ihm. Dann kam ein Brief, in dem er mir für das Buch dankte. Er schrieb, in den Tugenbergen habe eine große Dürre geherrscht, und weil alle so hungrig gewesen seien, habe eine Ziege mein Buch gefressen.

AUFSTAND DER GEISTER

Feldforschung in einem Kriegsgebiet im Norden Ugandas

1987–1995

..., so kann man sich dem Dionysischen annähern. Jetzt ist der Sklave freier Mann, jetzt zerbrechen all die starren, feindseligen Abgrenzungen, die Not, Willkür oder »freche Mode« zwischen den Menschen festgesetzt haben.

Friedrich Nietzsche[1]

1

Ende der 1980er-Jahre fuhr ich in einem Taxi vom Flughafen in Entebbe nach Kampala, der Hauptstadt Ugandas. Es war kurz vor Weihnachten; es hatte geregnet, und die Straße war in einem desolaten Zustand. Da entdeckte ich am Straßenrand eine Gruppe von Jugendlichen, die einen Kopfschmuck aus Christbaumkugeln trugen, ihre Gesichter waren mit weißer Kreide bemalt und ihre Körper mit allerlei grünen Schlingpflanzen umwickelt. Es waren offensichtlich Initianden in einem Übergangsritual. Ich zeigte auf die Gruppe und fragte den Taxifahrer, was denn da los sei. Er sah mich an, lächelte und sagte stolz: »Oh, this is our culture!« Da wusste ich, dass der Kulturbegriff auch bei Taxifahrern angekommen war.

Mit der Entkolonialisierung Afrikas, die jedoch die ökonomischen und politischen Abhängigkeiten und Ungleichheiten nicht beseitigte, geriet die Ethnologie in eine schwere Krise. Ethnologen erkannten ihre kolonialen Verstrickungen und begannen sich zu schämen. Ein Prozess radikaler Selbstkritik setzte ein. Konnte ich die Monografie über die Tugen noch im Paradigma der klassischen Sozialanthropologie schreiben, also verhältnismäßig »unschuldig«, so brachte die Writing-Culture-Debatte der 1980er-Jahre, die aus den USA nach Europa kam, nicht nur das Ende der Unschuld, sondern auch zahlreiche neue Perspektiven. Einige davon hatte Fritz Kramer bereits in den 1970er-Jahren in seinen Berliner Seminaren angesprochen.

Während der Kolonialzeit und auch noch danach hatten Ethnologen sich angemaßt, fremde Kulturen – ein bisschen wie der liebe Gott mit dem Blick von oben – in ihrer Ganzheit zu beschreiben und zu erklären. Sie meinten eine Autorität zu besitzen, die ihnen erlaubte, die fremde Kultur besser zu verstehen als ihre Mitglieder. Die Kritik ethnografischer Autorität rückte denn auch nicht nur die Art und Weise ins Zentrum, wie und mit welchen Methoden Ethnologen ethnografisches Wissen erzeugten, sondern sie zeigte, dass Ethnologen sich nicht länger für die Einzigen nehmen konnten, die dieses Wissen hervorbrachten und die ersten Texte schrieben. Die Stimmen der lange stumm gebliebenen Ethnografierten erlangten Gehör; sie verschwanden nicht mehr im Monolog des Ethnologen oder hinter der Stimme eines Kollektivsubjekts, des »Stammes«, sondern differenzierten sich aus in einzelne, sehr subjektive Männer und Frauen mit höchst unterschiedlichen Biografien und Ansichten. Ethnologen wurden bescheiden, manche sogar demütig. Und da sie nicht mehr unter dem Schutz der Kolonialverwaltung standen, mussten sie sich mit den postkolonialen Machtverhältnissen arrangieren.

Die Beobachtung der Subjekte der Feldforschung trat in den Hintergrund; stattdessen dienten nun vor allem Gespräche der Erzeugung ethnografischen Wissens. Ethnologen nannten die Feldforschung jetzt eine »dialogische Begegnung«, in der sie sich zu Schülern und ihre Informanten zu Lehrern erklärten. Die Feldforschung wurde zu einem »endlosen Gespräch«, in dem sie zusammen mit ihren Gesprächspartnern die fremde Kultur »erfanden«. Gegen funktionalistische und holistische Darstellungen erhoben sie die Forderung, den bisher weitgehend geheim gehaltenen Forschungsprozess offenzulegen und anzuerkennen, welcher Anteil den sogenannten Informanten bei der Produktion ethnografischen Wissens zukam. Denn diese gaben nicht nur ihr Wissen, sondern oft auch ihre Theorien preis, die Ethnologen übernahmen, meist ohne die Herkunft in den Monografien namentlich anzuerkennen. Ethnologen gaben den einsamen Monolog auf und gestanden ihre Schuld ein.

Auch Globalisierungsprozesse, die ich bei den Tugen kaum berücksichtigt hatte, rückten nun in den Vordergrund. Die Problematisierung der scheinbar klaren Grenze zwischen dem Innen und Außen von Kulturen führte dazu, Konzepte wie »Stamm«,

»Ethnie« oder »Ethnizität« und etwas später auch »Kultur« zu hinterfragen und als Konstruktionen zu verstehen. Ethnologen und Historiker erkannten, dass sowohl die koloniale Administration als auch die von ihnen produzierten Ethnografien wesentlich zur Entstehung und »Naturalisierung« von Stämmen, Ethnien und Kulturen beigetragen hatten. Anstatt mehr oder weniger »unberührte« Kulturen zu erforschen, begegneten sie zunehmend ihren eigenen Schatten.

Das Denken von Feedbacks und wechselseitigen transkulturellen Prozessen der Aneignung, Ablehnung, Mischung und Transformation machte es erforderlich, nicht nur in größeren Rahmungen, sondern auch stärker historisch zu arbeiten. Denn das ethnologische Forschungsprojekt ist eben kein Fenster, das den Blick in eine andere Welt erlaubt, sondern, wie Stephan Palmié vorgeschlagen hat, eher eine Art poröse, durchlässige Membran zwischen den Akteuren. Wie beim Rühren in einem Kochtopf[2] vermischen sich Konzepte, Bilder und Symbole, bewegen sich zwischen den Kontinenten hin und her und verändern sich dabei. Alle haben bereits Bilder vom je Anderen und setzen eine Rekursivität in Gang, die sie manchmal sogar die Plätze tauschen lässt.

Ethnologen mussten auch zur Kenntnis nehmen, dass die Texte, die sie schrieben, die fremden Kulturen nicht einfach abbildeten, sondern dass sie Literatur waren. Ihre mediale Blindheit hatte ihnen erlaubt, sich als eine Art neutrales Aufzeichnungsgerät zu sehen, als mehr oder weniger unbeteiligten Beobachter, der zwar sein ethnografisches Tagebuch mit Eintragungen füllte, aber die spezifische Medialität der Schrift nicht wahrnahm. Um Deskription zu sein, musste - paradoxerweise - der konstitutive Akt der Schrift geleugnet werden und damit Deskription selbst obskur werden.[3]

Mit der Writing-Culture-Debatte rückte nicht nur die Tätigkeit des Schreibens in den Vordergrund, sondern auch die Frage der Intertextualität. Die Vorstellung von einer ethnografischen

Monografie als direkter Aufzeichnung realer Verhältnisse wurde nun heftig gestört, stellte sich doch heraus, dass Ethnologen sich verschiedenster Genrekonventionen und literarischer Strategien bedienten, um den Leser zu überzeugen, dass sie »vor Ort« gewesen waren. Und da auch ethnografische »Fakten« als gemacht und hergestellt erkannt wurden, enthielt jeder ethnografische Text ein Moment von Fiktion. Damit schrumpfte der Anspruch auf Objektivität und Wahrheit. Auch die Kluft zwischen Wissenschaft und Magie verringerte sich, und die Ethnologie wurde, wie schon bei Evans-Pritchard, eher der Kunst zugeschlagen.

Auf der Suche nach alternativen Repräsentationsformen entdeckten Ethnologen nun auch die Texte und Bilder derjenigen, die vorher, da vermeintlich schriftlos, nur als Objekte der Forschung gedient und den Forschern ermöglicht hatten, den »ersten Text« zu schreiben. Es stellte sich heraus, dass die Ethnografierten schon seit langer Zeit »zurückgeschrieben« hatten; sie hatten ihre eigenen Monografien und Geschichten verfasst, manchmal als Kritik und Antwort auf westliche Texte. Sie experimentierten mit vielerlei Genres, verbanden orale und literale Formen miteinander und erfanden kollektive wie individuelle Autorschaften; manchmal verwarfen sie ethnografische und historische Autorität und brachten neue Formen von Autorschaft ins Spiel, indem sie zum Beispiel Geistern Macht und eine Stimme gaben. Und so wie westliche Autoren waren auch sie gefangen in transkultureller Intertextualität, in wechselseitiger Opposition, aber ebenso in gegenseitiger Übernahme, im Umschreiben, Abschreiben und Weiterschreiben.[4]

Auch das forschende Subjekt blieb nicht unangetastet; endlich wurden auch jene in den Blick genommen, die gerne unsichtbar geblieben wären. Clifford Geertz und James Clifford begannen, den »wilden Stamm der Ethnologen« zu ethnografieren und zu historisieren. Hatte noch Malinowski seine akademische Karriere mit der Monografie *Das Geschlechtsleben der Wilden in Nordwest-Melanesien* vorangetrieben, so erschien in den 1990ern in den

USA als Replik ein Sammelband, der *The Sexual Life of Anthropologists* zum Thema hatte – und sich (leider) als ziemlich langweilig erwies. Der ethnografische Blick fiel nun auch auf die Ethnografen, und diese konnten erfahren, was es heißt, Objekt einer ethnografischen Forschung zu sein und ihre Methoden zu erleiden. Und etwas später, im Rahmen von neueren Wissenschafts- und Technologiestudien, fanden Feldforschungen nicht mehr in Dörfern und Städten Afrikas oder der Südsee statt, sondern in wissenschaftlichen Laboratorien. Die »Wilden«, die jetzt ethnografiert wurden, waren Wissenschaftler, die im Zusammenspiel mit Apparaten und Technologien beobachtet wurden und dabei je nach Situation Handlungsmacht gewannen oder an Apparate verloren.

So potenziell entmächtigt stellte sich die Frage, welchen Preis Ethnologen für ihre Arbeit »im Feld« zahlen. Welche Formen der Objektivierung und Subjektivierung erfuhren sie, wenn sie sich einerseits der Fremde hingaben, andererseits aber die wissenschaftliche Forschung vor allem Selbstbeherrschung, Affektkontrolle und Distanzierung verlangte? Verwandelten sie sich dann in Schizos, in »schielende Forscher, die mit gegabelten Augen sehen«[5], und in kleinere oder größere Monster?

2

Nach der Ausbildung an der Berliner Film- und Fernsehakademie und der Promotion erhielt ich 1988 das Angebot, an der Universität Bayreuth zu unterrichten und im Rahmen des Sonderforschungsbereiches »Identität in Afrika« ein neues Forschungsprojekt in Angriff zu nehmen.

Unter meinen Studenten befand sich Patrick Olango, ein junger Mann aus Norduganda, der mir von einem »Krieg der Geister« erzählte. Im August 1986 hatte eine junge Frau mit Namen Alice Lakwena[6] begonnen, eine christliche Armee, die Holy Spirit

Mobile Forces, aufzubauen. Diese Bewegung (sowie noch drei weitere) entstanden in einem hochgradig charismatischen Milieu, als nach einem längeren und brutalen Bürgerkrieg Yoweri Museveni die Macht im Staat übernahm und mit seiner Armee den Norden eroberte. In einer Situation der extremen äußeren, aber auch inneren Bedrohung gelang es Alice, als Prophetin und »Heilerin der Gesellschaft« nicht nur ehemalige Soldaten, sondern auch Bauern, Schüler, Studenten, Lehrer und Geschäftsleute sowie einige wenige Frauen zu rekrutieren und sie unter dem Oberbefehl von Geistern in den Krieg zu führen. Sie erfand einen christlichen Diskurs, der den Heiligen Geist aus der Trinität löste, ins Zentrum rückte und in viele Geister aufspaltete.

Neben dem Geist Lakwena, *Chairman* und *Chief in Command* der Bewegung, nahmen auch andere Geister wie Wrong Element aus den USA, Ching Po aus Korea, Franko aus Zaire, einige islamische Kampfgeister und viele andere von ihr Besitz. Aus lokaler Sicht war es nicht Alice, die die Bewegung anführte, sondern es waren die Geister. Vor dem Hintergrund von Krieg, Gewalt, Leid, Tod, Verzweiflung, weitverbreiteter Korruption und Betrug unter sehr menschlichen Menschen sollten sie als außerweltliche Mächte nun für eine bessere Welt sorgen und den Krieg legitimieren. Sie beabsichtigten, Uganda vom Bösen zu reinigen und eine neue christliche Ordnung zu errichten, in der auch Mensch und Natur versöhnt wären. Sie wollten außerdem Südafrika befreien und in Europa für eine Re-Christianisierung sorgen.

Nachdem es den Holy Spirit Mobile Forces (HSMF) gelungen war, die ersten Schlachten gegen die Regierungsarmee zu gewinnen, bemächtigte sich ihrer nicht nur die lokale, sondern auch die internationale Presse. Sie formte die Bilder und Stereotype, die den Diskurs über die HSMF bestimmen sollten. In den Schlagzeilen lokaler wie internationaler Massenmedien wurde Alice Lakwena als Rebellen- und Voodoo-Priesterin, Hexe, Witch-Doctor, Prophetin, ehemalige Prostituierte, zukünftige Königin von

Uganda und als Jeanne d'Arc im ugandischen Sumpf bezeichnet. Ihre Bewegung erschien als ein bizarres, anachronistisches und selbstmörderisches Unternehmen, in dem primitive Horden, nur mit Steinen und Stöcken bewaffnet, aber magisch gegen Gewehrkugeln geschützt, einen sinnlosen Kampf führten.

Auch ich begann, über den Krieg der HSMF in Zeitungen zu lesen, und führte mit Patrick Olango lange Gespräche. Er schlug mir vor, nach Gulu zu fahren, Hauptstadt des Acholi-Distriktes und das Zentrum der Auseinandersetzungen, und dort seine Familie zu besuchen. Ich stellte einen Forschungsantrag und flog 1987 nach Kampala, gerade als Alice Lakwena mit ihrer (Geister-)Armee auf die Hauptstadt marschierte, dann in Jinja eine vernichtende Niederlage erlitt und nach Kenia flüchten musste.

3

Als ich im Oktober 1987 Kampala erreichte, kursierten die unterschiedlichsten Gerüchte. In Jinja, am Ufer des Nils gelegen, wolle Alice mithilfe der Geister das Wasser wie Moses teilen, um ihre Soldaten sicher ans andere Ufer zu bringen. Außerdem war prophezeit worden, dass, sollte ihre Armee Kampala erreichen, die gefallenen Soldaten wieder auferstehen würden. In Kampala würde der Geist Lakwena eine Ansprache im Radio halten und eine neue Regierung bilden. Auf Flugblättern versprach Alice »peace, freedom, national unity and democracy«. Mir wurde auch erzählt, dass Museveni einen Witch-Doctor aus Tansania einfliegen ließ, der seine Soldaten »behandelt« habe, sodass sie Mut bekämen und den Gegner besiegen würden. Auf den Straßen Kampalas sah ich Kindersoldaten, so groß wie das Gewehr, das sie hielten, und Landrover besetzt mit Soldaten, die mit Maschinengewehren und Speeren, Fellen von wilden Tieren und allen möglichen Amuletten zum Schutz gegen den Feind ausgestattet waren.

Mit dem Sieg der Regierungsarmee und Alice' Flucht war der Krieg jedoch nicht beendet, denn ein Teil ihrer Soldaten, die überlebt hatten und nicht in Gefangenschaft geraten waren, schloss sich zwei weiteren Holy-Spirit-Bewegungen an, der von Joseph Kony und der von Severino Lukoya, dem Vater von Alice. Diese setzten den Kampf gegen die Regierung fort. Und da viele Soldaten der Regierungsarmee die Bevölkerung des Nordens terrorisierten, Rinder stahlen, Frauen und Männer vergewaltigten und töteten, trugen sie wesentlich dazu bei, dass junge Männer und einige Frauen sich weiterhin den sogenannten Rebellen anschlossen. Diese verließen ihre Gehöfte und zogen in den Busch. »In den Busch ziehen« hieß, gegen die Regierung zu kämpfen. Das Territorium der Wildnis und des Busches war hier, anders als in den Tugenbergen, politisch aufgeladen, ein Ort des Widerstands und Kampfes gegen einen Staat, der als mörderisch und räuberisch angesehen wurde und den es nicht abzuschaffen, sondern zu erobern galt.

Da es mir in den ersten beiden Jahren meiner Forschung - 1987 und 1988 - nicht möglich war, wegen des andauernden Kriegs in den Norden Ugandas zu reisen, blieb ich in Kampala. Die Regierung hatte den Acholi-Distrikt zum Kriegsgebiet erklärt; Straßensperren kontrollierten den Zugang. Alle NGOs, sogar das Internationale Rote Kreuz, und westliche Missionare wurden ausgewiesen. Die Regierungsarmee zwang große Teile der Bevölkerung, ihre Gehöfte auf dem Land zu verlassen und in bewachten, miserabel ausgestatteten Lagern »Zuflucht« zu nehmen. Auf diese Weise versuchte sie, die Menschen zu kontrollieren und ihre Kollaboration mit den »Rebellen« zu verhindern.

Ich blieb in der Hauptstadt Kampala, einer Stadt mit (mindestens) sieben Hügeln, auf denen im 19. Jahrhundert die Paläste der Könige von Buganda gestanden hatten. Starb der König, dann verließ der Hofstaat den alten Palast, und für den Nachfolger wurde auf einem anderen Hügel ein neuer errichtet. Während der Kolonialzeit bauten die miteinander rivalisierenden anglikanischen und katholischen Missionen ihre Kirchen auf je einen anderen Hügel, ebenso die Muslime eine Moschee. Alle drei erhoben damit weithin sichtbar ihren religiösen und politischen Machtanspruch.

Ich wohnte bei einer Freundin in Kabalagala auf einem der sieben Hügel. Etwas unterhalb hatte sich hier gleich nach dem Krieg ein Vergnügungsviertel etabliert. In der Telex-Bar, benannt nach Mama Telex, einer älteren erfolgreichen Geschäftsfrau, bedienten junge Frauen, die keine Namen, sondern Nummern als Namen trugen. Die Kunden riefen: »Number Two, come here«, oder: »Number Five, bring me a beer.« Number One war die Königin. Die Kellnerinnen trugen die dezente Uniform von Schulmädchen, dunkelblauer Rock und weiße Bluse. Mama Telex hatte ihr Haar zu einer kunstvollen Frisur geflochten, die direkt nach dem Krieg in Mode kam und »Relax« genannt wurde.

Etwas weiter oberhalb der Straße eröffnete der ehemalige Koch von Idi Amin ein kleines Restaurant. Wenn er gut gelaunt war, erzählte er seinen Gästen, wie es ihm gelungen war, Amin zu überleben. Bevor die Nacht einbrach, kamen »chicken boys« und bauten am Straßenrand kleine Grills auf, um Hühnerbeine und -brüste zu braten. »Peanut girls« verkauften geröstete Erdnüsse, manchmal in Papier eingewickelt, das aus dem nationalen Archiv gestohlen und weiterverkauft worden war. Ich gewöhnte mir an, das Einwickelpapier genau zu studieren. Auch Puppenspieler kamen vorbei – ein Mann hatte auf einem Bauchladen vier Marionetten befestigt, die bewegliche Arme, Beine und Köpfe besaßen; der beweglichste Teil der Figuren war aber ihr ausgestopftes, überdimensionales Hinterteil, das zum großen Vergnügen der Zuschauer auf- und abrollte und hin und her hüpfte. Kleine Musikgruppen traten auf. Jeden Abend vor Sonnenuntergang ertönte »das Maschinengewehr«, ein Mann, der während des Krieges verrückt geworden war und sich stets um fünf Uhr in ein

Maschinengewehr verwandelte. Es war die Zeit nach dem Krieg; die ihn überlebt hatten, feierten das Leben.

Wir tranken Nile Special, das lokale Flaschenbier, als in unserer unmittelbaren Nähe ein Geräusch wie ein Schuss ertönte. Ich erschrak, einige Gäste flüchteten unter den Tisch. Aus dem Nichts trat ein Mann auf uns zu, hob sein T-Shirt und schlug weit ausholend mit der rechten Hand auf seinen nackten Bauch. Es klatschte laut und klang wie ein Schuss. Er wiederholte die Geste, und nun verstanden alle. Ein großes Gelächter hob an, erleichtert steckten wir ihm Schillinge zu und forderten ihn auf, noch einmal auf seinen Bauch zu schlagen. Er tat es, sammelte weitere Schillinge ein und zog dann weiter zur nächsten Bar.

Während des Krieges hatten die meisten Europäer Uganda verlassen. Diejenigen, die dageblieben waren, hatten ihre Gründe. In Kabalagala lernte ich einen Zuhälter aus Frankfurt kennen, der in Deutschland polizeilich gesucht wurde; ein älterer Mann mit nur einer Hand, »Dynamit-Harry« genannt, war als Legionär in alle möglichen schmutzigen Angelegenheiten verwickelt. Als ich auf einer Reise nach Westuganda in Not geriet, half er mir ritterlich aus der Patsche. Und John, ein Engländer, fast ohne Zähne, der stotterte, hatte »John-John-Special« erfunden, ein Gericht, das Mama Telex auf die Speisekarte setzte. Zu der Clique gehörte auch ein Libanese, der mit einer sehr reichen Frau verheiratet war. Die Ehe war nicht glücklich, sie zankten sich unablässig. Da er ihr und ihren Verwandten finanziell mehr oder weniger ausgeliefert war, rächte er sich, indem er heimlich die ehelichen Streitereien auf Tonband aufnahm. Er verfügte über ein Archiv von mindestens 150 Stunden Zank. Am Wochenende fuhr er mit seinen Freunden, Freundinnen und einem großen Kasten Bier in den Busch; dort feierten sie, amüsierten sich und hörten sich immer wieder die besten Stellen auf dem Tonband an.

Es war eine merkwürdige Zeit, diese Zeit nach dem Krieg. Es herrschte eine erstaunliche soziale Offenheit, Durchlässigkeit und

Hilfsbereitschaft und eine große Gier nach Vergnügen jeglicher Art. Die sozialen Grenzen wurden erst wieder stärker gezogen, als massenhaft NGOs, sogenannte Experten und Entwicklungshelfer, nach Kampala zurückkehrten und ihren Aufgaben oder Geschäften nachgingen.

Gleich nach meiner Ankunft in Kampala versuchte ich, eine Forschungsgenehmigung zu bekommen. Eine Bedingung dafür war die Affiliation mit einer universitären Institution. Ich besuchte den parkähnlichen Campus der berühmten Makerere-Universität, die in den 1960er-Jahren – was die Qualität der Lehre und Forschung anging – gleichberechtigt neben Oxford und Cambridge bestehen konnte. Jetzt, nach dem Krieg, befand sie sich in einem verheerenden Zustand. Die Universitätsbibliothek war zerstört, durch das Dach und die zersplitterten Fenster regnete es herein. Die Soldaten hatten die Bestände geplündert – nicht umsonst tauchten auf den Märkten immer wieder Buchseiten als Einwickel- und Toilettenpapier auf. Einige hatten ihre Notdurft auf Büchern verrichtet, andere sogar Bücher erschossen. Die noch übrig gebliebenen Bestände verfaulten und verschimmelten im Regen.

Im Makerere Institute of Social Research stellte ich mich dem damaligen Direktor Dan Mudoola vor. In seinem Büro hing ein großes Porträt von Audrey Richards, einer englischen Anthropologin, die ihn in den 1950er-Jahren unterrichtet hatte. Als sie nach England zurückgekehrt war, schickte er ihr seine BA-Arbeit mit der Bitte um Korrektur und Kritik. Sie antwortete und sandte ihm sein Manuskript versehen mit detaillierten Anmerkungen zurück und ermutigte ihn weiterzuarbeiten. Er erzählte mir später, dass dieser Zuspruch sein weiteres Leben bestimmt und ihn zu einer akademischen Karriere bewogen habe.

Wir vereinbarten ein Treffen, ich sollte ihm mein Forschungsprojekt vorstellen. Ich kam pünktlich zum Termin, er war nicht da. Mit seiner Sekretärin machte ich eine neue Verabredung aus. Er war da, aber auf dem Weg zu einer wichtigen Sitzung. Ich versuchte es noch zweimal, vergeblich. Darauf fragte ich einen befreundeten ugandischen Philosophiestudenten, was er in einer solchen Situation tun würde. Er lachte und sagte, da helfe nur Zauberei. Er empfahl, Zigarettenasche und Eierschalen zu einem Pulver zu mischen. Damit ausgerüstet sollte ich zum Büro des Direktors gehen und auf der Türschwelle mit dem Pulver eine Linie ziehen, diesen anschauen und sagen: »You wait and see!«

Wir produzierten gemeinsam das Zaubermittel. Ich trug es in einer kleinen Plastiktüte in der Handtasche, als ich zum fünften Mal das Büro von Dan Mudoola aufsuchte. Er saß am Schreibtisch, bestens gelaunt, winkte mich herein, und wir führten ein langes Gespräch über meine zukünftige Erforschung der Holy-Spirit-Bewegung[7]. Das Pulver blieb unbenutzt. Mudoola und ich wurden gute Freunde. Da der Sonderforschungsbereich in Bayreuth, der meine Forschung bezahlte, finanziell sehr gut ausgerüstet war, konnte ich seine Gastfreundschaft erwidern und ihn nach Bayreuth und Berlin einladen. Als er mich in Oberfranken besuchte, machten wir einen Ausflug in ein einsames Dorf. Er wollte dort »der erste Afrikaner« sein. Mitten auf dem menschenleeren Marktplatz – alle Bewohner waren in der Dorfkirche – stellte er sich auf, die kolonialen heroischen Posen von Eroberern karikierend, und nahm den Ort in Besitz. Er gab ihm auch einen neuen ugandischen Namen, den ich leider vergessen habe.

Mit seiner Unterstützung erhielt ich als assoziiertes Mitglied des Institute of Social Research eine Forschungsgenehmigung und führte Gespräche mit verschiedenen Ex-Soldaten, die mir Patrick Olango und ein Cousin vermittelt hatten. Dan Mudoola begleitete meine Arbeit in Wort und Tat und ermutigte mich, wenn ich aufgeben wollte. Ich schulde ihm viel. Er starb am 22. Februar 1993 in Kampala an den Folgen eines Attentats. Ihm ist das Buch gewidmet, das ich über die Holy-Spirit-Bewegung geschrieben habe.

4

Im November 1989 fuhr ich zum ersten Mal in den Norden. Ich nahm ein öffentliches Verkehrsmittel, einen verhältnismäßig teuren, aber schnellen Überlandbus mit einem Fahrer in Uniform. Wie ein Flugzeugpilot trug er ein schneeweißes Hemd mit Epauletten und raste über die holprigen Straßen, als ob er im nächsten Augenblick abheben wollte. Carol, Patrick Olangos jüngere Schwester, die mich begleitete, sagte: »He tries to be extra rough!« Immer wenn er ein Auto überholt oder einen Radfahrer in den Straßengraben gedrängt hatte, drehte er sich Beifall heischend nach hinten um und lachte. Als uns ein »billiger« Bus überholte, gab es einen Aufstand unter den Reisegästen. Einige beschwerten sich, sie gäben ihr Geld nicht gerne »for nothing« aus. Der Fahrer konnte seine Ehre und die der Busgesellschaft erst wiederherstellen, als er den »billigen« Bus überholt und weit hinter sich gelassen hatte. An jeder Straßensperre, die ihn zum Bremsen oder Anhalten zwang, fluchte er aufs Schlimmste, sodass einige Mütter ihren Kindern die Ohren zuhielten. Ich bat Carol, mir die Flüche zu übersetzen, aber sie weigerte sich.

Über dem Fahrer war eine Videoanlage angebracht, und auf dem Bildschirm liefen verblichene amerikanische B-Movies, Kriegsfilme und Western, in denen vor allem geschossen wurde. An einer Straßensperre stieg ein Polizist in Zivil mit verspiegelter Sonnenbrille ein. Nachdem er alle Mitfahrenden kontrolliert hatte, forderte er mich auf, mein Gepäck zu öffnen. Er wühlte in meiner Reisetasche und zog meine Unterwäsche hervor. Ein Schrei des Entsetzens, ausgestoßen vor allem von den anwesenden Frauen, ging durch den Bus. Er merkte, dass er zu weit gegangen war, und stieg aus. Der Fahrer schüttelte missbilligend den Kopf, und einige Mitreisende entschuldigten sich bei mir für das unverschämte und unmoralische Verhalten des Polizisten. Um mich zu trösten, schenkten sie mir Bananen und Bonbons, die ich mit Carol und den Kindern im Bus teilte. Nach acht Stunden Fahrt erreichten wir Gulu, die Hauptstadt des Acholi-Distrikts.

Gulu war eine moderne Stadt. Von hier aus wollte ich die Holy-Spirit-Bewegung und ihre Geschichte in all ihrer Widersprüchlichkeit erforschen. Doch konnte ich die Stadt nicht problemlos zur Einheit meiner ethnografischen Arbeit erklären, wie ich es noch in den Tugenbergen getan hatte. Sie ließ sich nicht mehr nur aus sich selbst heraus verstehen, denn die lokalen Verhältnisse waren auf vielschichtige Weise regional, national und transnational verflochten.

Gulu war eine besetzte Stadt, hier war die Regierungsarmee stationiert. Lastwagen, beladen mit Waffen und Militär, rasten die Hauptstraße entlang. Soldaten saßen in kleinen Bars, fuhren auf Fahrrädern oder liefen in Gruppen singend durch die Straßen. Einige hatten Hühnchen, die sie sich besorgt hatten, an die Lenkstange des Fahrrads gebunden, trugen sie im Tornister oder schnürten sie am Tresen der Bar fest, solange sie tranken. Die Spuren des Kriegs waren noch nicht beseitigt. Mehrere Häuser, die die Hauptstraße säumten, waren zerstört, die Fassade verbrannt; die Bürgersteige waren aufgerissen, die Straßenschilder von Kugeln durchlöchert und verbogen, und der zentrale Kreisverkehr, von einer rotglühenden Bougainvillea bewachsen, bestand nur noch aus einem Haufen Steine. Auf Bahren wurden Tote, notdürftig in Decken gehüllt, durch die Stadt getragen. Ihnen folgten weinend Verwandte und Freunde. Es seien zu viele Tote, die der Krieg und jetzt auch Aids fordere, erklärte mir eine Frau.

Während in der Umgebung von Gulu der Krieg weiterging und oft entferntes Gefechtsfeuer zu hören war, ertönte in der Stadt bereits nachmittags und erst recht abends Maschinengewehrfeuer aus den Videohallen, in denen Filme aus Taiwan, Hongkong und den USA gezeigt wurden, wie ich sie schon im Bus hatte sehen können. Diese Videos lieferten die Vorbilder, denen sowohl

Holy-Spirit- als auch Regierungssoldaten nacheiferten. Soldaten, die ich kennenlernte, nannten sich »Suicide«, »Karate«, »007« oder »James Bond«. Und in der Holy-Spirit-Bewegung des Joseph Kony kämpfte ein Geist, der sich nach dem Kung-Fu-Helden Bruce Lee gerne als »King Bruce« vorstellte. Auch der Geist von James Bond erschien neben jenen von Hitler und Mussolini; Letztere galten als besonders mächtig, hatten sie doch Großbritannien, das Uganda kolonialisiert hatte, militärisch in Bedrängnis gebracht.

Nach meiner Ankunft besuchte ich als Erstes die Familie von Patrick Olango. Sie wohnte in einem großzügigen Gehöft etwas außerhalb von Gulu. Im Gegensatz zu meinem Empfang als ungeladener Gast in den Tugenbergen war ich hier willkommen. Ich war kein Affe, keine Unperson, sondern der »Professor« aus Bayreuth.

Ich schlug mein Zelt nicht in der Mitte eines Acholi-Dorfes auf, wie es Malinowski gefordert hatte und wie ich es in den Tugenbergen getan hatte, sondern zog in ein ehemaliges Luxushotel im Zentrum von Gulu. Es war zweimal geplündert worden, die Fensterscheiben waren immer noch zerschlagen, das bewegliche Mobiliar gestohlen. Die gewaltsam aufgebrochenen Türen ließen sich nicht mehr verschließen, in den Zimmern stand nichts als ein Bett. Am Abend war ich der einzige Gast. Der Ober zog mir zu Ehren eine Livree an, und der Küchenjunge komponierte ein Blumenarrangement aus Bougainvillea.

Während meines Studiums der Ethnologie hatte ich gelernt, die Menschen, mit denen ich arbeitete, zu verteidigen. Gegen die Diskriminierung in den Massenmedien wollte ich nun auch die Holy-Spirit-Bewegung der Alice Lakwena aus einer Perspektive beschreiben, die ihrem Selbstbild entsprach. Ich nahm an, dass die Bewegung, wie so viele andere, ein Bauernaufstand gegen den Staat sei. Doch musste ich bald feststellen, dass die meisten der anfänglichen Mitglieder keine Bauern, sondern Soldaten waren, die bereits im Bürgerkrieg von 1981 bis 1985 gekämpft hatten und nun keiner anderen Beschäftigung mehr als dem Töten und

Plündern nachgehen konnten oder wollten. Ihr Ziel war es, sich zu bereichern, Rache zu üben und die verlorene Teilhabe an der Macht des Staates zurückzugewinnen.

Ich spielte mit dem Gedanken, die Forschung aufzugeben, denn ich sah keine Möglichkeit, die Holy-Spirit-Bewegung und ihre Geschichte darzustellen, ohne sie entweder ungerechtfertigt zu idealisieren oder aber koloniale Stereotype zu wiederholen. Erst als mir ein ehemaliger Soldat, der von Anfang an mitgekämpft hatte, von Alice Lakwenas ernsthaftem Versuch berichtete, einen Krieg gegen den Krieg und die Gewalt zu führen, gelang es mir, die notwendige Sympathie für den »Gegenstand« aufzubringen, welche die Voraussetzung für eine Ethnografie ist. Und obwohl ich mich bemühte, die innere Verwandtschaft von Humanismus und Terror sowie die Doppelbewegung von Befreiung und Versklavung in der Geschichte der Holy-Spirit-Bewegung aufzuzeigen, mochte dieser Voraussetzung doch, so fürchte ich, eine gewisse Tendenz zur Idealisierung geschuldet sein. Diese war auch bei meinen Gesprächspartnern gegeben, die mich und meine Forschung unterstützten und nutzten, um ihren Krieg zu rechtfertigen.

Auch die Holy-Spirit-Soldaten waren nicht unbeeinflusst geblieben von den Massenmedien, die sie und ihren Krieg darstellten. Sie hörten regelmäßig Radio, vor allem BBC und Deutsche Welle, und lasen Zeitungen und Zeitschriften. Ihre eigene Bedeutung wurde ihnen in den Medien mitgeteilt. Sie erfuhren, wie sie von anderen, ihren Gegnern und der sogenannten Weltöffentlichkeit, gesehen wurden, und versuchten, sowohl den entworfenen Bildern zu entsprechen als auch zu widersprechen. Alice, ihre Geister und Soldaten waren sich sehr wohl der Macht der Massenmedien bewusst. Sie versuchten denn auch, eine Gegenmacht aufzubauen, und richteten innerhalb der Bewegung ein Department of Information and Publicity ein. Ein mobiles Büro stellte Schriften zur internen Verwaltung und Propaganda her. Es fabrizierte Flugblätter zur Aufklärung über die Ziele der Bewegung für die lokale Bevölkerung, schickte Briefe an Häuptlinge und Politiker, und ein Fotograf nahm von Kriegsgefangenen, Besuchern, erbeuteten Waffen und Ritualen Bilder auf. Die Holy-Spirit-Soldaten verfassten eigene Texte. Viele führten ein Tagebuch. Die Kommandeure des Frontline-Coordination-Teams stellten Listen über Verluste, Rekrutierungen und Gaben von Zivilisten her; sie führten Protokoll über Versammlungen und die einzelnen Schlachten; der *chief clerk*, Sekretär von Alice, protokollierte in einem Heft, was die Geister zu sagen hatten, wenn sie von Alice, ihrem Medium, Besitz ergriffen. Gegen die Macht der Massenmedien dokumentierte und ethnografierte sich die Bewegung selbst, produzierte ihre eigenen Texte und Bilder. Auch nach der Niederlage existierte unter den vormaligen Soldaten der Wunsch, ihre Version der Geschichte, ihre Wahrheit, gegen andere durchzusetzen. Ich denke, dass es dieser Wunsch war, der es mir ermöglichte, mit ihnen ins Gespräch zu kommen und zusammen mit ihnen ihre Ethnografie des Krieges der Geister zu schreiben.

Anders als in den Tugenbergen, wo der Gegensatz »vertraut versus fremd« für meine Forschung entscheidend war, bestimmte im Norden Ugandas die Opposition »Freund versus Feind« das Geschehen. Da ich von außen kam und keiner der Bürgerkriegsparteien angehörte, stand ich zumindest am Anfang meiner Forschung außerhalb des Konflikts. Auch das mag ein Grund dafür gewesen sein, dass einige der Soldaten sich auf ein Gespräch mit mir einließen.

Tatsächlich unterschied sich das neue Forschungsterrain wesentlich von den Tugenbergen. Ich war hier in der Moderne angekommen. Ich hielt mich nicht in einem kleinen, friedlichen Dorf auf, sondern in einer modernen Stadt im Kriegsgebiet. Meine Interviewpartner sprachen Englisch und hatten zum Teil eine professionelle militärische Karriere absolviert, die Sekundarschule oder sogar die Universität besucht. Bei Gesprächen mit ehemaligen Soldaten schrieb ich nur stichwortartig und auf Deutsch mit, um sie nicht in Gefahr zu bringen, und anonymisierte auch ihre Namen auf Wunsch. Mein ethnografisches Notizbuch hielt ich streng unter Verschluss. Im Hotel versteckte ich es. Oft unterhielt ich mich mit meinen Gesprächspartnern, ohne Notizen zu machen. Erst abends im Hotelzimmer rekonstruierte ich das Gespräch und schrieb nieder, was ich erinnerte. Ich hatte weder ein Tonbandgerät, einen Fotoapparat oder Laptop noch eine Filmkamera dabei.

Anders als in den Tugenbergen war es für die Soldaten überhaupt kein Problem, dass ich eine Frau war. In der Holy-Spirit-Bewegung hatten auch einige Frauen gekämpft, und eine Frau, Alice Lakwena beziehungsweise ihre Geister, hatte die Bewegung angeführt. Zu ihrem Pantheon gehörten zwar nur zwei weibliche Geister, Nyaker, die als Krankenschwester arbeitete, und ein muslimischer Kampfgeist mit Namen Miriam. Aber der wichtigste Geist der Bewegung, der Geist Lakwena, war modern, aufgeklärt und sogar ein Feminist, wie mir ein ehemaliger Soldat erzählte. Der christliche Gott, so hatte Lakwena erklärt, habe mit Absicht eine Frau als sein Medium erwählt, weil Frauen in Afrika unterdrückt, marginalisiert und diskriminiert würden. Und wenn sich Soldaten beschwerten, dass sie von einer Frau angeführt wurden, die Fische verkauft und keine Ahnung von Kriegsführung habe, dann nahm der Geist sofort Besitz von Alice und gab Befehle. Da aus lokaler Perspektive die (männlichen) Geister die Bewegung anführten, blieb letztlich im Idiom der Geistbesessenheit die männliche Dominanz erhalten. Aber Frauen – auch mir – wurde Respekt entgegengebracht.

5

Ich führte ausführliche und sehr offene Interviews, manchmal über mehrere Tage, mit ungefähr fünfzehn ehemaligen Soldaten der Holy-Spirit-Bewegung. Unter ihnen befand sich Mike Ocan, ein ehemaliges Mitglied des zivilen, nicht des militärischen Flügels. Er war nach der Niederlage im Oktober 1987 von Regierungssoldaten gefangen genommen worden, hatte im Gefängnis gesessen, war in einem Lager »politisiert«, danach rehabilitiert worden und arbeitete, als ich ihn im Frühjahr 1991 kennenlernte, als Leiter einer Schule in Gulu. Da er sich zum Historiografen und Ethnografen der Bewegung berufen fühlte, bat ich ihn, den »ersten« Text, eine »dichte Beschreibung« (im Sinne von Clifford Geertz)[8] über die Bewegung zu verfassen. Er schrieb einen Text und berief sich dabei auf die Macht des Geistes Lakwena: »The Lakwena bestowed upon me the authority to inform the world about his mission on earth and I feel duty bound to do so.«

Mike Ocan gab den vergangenen Ereignissen unter Berufung auf den Geist Lakwena den Status von Schriftlichkeit und schrieb so die Differenz zwischen dem Vergangenen und seiner nun schriftlich gewonnenen Gestalt fest. Sein Text war auch der Versuch, die Bewegung und ihre Geschichte für ein europäisches Publikum zu übersetzen. Nicht nur Ethnologen sind mit dem Problem der Übersetzung konfrontiert, sondern auch all jene, die einen Text herstellen, der kulturelle Grenzen überschreitet. Die Distanz zum Geschehen, die ihm ein Bericht für Europäer abnötigte, ließ ihn die Exotik der Holy-Spirit-Bewegung erkennen.

Ich habe erst später im Jahr 1995 verstanden, als Mike Ocan mich zu einem Besuch eines Freundes, eines hochrangigen ehemaligen Mitglieds der Holy-Spirit-Bewegung mitnahm, wie sehr er bestimmte Aspekte der Bewegung ausgeklammert hatte. Als wir in das Haus des Freundes traten, fragte dieser mich sofort, ob ich gläubig sei. Zögerlich antwortete ich ihm, dass ich ernst nähme, was andere Leute glaubten. Diese Antwort gefiel ihm gar nicht. »Glauben Sie, wenn Bomben fallen und Sie beten und ich meine Hand zum Himmel strecke, dass die Bombardierung dann aufhört? Glauben Sie, wenn die Kugeln des Feindes direkt auf Sie zukommen, Sie aber nicht treffen, sondern Sie umkreisen, ohne Sie zu verletzen?« Er bat Mike Ocan, mir weitere Beispiele für wundersame Abwehr und Rettung zu geben. Mike tat es, und beide begannen begeistert, leidenschaftlich und nicht ohne Nostalgie über die Zeit zu sprechen, die sie gemeinsam in der Holy-Spirit-Bewegung verbracht hatten. Und ich erahnte ein wenig von der Stimmung, die damals geherrscht hatte, einer Atmosphäre voll von Enthusiasmus, Hoffnung auf Befreiung und Erneuerung sowie absolutem Vertrauen in den christlichen Gott und die Geister, die er geschickt hatte. Erst in der Begegnung mit dem Freund schenkte Mike mir einen kurzen Einblick in die erstaunliche soziale Energie und Kraft in der Holy-Spirit-Bewegung, die wir Glauben nennen.

Ich hatte im Bayreuther SFB ausgehandelt, dass Mike Ocan als mein »Hauptinformant« nach Bayreuth und Berlin eingeladen würde. Als er mich in Berlin besuchte, erzählte ich ihm – mehr oder weniger zufällig – von 1968, unseren damaligen Hoffnungen, Experimenten und unserem Scheitern. Er hörte aufmerksam zu, hielt sich aber mit Kommentaren zurück. Als ich von unserem antiautoritären Kinderladen berichtete, lächelte er. Ich muss gestehen, dass ich erst zu diesem Zeitpunkt (und nicht zufällig in Berlin) begriff, was mich angetrieben haben könnte, die Holy-Spirit-Bewegung zu studieren. Erst während des Erzählens wurde mir klar, wie viele Aspekte – trotz höchst unterschiedlicher sozialer, kultureller und historischer Bedingungen – die christliche Holy-Spirit-Bewegung und die säkulare 1968er-Bewegung miteinander gemein hatten. Beide wurden angetrieben von einer Heilserwartung – die 1968er von einer säkularen Heilserwartung à la Karl Löwith, der die moderne Geschichtsphilosophie aus dem biblischen Glauben an eine Erfüllung herleitete und die Vorsehung durch den Fortschritt ersetzte.[9] Beide experimentierten mit alternativen Lebensformen und scheiterten. Nach unserem Gespräch veränderte sich die Beziehung zwischen Mike und mir. Während vorher vor allem Respekt zwischen uns herrschte, stellte sich nun ein Vertrauen ein, wie es diejenigen teilen, die eine radikale Umkehr und ihr Scheitern erlebt haben.

Mike Ocans Text wurde die Grundlage für einen langen Dialog, den wir in Gulu, Bayreuth und Berlin führten. Sein Text bildete auch das Kernstück des Buches *Alice und die Geister. Krieg im Norden Ugandas*, das ich über die Holy-Spirit-Bewegung schrieb und mit dem ich mich in Bayreuth habilitierte.

6

Während ich bei der Forschung in den Tugenbergen zwischen meiner von außen kommenden Perspektive und der Innensicht der Tugen klar zu unterscheiden meinte, gelang es mir im Norden Ugandas nicht, diese Grenze aufrechtzuerhalten. Es war Israel Lubwa, Patrick Olangos Vater, der mir die Augen öffnete und dem ich nicht nur Informationen, sondern auch wichtige theoretische Einsichten verdanke. In unseren Gesprächen betonte er immer wieder seine »Befangenheit«. Er habe zu viel gelesen, deshalb sei er kein authentischer Informant. Tatsächlich war er ein Intellektueller und Querdenker, der bereits in den 1950er-Jahren mit John Middleton, einem englischen Ethnologen, zusammengearbeitet hatte. Er hatte für Middleton, der wiederum die Einleitung zu meinem Buch über Alice Lakwena schrieb und ein guter Freund von mir wurde, Pflanzen gesammelt, identifiziert und katalogisiert. Er kannte also das ethnografische Unternehmen und die besondere Spezies der europäischen Ethnologen bereits und hatte wahrscheinlich Einfluss auf seinen Sohn genommen, in Bayreuth Ethnologie (und Sport) zu studieren. Er führte mir die epistemologische Dimension der Krise in Norduganda vor Augen, indem er erklärte, dass der Krieg eine Situation geschaffen habe, die mit den alten traditionellen Mitteln nicht mehr zu bewältigen war. Ein Paradigmenwechsel, eine radikale Umkehr im Denken und

Handeln musste her. Und die Bewegung der Alice Lakwena hatte diese Möglichkeit geschaffen.

Neben Israel Lubwa hatten auch weitere meiner Gesprächspartner – wie Reuben Anywar, Alipayo Latigo, Noah Achora, Lacito Okech und R. M. Nono – nicht nur Bücher und Artikel gelesen, die von Missionaren, Ethnografen und Historikern geschrieben worden waren, sondern auch die Texte des berühmten Okot p'Bitek, der Evans-Pritchard kritisiert hatte. Wie Israel Lubwa bemerkte, begegnete ich in den Antworten weniger einem originären lokalen Wissen als vielmehr auch meinen westlichen und afrikanischen Kollegen und, in gewisser Weise, mir selbst. Ich musste mir die Frage stellen, ob mir eine fremde oder eine eigene Geschichte erzählt wurde, und erkannte, dass unsere Geschichten Transformationen voneinander waren – Beispiele für eine geteilte, niemals endende Reflexivität.

Einige meiner älteren Gesprächspartner hatten auch Texte verfasst, in denen sie »zurückschrieben«, auf koloniale Positionen antworteten und ihren je eigenen Standpunkt vertraten, manchmal in heftigem intellektuellem Wettstreit untereinander. Was an Schriften in den Kriegswirren nicht verbrannt oder verloren war, zogen die Autoren aus Truhen oder einer eleganten Ziegenledertasche und lasen mir daraus vor. Ihre Texte, wie der von Mike Ocan, eröffneten die Möglichkeit, dem Ungleichgewicht und der Einseitigkeit westlicher Ethnografen und Historiker entgegenzuwirken.

Um eine eher reziproke und symmetrische Ethnografie zu betreiben und ihm (ein wenig) zurückzugeben, was er mir als sein Wissen geschenkt hatte, bat ich Mike Ocan, einen meiner Texte über bestimmte Aspekte der Holy-Spirit-Bewegung zu lesen, aber vor allem zu kritisieren. Ich bin nicht sicher, ob er in meinem Text, der sich auf sein Wissen stützte, »seine« Holy-Spirit-Bewegung wiedererkannte. Er erklärte, er habe keine Fehler finden können, hätte aber den Text so nie geschrieben. Meine Darstellung schien ihm fremd. Er war aber vor allem auch ein sehr höflicher Mann, und ich vermute, dass ihm seine Vorstellungen von Schicklichkeit und Anstand die offene Kritik an meinen Texten verboten.

Es stellt sich hier grundsätzlich die Frage, inwieweit es westlichen Ethnografien gelingt, dem Selbstbild der Ethnografierten zu entsprechen. Malinowski, der Gründerheros der modernen Ethnologie, hatte seine Monografien über die Trobriander mit dem Anspruch geschrieben, dies »vom Standpunkt der Eingeborenen aus« zu tun. Doch der katholische Missionar B. Baldwin, der dreißig Jahre auf den Trobriand-Inseln verbrachte und Malinowski verehrte, hatte einige Bewohner, die den Ethnologen persönlich kannten, nach ihrer Einschätzung seiner Texte befragt. Baldwin musste feststellen, dass Malinowskis Darstellung den Dargestellten fremd blieb, sie erkannten sich in den Monografien nicht wieder.[10] Damit wäre das ethnografische Unternehmen gescheitert und die ethnologische Erkenntnis dazu »verurteilt, ebenso bizarr und inadäquat zu bleiben wie diejenige, die ein exotischer Besucher von unserer eigenen Gesellschaft hätte«[11]. Trotz gemeinschaftlicher Produktion des ethnografischen Wissens kommen offensichtlich die eigene und die fremde Perspektive nicht zur Deckung, denn das Schreiben einer Ethnografie geht mit einer Umadressierung einher. Zu Hause, als Mitglied der *Academia*, schreiben wir weniger für die Ethnografierten, sondern vor allem für oder gegen unsere Kollegen.

Am 22. Februar 2017 starb Mike Ocan an Herzversagen in Gulu. Sein Sohn Jimmy Odoki schrieb mir, dass zur Erinnerung an seinen Vater ein Buch ihm zu Ehren geplant sei, und bat mich, einen Beitrag zu liefern. Ich sagte zu.

Von Jimmy erfuhr ich auch, dass sein Vater das Buch über die Holy-Spirit-Bewegung der Alice Lakwena, das aus unserer Zusammenarbeit entstanden war, sehr schätzte. Er war stolz darauf, dort seinen Text und immer wieder seinen Namen zu finden, und verschenkte zahlreiche Exemplare an Freunde. Wenn er, der zum anerkannten Spezialisten der Holy-Spirit-Bewegung aufgestiegen war, von Journalisten oder anderen Ethnologen befragt wurde, verwies er gern auf das Buch. Jimmy schrieb mir, dass es viele Fragen beantwortet und seinem Vater die Last der Erklärung genommen habe. Mir scheint, dass mein Blick von außen, der sich mit seiner Innensicht verband, einen Text entstehen ließ, der einen wichtigen Abschnitt seines Lebens abbildete und in gewisser Weise seine ansonsten – aus der Perspektive der Regierung – eher verfemte Teilnahme am Krieg der Geister verständlich machte, wenn nicht sogar rechtfertigte.

7

Trotz der Gefahren, die eine Ethnografie in einem Kriegsgebiet mit sich bringt, habe ich mich während meiner verschiedenen Aufenthalte im Norden Ugandas erstaunlich sicher gefühlt. Ich vertraute den Menschen, mit denen ich zusammenlebte und arbeitete. Nur einmal hatte ich wirklich Angst. Als ich eines Abends ins Hotel zurückkehrte, befand es sich in der Hand des Militärs. Zahlreiche Soldaten der Regierungsarmee hatten sich in den leeren Zimmern niedergelassen oder schliefen auf den Gängen. Es hieß, Joseph Kony und seine Lord's Resistance Army planten einen Überfall auf die Stadt. Das Terrain hinter dem Hotel war mit Licht überflutet, um die Angreifer rechtzeitig zu erkennen. Maschinengewehre waren aufgebaut. Es war zu spät, um nach Kampala zu flüchten. Die Soldaten waren freundlich, und ein Offizier versicherte mir, sie würden mich beschützen. Genau das aber beunruhigte mich, denn ich hatte genug Geschichten über Regierungssoldaten gehört, die weggelaufen waren oder die grundsätzlich erst dann aufzutauchen pflegten, wenn der Kampf beendet war. Diese Einstellung der Soldaten, vor allem das eigene Leben zu schützen, kam mir nicht unvernünftig vor. Ich fürchtete, dass, wenn sie sich als tapfere Kämpfer erweisen würden, das Hotel zum Ort der kriegerischen

Auseinandersetzung werden könnte, und das schien mir erst recht gefährlich. Wenig heldenhaft ging ich auf mein Zimmer und griff zur Gin-Flasche. Irgendwann mit der nötigen Bettschwere versehen, legte ich mich nieder, sah noch durch das Fenster das Flutlicht über die Wiese streifen und schlief ein. Als ich am nächsten Morgen aufwachte, waren die Soldaten verschwunden. Der Angriff hatte nicht stattgefunden.

Ich denke heute, dass es von Vorteil war, im Kriegsgebiet eine Frau zu sein. Ich wurde nicht ausgelacht wie in den Tugenbergen, aber auch nicht wirklich ernst genommen. Wäre ich ein Mann gewesen, hätte ich der Kategorie »Feind« eher entsprochen. Da ich sehr dünn war, riefen mir die Soldaten »slim« hinterher; das war die populäre Bezeichnung für Aids und beruhte auf der Beobachtung, dass Aidskranke, bevor sie sterben, immer dünner werden. Damit gehörte ich zu den Stigmatisierten, zu den tödlich Kranken, denen die Soldaten lieber aus dem Weg gingen. Das war mir nur recht.

Mit Patrick, Carol und Margaret hatte ich besprochen, dass ich, um keine Begehrlichkeiten zu wecken, eher ein soziales Understatement betreiben würde. Ich trug Secondhandkleidung, importierte Kleider von toten Europäern, wie meine beiden Freundinnen mir erklärten, die auf Märkten in Gulu und Kampala angeboten wurden. Meinen Computer hatte ich in Berlin gelassen und schrieb meine Notizen wie in Bartabwa in Schulhefte. Ich kaufte ein billiges Fahrrad *made in China* und fuhr damit durch die Gegend. Während ein befreundeter Ethnologe mir von seiner Position als gewichtiger Patron in Kamerun erzählte, einer relativen Machtposition mit zahlreichen Helfern und Mitarbeitern, habe ich in Gulu eine entsprechende Rolle als »Matrone« nicht übernommen. Obwohl ich Teil eines Netzwerkes war, zu dem auch »honorige« ältere Herren gehörten, die politische Macht besaßen, versuchte ich in Norduganda – wie vorher in den Tugenbergen – lieber auf sozialen Status zu verzichten, um beweglich zu bleiben und mit allen möglichen Leuten ins Gespräch zu kommen.

Später erfuhr ich, dass ich diskret überwacht wurde und Carol und Margaret, die beiden Schwestern von Patrick Olango, ab und an dem District Commissioner Bericht erstatteten. Sie mussten das tun, auch um sich zu schützen.

8

Da die Holy-Spirit-Bewegung aus lokaler Perspektive von Geistern angeführt wurde – und nicht von Alice und ihren Beratern –, versuchte ich, mehr über die Praxis der Geistbesessenheit in Erfahrung zu bringen. Während des Krieges waren zahlreiche *ajwaka*, »traditionelle« Geistmedien und Heilerinnen, nach Gulu geflohen und hatten sich in der Stadt niedergelassen, weil sie als »Heiden« von den Soldaten der Holy-Spirit-Bewegung verfolgt wurden. Anfangs besuchte ich sie in Begleitung von Carol oder Margaret, später auch alleine.

Zu Beginn der 1990er-Jahre betraten wir am Rand von Gulu das Gehöft von Ben Ochan, einem Geistmedium, Heiler und Wahrsager. Er war »registriert«, besaß ein staatliches Zertifikat. Wie Alice trug er einen weißen *Kanzu*, ein ursprünglich arabisches Gewand, das Muslime von der Küste bereits im 19. Jahrhundert nach Uganda gebracht hatten. Er saß auf einem Klappstuhl; vor ihm ausgebreitet lag eine Matte aus Rindenstoff, darauf ein Korb mit kleinen und großen Muscheln, verschiedenen getrockneten Früchten, Steinen und Perlen, den Paraphernalien für die Divination. Hinter ihm befand sich eine Schale, in die ich das Geld für die »Registrierung« legen musste. Ohne Geld kein Geist.

Kaum hatte ich bezahlt, begann Ochan zu zittern, rollte mit den Augen, und ein Geist aus Pakistan ergriff ihn. Ein sehr lautes »Pakistani« kam aus seinem Mund, das seine Frau ins Acholi und Carol für mich ins Englische übersetzte. Ohne höfliche Begrüßung kam der pakistanische Geist gleich zur Sache und fragte, was ich wolle. Ich antwortete, dass ich an einer Erkältung litt und gern geheilt würde und außerdem ein Buch schreiben wolle, in dem Geister eine wichtige Rolle spielten. Daraufhin warf er Muscheln, Steine, Perlen und Früchte aus dem Korb auf die Matte und interpretierte dann das Muster, das sie bildeten. Ich hatte Glück, der Geist und sein Orakel waren mir wohlgesonnen; er hatte nichts gegen meine ethnografische Forschung einzuwenden, ja, ich könne alles über Geister in Erfahrung bringen und nicht nur ein, sondern viele Bücher schreiben. Ochan wisse nichts, aber er, der Geist aus Pakistan, und die anderen Geister wüssten alles und würden mir die Wahrheit sagen. Er wiederholte sich noch mehrfach, zuckte und zitterte wieder, gähnte, fiel vom Stuhl und zog sich den *Kanzu* aus. Im selben Augenblick war wieder Ben Ochan anwesend, der selbstvergessen lächelte. Seine Frau berichtete ihm, was der Geist aus Pakistan durch ihn, sein Medium, gesagt hatte.

Das war mein erstes Gespräch mit einem Geist. Ich war zutiefst beeindruckt, hatte ich doch gerade der reversiblen Verwandlung in einen Anderen, in einen fremden Geist, beigewohnt. Dieser Geist hatte mich direkt adressiert und sich mit meinem Wunsch, ihn und andere zu erforschen, einverstanden erklärt. Höhere Wesen erlaubten, legitimierten und unterstützten also meine ethnografische Arbeit. Ich erkannte, dass nicht nur ich als Ethnografin, sondern auch die, die ich ethnografieren wollte, ein eigenes Anderes begehrten und es zur Darstellung brachten. Sie gaben ihrer Fremderfahrung die Gestalt von Geistern und führten in ihren Besessenheitskulten performative Ethnografien vor Augen und Ohren. Sie verwandelten sich in die ihnen Fremden, gewannen deren Macht und kehrten nach einer Weile wieder zu sich zurück. Ich begann, mich für ihre Verwandlungstechniken und performativen Ethnografien zu interessieren. In gewisser Weise ließ ich mich von ihrer Kunst der Besessenheit ergreifen und wurde besessen von ihrer Besessenheit.

Obwohl ich nach dieser Begegnung mit dem pakistanischen Geist an zahlreichen Besessenheitsritualen teilnahm, wurde ich niemals in einer Séance von einem Geist ergriffen. Während ich in den Tugenbergen einen gewissen Grad an Selbstvergessenheit bei den ausschweifenden Bierfesten erlebte, meine Forschung manchmal völlig vergaß und gerade nach den morgendlichen Trinkereien, die »den Hunger besiegten und glücklich machten«, nur noch auf meine Luftmatratze im Zelt fallen konnte, ließen mich die Geister in Norduganda in Ruhe, auch wenn sie Schnaps für sich, die übrigen Teilnehmer und mich verteilten. Ich war ihnen dankbar dafür, denn ich wollte kein Geistmedium werden, sondern gefiel mir als Ethnologin, die sich in gewissen Grenzen an fremde Fremderfahrungen ausliefert, aber letztlich darauf bedacht blieb, sich nicht völlig zu verlieren.

Nicht nur in Uganda, sondern auch in Nordnigeria habe ich mehrfach die Verwandlung eines Mediums in einen Geist beobachtet. Sie ging oft mit Leiden, einer Krise oder einem Trauma einher. Sie begann, insbesondere bei paganen Medien, als dramatische, schmerzhafte und manchmal ausgesprochen gewalttätige Inszenierung der Depersonalisierung und Auslöschung der eigenen Person. Das Medium wehrte sich verzweifelt, kämpfte gegen den Geist, der es in Besitz nehmen wollte, weinte bitterlich, zitterte, röchelte und stöhnte und verdrehte seine Augen, sodass nur das Weiße zu sehen war. Manchmal gelang es ihm, den Geist wieder zurückzudrängen. Es schrie: »Ich bin noch da!« Doch dann fiel es zu Boden und erlitt »einen kleinen Tod«. Wenn es sich wieder aufrichtete, hatte der Geist es ganz in Besitz genommen; das Medium war ein Anderer geworden, zu erkennen an einer fremden Gestik, Stimme, Kleidung und den Emblemen seiner neuen Macht.

Das Ende der Besessenheit verlief ebenfalls höchst theatralisch und wiederholte zahlreiche Elemente des Anfangs in umgekehrter

Reihenfolge. Der Geist verkündete: »Ich gehe!«, und legte seine Kleider ab. Dann begann der dramatische Kampf erneut. Erst wenn das Medium dreimal nieste und wieder wie tot zu Boden fiel, hatte der Geist es endgültig verlassen. Nach einiger Zeit erwachte es wie aus einem langen Schlaf und fragte verwundert, wo es sei. Diese theatralische Inszenierung der Depersonalisierung und Enteignung der Person des Mediums schlug mich in ihren Bann. Denn diese großartigen Künstler des Geistertheaters führten in verallgemeinerter, gesteigerter und dramatisch kunstvoll bearbeiteter Form die Erschütterung vor Augen und Ohren, die mit der Überwältigung durch eine fremde Macht einhergeht und eine (partielle) Auslöschung der eigenen Person hervorruft. In dem verzweifelt gegen die Ankunft des Geistes kämpfenden Medium erkannte ich Aspekte meiner eigenen Fremderfahrungen, die mir von außen zugestoßen und aufgezwungen worden waren. Die Auseinandersetzung mit der fremden Macht und das ihr Ausgeliefertsein wurden mir theatralisch, wie in einem Spiegel, vorgeführt. Auf der Bühne eines fremden Theaters erlebte ich die Transformation eines Subjekts, das sich verliert und zum Objekt eines Anderen wird.

Ich besuchte weitere Geistmedien. Eine Frau mit Namen Molly stellte per Divination fest, dass ich bereits Opfer eines Hexereiangriffs geworden war und enthext werden müsse. Sie legte Wert darauf, dass ich nicht außenstehende Beobachterin blieb, sondern ihre Patientin wurde. Sie wies mir einen eindeutigen Platz in einem Netz von Beziehungen zu und forderte mich auf, an einem Reinigungsritual teilzunehmen. Wie bei Ben Ochan zahlte ich die *registration fee* und konfrontierte sie mit Problemen, die sich aus meinem Alltag in Gulu in einer Situation der Unsicherheit, des Krieges, der Bedrohung und manchmal auch der Angst ergaben. Wie andere Frauen auch besuchte ich Molly fast täglich und bat sie, die Geister zu befragen.

Als ich nach Kitgum fahren wollte, einer Stadt weiter im Norden, bat ich sie, sich bei den Geistern zu erkundigen, ob die Reise friedlich verlaufen werde. Darauf verwandelte sie sich in den Geist William, der zuerst einen Schnaps verlangte und dann meine Frage beantwortete: Er sah keine Probleme kommen. Als ich mich verabschiedete, gab mir Molly – der Geist hatte sie wieder verlassen – eine kleine Zwiebel und sagte: »Für alle Fälle!« Falls doch etwas passieren sollte, empfehle sie mir, auf die Zwiebel zu beißen! Sie lachte und zwinkerte mir zu. Die Reise verlief friedlich, ohne Überfall. Ich trug die kleine Zwiebel wie einen Talisman in der Jackentasche, brauchte aber nicht hineinzubeißen.

Besuche bei Geistmedien wurden Teil meines Alltags. Sie halfen mir, Bedrohungen und Ängste, indem sie ausgesprochen und »behandelt« wurden, zu mindern, anzuerkennen und wenigstens teilweise zu verarbeiten. »Ich weiß zwar …, aber trotzdem!« – diese Haltung, die Jeanne Favret-Saada[12] für die Bauern des Hainlandes in Frankreich beschrieben hat, galt auch für mich in Gulu. Wie sie versuchte auch ich, den Wunsch nach Sicherheit zu befriedigen, und wusste zugleich von der Unmöglichkeit. Und obwohl ich und vielleicht auch andere Frauen in Gulu magische Handlungen für vergeblich hielten, trösteten sie doch.

»Ich weiß zwar …, aber trotzdem« benennt eine intellektuelle Haltung, die wir im Alltäglichen kennen. Sie wird jedoch gerne Kindern, Wilden und Wahnsinnigen zugeschrieben, weil sie einen Widerspruch anerkennt, ihn duldet und an einem eigentlich unmöglichen Wunsch festhält. Sie bildet eine sehr moderne Denkfigur ab, die überall dort auftritt, wo ein dominanter Diskurs und seine Konventionen ein soziales Feld von Rationalität, Aufklärung und Wahrheit behaupten, das von Wissenschaft in Allianz mit dem (rationalen) Staat gestützt wird. Diejenigen, die diesen Diskurs nicht oder nur teilweise teilen, werden mehr oder weniger unweigerlich zu Abweichlern, Idioten und Abergläubigen erklärt.

Ich wurde zu einer dieser Idiotinnen. Meine Haltung »Ich weiß zwar …, aber trotzdem« versuchte nicht nur an beiden Seiten eines Gegensatzes festzuhalten, sondern öffnete in der Praxis auch ein neues Feld des Experimentierens; denn das »Trotzdem« birgt den Trotz, ein Moment des Protests, den Wunsch, es anders zu machen, ein Risiko einzugehen, etwas Neues auszuprobieren und sich zum Beispiel von einer kleinen, beißenden Zwiebel trösten zu lassen.

9

Geistbesessenheit ist immer mit einem Machtanspruch verbunden. Es gehört jedoch zum Wesen der Macht, sich gerade da, wo sie am stärksten ist, zu verbergen. Ihr Vermögen, sich durchzusetzen, entspricht ihrem Vermögen, die Mechanismen ihres Wirkens zu verhüllen.[13] Von einem Geist besessen zu sein heißt Macht haben. Doch ist diese Macht eine fremde und geliehene, eben jene des Geistes, die das Medium um den Preis der eigenen Selbstaufgabe erlangt. Das heißt aber auch, dass ein Geistmedium im Zustand der Besessenheit niemals für seine Worte und Handlungen zur Verantwortung gezogen werden kann, denn es ist ja der Geist, der handelt und spricht. Geistbesessenheit ist also eine Praxis des »Nicht-Ich«, die in ihrer Performanz das Paradox zum Ausdruck bringt, dass der Geist und sein Medium, obwohl sie als eine Person erscheinen, doch voneinander getrennt sind. Geister tun und sagen, was das Medium als Person nicht sagen oder tun kann.

Mein Interesse für Geister weitete sich auch auf ihre Geschichte aus. Zu Beginn der Kolonialzeit erschien eine Anzahl neuer Geister im Norden Ugandas. Während vorher vor allem Geister der Wildnis – des Donners, des Berges oder eines Flusses, Baums oder wilden Tieres – ihre (menschlichen) Medien ergriffen, so wurden nun Europäer – vor allem Militärs und Kolonialbeamte, aber auch Missionare – sowie ihre technischen Geräte, Fahrräder, Panzer, Bulldozer oder Flugzeuge »vergeistigt«. Als Geister nahmen sie Besitz von Frauen und Männern und zwangen sie zur Verkörperung der ihnen fremden Macht, zum mimetischen Tanz. In lokale Kulte integriert, inszenierten sie mithilfe ihrer Medien nicht nur eine immer wiederkehrende Rückkehr zur Präsenz, sondern auch das Ausgeliefertsein an fremde Mächte. Im Geistertheater führten sie die koloniale Überwältigung durch Europäer und ihre Technologien vor Augen und Ohren, die sie gleichzeitig zu domestizieren suchten.

Diese kolonialen Fremdgeister waren höchst ambivalente Mächte. Sie brachten Krankheiten und Leiden, manchmal auch den Tod, und gleichzeitig waren sie ein Mittel dagegen. Wenn das Medium sich den Forderungen des Geistes unterwarf und seine Macht akzeptierte, gewann es auch ein Stück Macht, und eine Art vertragliche Bindung stellte sich zwischen beiden her. So verlangte der Geist Munno, der Geist der Europäer, von den Personen, die er ergriff, westliche Kleidung zu tragen, Bier in Flaschen zu trinken und Zigaretten zu rauchen. In seinem Kult wurde das Fremde – die Europäer, ihre Technologie und ihre Waren – nicht nur zur Darstellung gebracht, sondern auch angeeignet. Es waren die Geister, die forderten, dass die Besessenen Rumba tanzten, sich parfümierten oder mit Messer und Gabel aßen. Sie, beziehungsweise ihre Medien, lieferten die Bilder eines umgekehrten Exotismus, der (uns) Europäer als Teil der kolonialen Gesellschaft zur Darstellung brachte. Sie gewährten Einsicht in Differenz und brachten vor allem Erschütterungen hervor, die Erschütterung des Selbstverständlichen.[14] Die Gültigkeit ethnografischer Darstellung – sei sie Text oder Performanz – bemisst sich demnach vor allem an der Wirkungsmacht, die sie auf Beobachter oder Leser hat.[15]

In den 1970er-Jahren, als unter der Herrschaft Idi Amins viele Acholi ihr Leben verloren oder nach Tansania, Kenia, England oder Kanada ins Exil flüchten mussten, erschienen vereinzelt neue Geister, der Geist von Jesus, von Gott Vater oder der Jungfrau Maria. In den 1980er-Jahren, insbesondere während des Bürgerkriegs, vermehrten sich diese christlichen Geister. Alice Lakwena wurde das Medium eines solchen Geistes. Ihre Holy Spirit Mobile Forces trugen nicht wenig dazu bei, den neuen Diskurs zu verbreiten. Die christlichen Geister kritisierten die etablierte anglikanische und katholische Kirche und leiteten einen Prozess der Indigenisierung des Christentums ein, der paradoxerweise mit einer radikalen Ablehnung der eigenen traditionellen Religion einherging.

Doch gegen die christliche Vorstellung von einer integrierten, selbstverantwortlichen Person mit festen Grenzen barg die Praxis der Geistbesessenheit, so wie sie in Norduganda verchristlicht wurde, weiterhin die Möglichkeit der Verwandlung, ein Anderer zu werden, die eigene Person zu vervielfachen, sich zu vergessen und aus der Verantwortung zu stehlen – Möglichkeiten, die nicht mit der westlichen Vorstellung von einer integrierten, selbstverantwortlichen Person mit festen Grenzen zu vereinbaren waren.

Die neuen christlichen Geister erschienen, im Vergleich zu den Fremdgeistern, als wenig exotisch. Sie arbeiteten nicht im Geheimen, sondern im öffentlichen Raum; sie trugen keine exotischen Kostüme, tanzten und schüttelten ihr Medium nicht und verlangten keinen Schnaps. Stattdessen zitterten sie nur ein wenig, sangen fromme Lieder, heilten, ohne Vergeltung zu üben, und forderten keine Opfergaben. Ihre Shows waren gemäßigt, würdevoll und eher puritanisch. Spätestens seit den 1970er-Jahren hatte das Christentum im Norden Ugandas seine Fremdheit und Exotik verloren. Es war angekommen, angenommen und in verschiedenen Erneuerungsbewegungen immer wieder reformiert worden. Die letzte dieser Erneuerungsbewegungen war die Holy-Spirit-Bewegung der Alice Lakwena.

10

Als ich mich 1995 in Gulu aufhielt, teilte Mike Ocan mir mit, dass Severino Lukoya, der Vater von Alice, im Ort sei, und arrangierte ein Treffen. Severino trug ein kurzärmeliges braunes Hemd und zerrissene lange Hosen, die er an den Beinen mit Bindfäden zusammenhielt, und Plastiksandalen. Von schlanker Gestalt und groß gewachsen, trug er einen Bart und hatte das schöne Gesicht eines Asketen. Er begrüßte Carol und mich und zeichnete dann das Kreuz auf seine Stirn. Ein kleines Zittern durchlief ihn, und nun war er nicht mehr Severino, sondern der Heilige Geist von Gott Vater persönlich. Bereits 1948, so erzählte mir der Geist, hatte ihn Gott als seinen geliebten Sohn erwählt. Als er gerade das Kapitel 47 im Buch des Propheten Jesaja las, sandte Gott ein helles Licht, und er hörte eine Stimme, die seinen Namen rief. Ob derjenige, der die Biografie dann weitererzählte, der Geist oder Severino war, kann ich nicht sagen. Auf jeden Fall begann Severino eine Lehre als Zimmermann und Maurer, lernte Iberina Ayaa kennen und heiratete sie. Sie bekamen viele Kinder. Doch weil Severino zu sündigen begann, strafte ihn Gott und ließ vier seiner Kinder sterben. 1958 fiel er vom Dach seines Hauses (nach einer anderen Version verprügelte ihn seine Frau) und verlor das Bewusstsein. In diesem Zustand fuhr er gen Himmel und traf auf Gott und Moses. Sie schickten ihn zurück auf die Erde. Dort nahmen zahlreiche Geister von ihm Besitz, vor allem aber der Geist von Gott Vater. Der teilte ihm mit, dass eines seiner Kinder erwählt sei: Alice, die spätere Gründerin und Anführerin der Holy Spirit Mobile Forces.

Es war der Geist von Gott Vater, der mich einlud, ihn in seiner Kirche zu besuchen. Jeden Mittwoch und jeden Sonntag predigte, betete, sang und heilte er dort. Wir folgten seiner Einladung ein paar Tage später. Die Kirche, ein einfaches Zimmer, gliederte sich in drei Bereiche: Im Zentrum gegenüber dem Eingang stand ein Altar mit einem großen Holzkreuz, das auf dem Querbalken links mit einem Stern, in der Mitte mit einem Herz und rechts mit einem Stern über einem Halbmond, Zeichen für den Islam, geschmückt war. Über dem Altar lag eine bestickte Decke, und neben dem Kreuz standen je rechts und links Blumenvasen mit grünen Zweigen. Links vom Altar waren an der Wand einfache

Holzbänke aufgestellt, davor lagen Matten auf dem Boden für die Frauen. Auf der rechten Seite saß auf einer Bank vor einem Tisch Severino mit einigen jungen Männern. Wir begrüßten ihn, und es war offensichtlich, dass er sich freute. Wir nahmen ihm gegenüber Platz.

Er zeigte uns drei Bücher, eine katholische und eine protestantische Bibel sowie den Koran. Zu den Büchern legte er eine zusammengefaltete Karte, seine eigene Bibel. Auf dieser Karte, die die Neue Welt, den Neuen Himmel und die Neue Erde von Gott Vater darstellte, waren verschiedene Zeichnungen mit schriftlichen Kommentaren versehen. Sie bildeten das *Instant Millennium* ab, das Severino in seiner Kirche schon verwirklicht zu haben glaubte. Auch wies er auf eine kleine Kalebasse hin, die von Gott stamme, und auf einen roten Plastikbecher, der von Menschen gemacht worden sei. Neben dieser Kalebasse standen noch sieben weitere Kalebassen, die er dann später zur Heilung benutzte. Er predigte, und die Gemeinde sang; es waren jetzt ungefähr zwanzig bis dreißig Leute zusammengekommen. Und dann begann er zu heilen.

Noch während des Heilungsrituals betrat ein fremder Mann den Raum und rief, alle anwesenden Personen seien verhaftet. Er zeigte einen Ausweis, der ihn als Polizisten auswies. Er wiederholte, er habe den Befehl, uns alle zur »Security« zu bringen. Und er forderte Severino und seinen Helfer auf, auch die Kalebassen mitzunehmen. Ein Gehilfe Severinos gab ihm daraufhin zu verstehen, er solle sie selber tragen. Als der Polizist sich weigerte, sagte der junge Mann, er fürchte sich wohl vor Severinos Macht. Alle lachten. Der Polizist wiederholte wütend, alle seien verhaftet und sollten mitkommen. Ich mischte mich ein und erklärte, das Ganze müsse ein Irrtum sein. Ich hätte mich am Montag zuvor dem Central Government Representative (CGR) vorgestellt, und er hätte mir erlaubt, überall hinzugehen und mit allen Leuten zu sprechen, mit denen ich sprechen wolle. Der Polizist wurde unsicher. Ich dürfe bleiben, aber die anderen müssten mitkommen. Darauf versuchte ich ihn zu überzeugen, dass sie nur gebetet und gesungen hatten und dass man sie deswegen nicht verhaften könne. In der Zwischenzeit kam der RC1[16] hinzu, ein Vertreter der lokalen Regierung, und fragte den Polizisten, ob er ein Papier habe, das die Verhaftung legitimiere. Da das nicht der Fall war, sagte der RC1: »These are religious people, let them stay in peace.« Es kam zu einem kleinen Handgemenge, und schließlich verzog sich der Polizist. Kurz darauf erschien ein anderer Polizist mit Auto, der sich nur an mich wandte: Ich sei zwar nicht verhaftet, aber man wolle mir einige Fragen stellen. Wir fuhren zum CGRs Office. Ich verlangte, mit dem CGR zu sprechen, aber der war nach Kampala gefahren. Also fragte ich nach seinem Vertreter, der mich schon erwartete. Wie sich herausstellte, hatte er die Aktion in die Wege geleitet. Er wiederholte, ich sei nicht verhaftet, aber man wolle nicht, dass ich mit einem Verrückten, einem »psychic case, a lunatic, a mentally disturbed man« rede. Er warf mir vor, Severino nicht als meinen Gesprächspartner angegeben zu haben, und wiederholte, dass Severino gefährlich sei und den Tod vieler Menschen verursacht habe. Dann verbot er mir explizit, weiterhin mit ihm zu sprechen. Das alles geschah in höflichem Ton; der Deputy entschuldigte sich für die Unannehmlichkeiten, und ich entschuldigte mich meinerseits. Mir war elend zumute. Als ich nach draußen trat, sah ich, dass Severino und seine Anhänger aus Solidarität zum Office gekommen waren, um zu erfahren, was mit mir passieren würde. Ich war gerührt, aber fühlte mich noch elender, weil ich fürchtete, dies könne Folgen für sie haben. Der junge Gehilfe Severinos, der uns begleitet hatte, forderte mich auf, zur Kirche zurückzukehren und den Gottesdienst fortzusetzen; wir sollten Gott und nicht der Regierung gehorchen. Bekümmert wies ich ihn darauf hin, dass ich dem Verbot folgen müsse. Ich war den Tränen nahe, einerseits sah ich mich Severino und seinen Leuten gegenüber in der Pflicht, andererseits fürchtete ich mich vor der Polizei.

Die Geschichte von meiner »Verhaftung« verbreitete sich in Gulu wie ein Lauffeuer. Patrick Olangos Mutter wusste bereits davon, und auch Mike Ocan, den wir abends trafen, hatte die Nachricht schon erhalten. Mir war zwar nichts geschehen, doch hatte ich Severino und seine Anhänger in Gefahr gebracht. Zum ersten Mal in meinem Leben wünschte ich die Ethnologie zum Teufel. Warum trieb mich diese verdammte Neugier? Warum hatte ich mich auf einen Besuch von Severinos Kirche eingelassen? Ich beschloss, Gulu am nächsten Tag zu verlassen, und bat Mike, Severino meine Situation zu erklären und mich zu entschuldigen.

Als wir am nächsten Morgen an der Tankstelle hielten, um das Auto für die Reise nach Kampala mit Benzin zu füllen, stand Severino plötzlich vor mir. Er zitterte wieder, der Geist von Gott Vater sah mich an und gab mir die Hand. Carol erklärte ihm, dass wir nicht mit ihm sprechen dürften; er antwortete, der Heilige Geist habe ihm mitgeteilt, wo wir seien, und er sei gekommen, um sich zu verabschieden. Er segnete uns, wünschte eine gute Reise und verschwand.

Viele Jahre später wurde ich 2016 als externe Prüferin zu einer Disputation an die Universität Aarhus in Dänemark eingeladen. Die Universität hatte einen Forschungsschwerpunkt zum Krieg und seinen Folgen in Norduganda gegründet und einen intensiven Austausch mit der neu etablierten Universität in Gulu aufgebaut (an der man auch das Fach »Security« studieren konnte). Unter den Zuhörern der Disputation befanden sich auch einige Studenten aus Gulu. Auf der anschließenden Feier kam ich mit ihnen ins Gespräch, und eine Studentin bestellte mir Grüße von Severino Lukoya. Sie hatte ihm erzählt, dass sie mich in Aarhus treffen werde. Es gehe ihm gut, richtete sie mir aus; er habe mich nicht vergessen.

11

Da ich das von meinen Gesprächspartnern erworbene Wissen an sie zurückgeben wollte, erschien die englische Fassung des Buchs unter dem Titel *Alice Lakwena and the Holy Spirits* in Kooperation mit einem ugandischen Verlag. Als die Übersetzung 1999 vorlag, schickte ich ein Exemplar an Alice Lakwena, die sich zu dieser Zeit in einem Flüchtlingslager im Norden Kenias aufhielt. Ich hatte zu Beginn meiner Forschung mehrfach versucht, sie dort zu besuchen, war aber immer wieder abgewiesen worden. Nach etwa zwei Monaten erhielt ich Antwort vom Office of his Holiness Lakwena. Der Brief begann mit: »Praise the Almighty God for the abundant opportunity He has availed to us to communicate.« Alice schrieb oder ließ durch ihren »coordinator« schreiben, dass sie mir für das Buch danke, dass jedoch alles, was ich geschrieben habe, falsch sei, denn ich hätte nicht mit ihr gesprochen. Um die Wahrheit zu erfahren, hätte ich zu ihr kommen müssen. Sie lud mich ein, sie zu besuchen. Ich dankte ihr und erklärte, sie habe recht, ich hätte mit ihr reden müssen, und beschrieb kurz die Umstände, die das verhindert hatten. Und ich versprach, sie bald zu besuchen. Dann, nach etwa einem Jahr, erhielt ich ein Paket vom Office of his Holiness Lakwena. Darin enthalten waren drei von Alice gehäkelte, dreieckige weiße Deckchen – die Trinität darstellend – und Kassetten mit frommen Liedern, die sie mit ihren Anhängern im Lager aufgenommen hatte. Ihre Großzügigkeit berührte mich tief; ich bedankte mich und wiederholte mein Versprechen, sie baldmöglichst zu besuchen. Doch bevor ich es einlösen konnte, starb sie am 17. Januar 2007 im Alter von nur 51 Jahren. Ihr Tod sei ein natürlicher gewesen, teilte das Flüchtlingslager mit. Der Leichnam wurde auf Geheiß von Museveni zurück nach Uganda gebracht und in Gulu beerdigt. Das Grab liegt, so erfuhr ich Jahre später, in der Nähe des neu errichteten Lukodi Community Museums.[17] Die Beerdigung fand in aller Stille statt, auch um die Entstehung einer Pilgerstätte zu verhindern.

12

Die englische Ausgabe meines Buches wurde nicht von einer Ziege gefressen, sondern auch vom ugandischen Präsidenten gelesen. Neben meist positiven Besprechungen in lokalen und internationalen Zeitungen und Zeitschriften erreichte mich auch ein Text der bekannten ugandischen Schriftstellerin Doreen Baingana, die einen Roman über Alice Lakwena geschrieben hat, der sich wesentlich auf mein Buch stützte. Sie »schrieb zurück«, erzählte eine andere Geschichte, in der sie vor allem die körperlichen Dimensionen und Erfahrungen der Prophetin ins Zentrum stellte. Sie führte aus, wie ihr Leib auf unterschiedliche praktische und metaphorische Weise von Geistern, Männern und Nahrung heimgesucht und gefüllt wurde. Sie zeigte, welche körperlichen und sozialen Folgen Alice' Unfruchtbarkeit für die Berufung als Geistmedium hatte; und sie spielte mit der Vielheit der Namen, die die Protagonistin durch die Geister gewann.[18] Das Wissen, das mir Mike Ocan, Israel Lubwa und viele andere schenkten und das ich als Buch zurückgeben konnte, wurde seinerseits zur Referenz für ein Zurück-, Weiter- und Umschreiben und setzt somit einen wechselseitigen Austausch von Gaben fort, der hoffentlich noch lange anhält.

IM HERZEN DER POSTKOLONIE

Die katholische Kirche im Westen Ugandas und die Figur des Kannibalen

1996–2005

Doch das Unbekannte findet sich an den Grenzen zwischen den Wissenschaften, dort, wo die Professoren sich »gegenseitig aufessen«, wie Goethe sagt (ich sage aufessen, Goethe aber ist nicht so höflich).

Marcel Mauss[1]

1

Zu Beginn der 1980er-Jahre begannen Ethnologen zu erkennen, dass sie afrikanische Gesellschaften nicht nur »verandert«, also exotischer gemacht hatten, als sie waren. Sie hatten sie auch in eine Vorzeit gesteckt und ihnen damit, wie Johannes Fabian 1982 gezeigt hat, die Gleichzeitigkeit im Raum verweigert.[2] Sie erklärten die Gesellschaften Afrikas zu traditionellen, vormodernen Gesellschaften, obwohl sie spätestens seit dem transatlantischen Sklavenhandel in die globale kapitalistische Weltordnung integriert worden waren. Eine heftige Debatte über den Begriff der Moderne - und den entsprechenden Gegenbegriff der Tradition - nahm ihren Anfang. In den Auseinandersetzungen stellten Ethnologen nun die normative, teleologische Konstruktion der westlichen Moderne sowie die hegemoniale Position Europas infrage und versuchten, den eigenen Kontinent zu dezentrieren und zu provinzialisieren. Einer unter ihnen, der französische Ethnologe Bruno Latour, der sich später vor allem der Wissenschaftstheorie zuwandte, ging so weit zu behaupten, dass es eine (europäische) Moderne nie gegeben habe.[3] Tatsächlich haben Ethnologen in den 1980er- und 1990er-Jahren die eigene Disziplin und ihre koloniale Verstrickung einer so radikalen Kritik unterzogen wie bisher kein anderes Fach.[4]

Zum Bild von Afrika als dem Anderen der Moderne hatten Ethnologen selbst kräftig beigetragen. Mit der Betonung von Traditionen, Gabentausch, Verwandtschaft und Ritual erzeugten sie eine Alterität zu einer nicht eigentlich explizit gemachten Vorstellung von Moderne. Es ist kein Zufall, dass sich insbesondere Afrikanisten in der Debatte zu Wort meldeten. Denn mehr noch als der Orient und Amerika wurde Afrika in westlichen Diskursen zum Anderen der Moderne erklärt. Abgekoppelt von der Geschichte, war das Afrika der Europäer Inbegriff des Fremden, des Pathologischen, der Tradition und des Vor- und Unmodernen. Obwohl Afrika gleichzeitig mit Europa im Raum existierte, wurde es als Kontinent außerhalb von Zeit und Geschichte imaginiert.

Ethnologen kritisierten auch die gängige Ansicht, dass das vormoderne Afrika erst durch die Kolonialisierung modernisiert worden sei. Die Sicht von der Moderne als europäischem Exportgut unterschlägt den bedeutenden Anteil, den Afrikaner ihrerseits an der Entstehung und »Erfindung« des Westens und der Moderne hatten. Die westliche Moderne ist mit der gesellschaftlichen und kulturellen Entwicklung Afrikas seit vielen Jahrhunderten eng verknüpft. Spätestens mit dem transatlantischen Sklavenhandel wurde Afrika Teil der Moderne, einer »kannibalistischen Ordnung«[5], die den Westen bereicherte und Afrika in weiten Teilen verarmen und verelenden ließ.

Ethnologen mussten auch eingestehen, dass sich die vielfältigen und regional höchst unterschiedlichen Diskurse und symbolischen Praktiken in Afrika, in denen sich diese Verflechtungen artikulierten, nicht mit einfachen Entwicklungs-, Modernisierungs- oder Dependenzmodellen erklären ließen. Globalisierungsprozesse, die Afrika mit einschlossen, führten eben nicht zu einer allgemeinen Entzauberung, Nivellierung und Homogenisierung der Welt, sondern auch zu neuen Verzauberungen, Fragmentierungen und Differenzierungen, zu einer Vielfalt von Modernen. Die Modernen, die in Afrika entstanden, bildeten sich in einem widersprüchlichen Prozess heraus, der seine eigenen Antinomien und Paradoxien entfaltete. Dazu gehörte, dass die Durchsetzung westlicher Rationalität in vielen afrikanischen Ländern weniger zum Ende als vielmehr zu einem Erstarken von Religion, Geistern, Magie und Hexerei führte.[6] Denn Hexerei war und ist auch im (post-)modernen Afrika von zentraler Bedeutung. Ihr flexibler Diskurs und ihre Praktiken reagieren, interpretieren und beeinflussen bis heute die unterschiedlichsten Prozesse wie Klassenbildung, die Magie des Staates, wirtschaftliche Akkumulation und die Einbindung in die globale Marktwirtschaft. Auch Afrika erfand und erfindet weiterhin verschiedene (Post-)Modernen mit den ihnen eigenen Mythen und Kritiken.

2

Nach meiner Rückkehr aus Gulu lernte ich in Kampala Bram Stuyvenhagen kennen, einen Holländer, der im Dienst des Königtums Tooro in Westuganda stand. Er arbeitete als Sekretär des Premierministers, einem Geschäftsmann aus Tooro, der mit Devisen handelte und das Königtum finanzierte. Stuyvenhagen liebte Uganda; Holland war ihm, wie er mir erzählte, fremd geworden. Er sprach fließend Lutooro, die Sprache des Königtums, und hielt sich an die dortigen Sitten und Gebräuche. Auch war er mit einer einheimischen Frau verheiratet und hatte eine große Anzahl von Verwandten. Anders als ich, die immer bald an Heimweh litt, war er ein »kultureller Überläufer«, der seinen Platz in Tooro gefunden hatte. Aufgrund einer schweren Erkrankung kehrte er kurz vor seinem Tod 1999 in die Niederlande zurück, verfügte aber, dass sein Herz in Tooro begraben wurde.

Bram Stuyvenhagen lud mich 1995 ein, an den Feierlichkeiten zur Einsetzung des neuen Königs in Tooro teilzunehmen. An einem kalten, verregneten Tag fuhren wir nach Fort Portal, der Hauptstadt des Königtums am Fuß der legendären Mondberge in Westuganda. Ursprünglich benannt nach einem Himmelskörper und damit die Grenzen der Erde übersteigend, waren diese Berge bereits in der Antike bekannt. Als Teil einer imaginären Geografie füllte Ptolemäus auf seiner Landkarte das leere, unbekannte Herz Afrikas mit einer Kette schneebedeckter Berge, die er »Mondberge« nannte. Auf dieser Karte bewohnten Zwerge und Menschenfresser, die radikal Anderen der Menschen der Antike, die Mondberge. Heute sind die Berge vom Mond wieder auf die Erde zurückgekehrt; sie heißen »Ruwenzori«, Schneeberge. Manchmal, wenn die Wolken aufreißen, geben sie den Blick auf fast dreitausend Meter hohe schneebedeckte Gipfel frei.

In vorkolonialer Zeit bestand das Königtum Tooro aus zwei hierarchisch gegliederten sozialen und ökonomischen Klassen: zum einen den Bauern, die Hirse, Yams, Bohnen und anderes Gemüse anbauten, und zum anderen privilegierten Hirten, die mit ihren Rinderherden, Ziegen und Schafen in weit verstreuten Gehöften lebten. Über beiden Klassen stand der königliche Babito-Clan, der die Lebensweise der Hirten teilte und den König stellte. Obwohl es gelegentlich Heiratsbeziehungen zwischen Bauern und Hirten gab, waren die Bauern von der Teilnahme an der politischen Macht weitgehend ausgeschlossen. Während der Kolonialzeit und danach emanzipierten sie sich, doch blieben die alten Hegemonien weiterhin wirksam. Anders als bei den akephalen, eher egalitären Tugen wurde ich in Tooro mit einer stark hierarchisierten Ordnung und einer höfischen Etikette konfrontiert, die auf raffinierte Weise mit Differenzen und Ungleichheiten spielte.

Tooro wurde dreimal gegründet. Ursprünglich gehörte es zum Königtum Bunyoro-Kitara. Doch um 1830 entschloss sich ein Sohn des Königs, ein eigenes, unabhängiges Königtum zu errichten. Die Unabhängigkeit währte nicht lange; bereits um 1876 gelang es dem Herrscher von Bunyoro-Kitara, das abspenstige Königtum wieder einzugliedern. 1881 gründete der Engländer Captain Frederick D. Lugard, Leiter der Imperial British East Africa Company, Tooro ein zweites Mal, um Bunyoro-Kitara zu schwächen, das heftigen Widerstand gegen die Kolonialisierung durch die Engländer leistete. 1967, in postkolonialer Zeit, wurden dann alle Königtümer in Uganda – auch Tooro – abgeschafft. 1993 erlaubte der ugandische Präsident Yoweri Museveni jedoch die Rückkehr der Könige, aber unter der Bedingung, dass die Königtümer kulturelle und keine politischen Institutionen würden. Die Rückkehr der Könige war nicht unumstritten, gerade in Tooro waren vor allem die ehemaligen

»Untertanen«, die die Mehrheit der Bevölkerung stellten, dagegen. In Opposition zu den »Traditionalisten« lehnten auch radikale Christen, Katholiken wie Protestanten, das Königtum ab. Sie sahen darin eine »satanische« Institution, die sich mit ihren Vorstellungen von einer christlichen Moderne nicht vereinbaren ließ.

Als das Königtum 1967 abgeschafft worden war, überführten Royalisten die Regalia des Königs ins Nationalmuseum in Kampala, wo sie als Objekte einer vermeintlich vergangenen Tradition musealisiert und ausgestellt wurden. Als der König, der vorher als Botschafter Ugandas auf Kuba gearbeitet hatte, 1993 nach Tooro zurückkehrte, brachte ein Lieferwagen die Regalia nach Fort Portal zurück. Rituelle Spezialisten, die sich kaum noch an die alten Rituale erinnern konnten, »reinigten« sie, um sie so von musealen (Schau-)Objekten in sakrale (zurück) zu verwandeln. Kurz nach seiner Einsetzung starb der König, und 1995 trat sein vierjähriger Sohn die Nachfolge an. Seine Inthronisation, zu der Bram Stuyvenhagen mich eingeladen hatte, stellte sich als ein Ereignis heraus, das die Public-Relations-Experten des Königtums als modernes Medienspektakel inszenierten. Es sollte auch Touristen anziehen. Tatsächlich wurde der größte Teil der Rituale, die öffentlich stattfanden, so verändert, dass sie den medialen Bedürfnissen des TV entsprachen.

Der Einsatz moderner technischer Medien in Prozesse der Re-Traditionalisierung des Königtums als Teil einer afrikanischen Moderne schien mir ein interessantes Thema zu sein. Ich stellte bei der VW-Stiftung einen Forschungsantrag, der auch bewilligt wurde.[7]

3

Es dauerte zwei Jahre, bis ich 1997 endlich meine Forschungsarbeit in Tooro aufnehmen konnte. Erstaunt stellte ich fest, dass ich mich im Herzen der »Postkolonie« befand, so wie Achille Mbembe sie beschrieben hat.[8]

Das Königtum war im Ausnahmezustand. Wieder fand ein Guerillakrieg statt. Vom Kongo aus begannen 1996 die Allied Democratic Forces, die ADF, gegen die Regierung Musevenis zu kämpfen. Obwohl es ihnen nicht gelang, die Unterstützung der lokalen Bevölkerung zu gewinnen, trugen die ADF doch erheblich zur Verunsicherung und inneren Zerrissenheit des Königtums bei. Nach dem 11. September 2001 nahm die US-amerikanische Regierung unter George W. Bush sie auf die Liste terroristischer Gruppen und unterstützte Museveni militärisch. Im Herbst 2002 schlug die ugandische Armee die ADF vernichtend, sodass sie sich aus Uganda in den Kongo zurückzog. Einige ihrer Soldaten schlossen sich daraufhin der Lord's Resistance Army des Joseph Kony an, der Holy-Spirit-Bewegung, die die Nachfolge von Alice Lakwena angetreten und sich aus dem Norden Ugandas in den Kongo geflüchtet hatte.

Ende der 1990er-Jahre erreichte die Aidsepidemie in Tooro ihren Höhepunkt und forderte zahlreiche Opfer; fast jede Familie war betroffen. Der Tod war allgegenwärtig; täglich fanden Beerdigungen statt, und Frauen und Männer hasteten von einer Trauerfeier zur nächsten. Die Anzahl der Toten war so hoch, dass die aufwendigen Begräbnisrituale verkürzt werden mussten, viele Tote also kein ordentliches Begräbnis mehr erhielten. Es gab Zweifel, ob die hastigen Begräbnisrituale ihre Aufgabe der eindeutigen Trennung von Lebenden und Toten überhaupt noch erfüllten. Obwohl gerade Christen eher als »Traditionalisten« verknappte Begräbnisfeiern durchführten, entstand eine zusätzliche Bedrohung, weil nun die Lebenden nicht mehr sicher sein konnten, ob die Toten in Frieden ruhten und nicht auf Rache sannen. Die Grenze zwischen Leben und Tod wurde durchlässig. Tote waren nicht immer tot, es gab Zombies, Halbtote, die zweimal sterben mussten, nachdem sie auferstanden waren. Und in ihrer

Verzweiflung über den Verlust ihrer Kinder, Eltern oder Freunde lebten einige Lebende, als ob sie bereits gestorben wären. Es war, als hätten Leben und Tod ihre Plätze vertauscht. Der Tod hatte die Übermacht gewonnen und beherrschte das Leben.

Trotz nationaler Kampagnen der Aufklärung führten die lange Inkubationszeit sowie die unspezifischen Symptome von Aids zu Verwirrung und Verleugnung. Dazu kam ein tiefes Misstrauen in die westliche Medizin. Präsident Museveni hatte ganze Regionen des Landes - Rakai, Masaka und auch Teile Tooros - als eine Art Laboratorium für westliche Forscher freigegeben und damit Teile der Bevölkerung zu Versuchskaninchen gemacht. Das erste medizinische Hilfsprogramm in Rakai musste beendet werden, weil die Leute in Panik vor dem Forschungsteam flüchteten, das ihnen Blut abnehmen wollte. Koloniale medizinische Praktiken und andere zum Teil gewaltsame Maßnahmen gegen epidemisch auftretende Krankheiten wie die Schlafkrankheit oder Pocken hatten ihre Spuren im sozialen Gedächtnis hinterlassen. Und obwohl gut gemeinte Aufklärungskampagnen in Tooro darüber informierten, wie das Virus übertragen wird und wie man sich schützen kann, wurden sie von lokalen Gegendiskursen infrage gestellt. Ich hörte Geschichten über Europäer, die Aids mitgebracht hätten, um alle Afrikaner zu töten und das Land und seine Reichtümer wie zur Kolonialzeit zu übernehmen. Gerüchte zirkulierten, dass die Kondome, statt Schutz zu gewähren, vergiftet und mit dem Virus infiziert seien.

Das staatliche Gesundheitswesen war mehr oder weniger zusammengebrochen. Ich besuchte verschiedene Krankenhäuser und Krankenstationen. Sie waren in einem verheerenden Zustand. Medikamente fehlten, oft waren sie gestohlen worden oder gar nicht erst im Krankenhaus angekommen. Korruption herrschte auch hier; wer nicht im Voraus bezahlte, wurde nicht behandelt. Viele (Aids-)Kranke lebten und starben auf der Straße oder sie suchten in Kirchen Zuflucht. Zahlreiche neue religiöse Kirchen und Bewegungen entstanden, die sich – manchmal mit dubiosen Methoden – aufs Heilen spezialisierten. Einige versprachen, nicht nur Armut und Arbeitslosigkeit, sondern auch Aids zu kurieren. Viele dieser Kirchen und Bewegungen waren vor allem Geschäft, Einnahmequelle, die manchen Priestern und Pastoren beträchtlichen Reichtum brachten.

Trotz der staatlichen Aufklärungskampagnen – oder vielleicht gerade ihretwegen – nahmen die meisten Leute in Tooro den Tod durch Aids nicht für einen natürlichen Tod, sondern gaben ihm einen Namen: den der Hexe oder des Kannibalen. Die Infizierung mit dem Virus wurde zwar als Ursache anerkannt, aber nicht als die eigentliche. Die biomedizinische Erklärung trat in den Hintergrund; stattdessen suchten viele den Grund für Leiden und Tod in Personen, die ihnen nahestanden: Verwandte oder Nachbarn wurden verdächtigt, aus Neid oder Hass das Opfer verhext und zum Beispiel dafür gesorgt zu haben, dass er oder sie in einer Bar zu viel getrunken und dann mit einer infizierten Person geschlafen hatte.

In der Figur der Hexe oder des Kannibalen verkehrt sich die soziale Ordnung. Während alle Kannibalen in Tooro Hexen sind, sind nicht alle Hexen kannibalisch. Beide verkörpern, wie der Ethnologe Peter Geschiere gezeigt hat, die Nachtseite sozialer Nähe, insbesondere verwandtschaftlicher Beziehungen.[9] Beide geben Antwort auf eine Frage, auf die es eigentlich keine Antwort gibt: »Warum ich?« Hexe oder Hexer ist der Name für das, was wir Zufall nennen. Im Namen einer Hexe ist die Ursache für Unglück und Tod kein abstraktes Prinzip, sondern eine andere Person, die sich oft mit dem Opfer in einem Konflikt befindet. Mit ihrer Benennung als Grund für das eigene Unglück öffnet sich ein soziales Feld des Misstrauens, der Gewalt und des Todes, aber auch die Möglichkeit des Handelns und der Verteidigung.

Das vermehrte Auftreten von Hexen und Kannibalen bildete die epidemische Verbreitung des Todes durch Aids in einem anderen (symbolischen) Register ab. Gleichzeitig aber verstärkte es die Krise noch. Denn durch das Verschieben von Schuld und Verantwortung nach innen, auf einen Verwandten oder Nachbarn, steigerten sich Misstrauen, Hass und Furcht gerade unter denen, die angesichts der Bedrohung durch Aids solidarisch sein sollten. »Jeder isst jeden«, erklärte mir ein frommer Katholik und bezeichnete damit treffend die in Tooro damals vorherrschende Situation des »internen Terrors«[10].

4

Die Hoffnungen, die sich für einige Bewohner von Tooro mit der Wiedereinführung des Königtums verbunden hatten, erfüllten sich nicht. Royalisten erzählten mir von einem Propheten, der vorhergesagt hatte, dass mit dem Königtum eine neue moralische Ordnung entstehe und damit auch dem großen Sterben ein Ende gesetzt sei. Doch dann vernichtete ein Erdbeben die alten Königsgräber. Zudem war die Königsfamilie zutiefst zerstritten. Auch dem neuen König, dessen Inthronisation ich beigewohnt hatte, und seinem korrupten, aber finanziell potenten Premierminister gelang es nicht, das Land zu einen und zu befrieden. Während eine kleine Minderheit exzessive Reichtümer akkumulierte, verarmte die Mehrheit der Einwohner. Eine Politik des »vollen Bauches« sowie eine Ökonomie der Korruption, des Raubes und der Gewalt setzten sich durch. So verfügte der Premierminister über eine Killer-Gang, die er gegen seine Feinde einsetzte. Er ließ einen Prinzen und dessen Bodyguard erschießen, als sie in der Palace-View-Bar einen Drink nahmen. Erst als seine Give-and-Take-Company, die mit Devisengeschäften viel Geld verdient hatte, pleiteging und er keine Bestechungsgelder mehr zahlen konnte, wurde er 2001 – viel zu spät – des Mordes angeklagt und ins Gefängnis gesteckt. Selbst Royalisten und Traditionalisten mussten zugeben, dass mit der Rückkehr des Königs die erhoffte Stärkung der moralischen Ordnung ausgeblieben war.

Neben dieser eher spektakulären Kriminalität, die in den ugandischen Massenmedien verhandelt wurde, herrschte auch im Alltagsleben von Tooro große Rechtsunsicherheit, ja Rechtlosigkeit. Viele Polizisten lebten von Bestechungsgeldern. Zeigte jemand einen Dieb an, der zum Beispiel ein Hühnchen geklaut hatte, konnte es passieren, dass der Bestohlene und nicht der Dieb im Gefängnis landete, weil der die Polizei bestochen hatte. Da stadtbekannte Diebe sich immer wieder freikaufen konnten, wussten viele sich nicht anders zu helfen, als Selbstjustiz zu üben. Tatsächlich hatte das Königtum Tooro in der Zeit, in der ich dort lebte, eine der höchsten Lynchraten in Uganda.

Lehrer und andere Staatsdiener erhielten manchmal über Monate kein Gehalt, weil das Geld »verschwunden« war. Gefälschte Medikamente, Geldscheine, Tickets, Ausweise, Führerscheine und Zertifikate waren in Umlauf. Geschichten kursierten über »satanische Geldnoten«, die unschuldigen Leuten das Geld buchstäblich aus der Tasche zogen, ohne dass sie es merkten.[11] Dieser »magischen« Verarmung standen Geschichten über »satanische Reichtümer« gegenüber, die durch die Opferung, den Tod eines Verwandten, erlangt wurden und somit zum Ausdruck brachten, dass die Akkumulation von Reichtümern auf Kosten von Angehörigen erfolgt. In gewisser Weise wurde ein jeder zum Feind des anderen. Um es mit Jean-Paul Sartre auf den Punkt zu bringen: Die Hölle, das waren in Tooro die (nahen) Anderen.

Viele Leute, mit denen ich ins Gespräch kam, erklärten mir, dass sich die moralische Ordnung in ihr Gegenteil verkehrt habe. Sie lebten in einer Welt, in der es keine Sicherheit gab und der Tod die Herrschaft übernommen hatte. Das Leben bestand aus Täuschungen, aus absurden Regeln und aus Menschen, Tieren und Dingen, die einander bekämpften und Gestalt und Zugehörigkeit ständig wechselten. So wie in anderen Ländern, die sich in einer verzweifelten Situation befinden, zum Beispiel Deutschland nach dem Ersten Weltkrieg, traten auch in Tooro verstärkt okkulte Mächte in Erscheinung. Hier verband sich der alltägliche Terror mit zum Teil aus der Kolonialzeit stammenden, aber auch noch älteren Bildern von imaginärer Gewalt, der Wildnis und des Todes, die Effekte des Realen erzeugten. Eine der fantastischen Gestalten, die in Tooro die Menschen umtrieb und sich - wie Aids - epidemisch verbreitete, war die Figur des Kannibalen, genauer des kannibalischen Hexers.

Bereits 1955 hatte Claude Lévi-Strauss in *Traurige Tropen* vorgeschlagen, angesichts der Zerstörungen, denen er 1938 auf seiner Reise durch Brasilien begegnet war, die Ethnologie durch eine Wissenschaft mit dem Namen Entropologie zu ersetzen, einer Disziplin, die sich vor allem mit den Prozessen der Desintegration in ihren schlimmsten Erscheinungsformen beschäftigen sollte. In Tooro sah ich mich mit gesellschaftlichen Verhältnissen der Desintegration und der Verzweiflung konfrontiert, die mir meine naive Vorstellung von Ethnologie als einer Wissenschaft, die ein positives utopisches Potenzial bergen will (um damit vor allem auch die eigenen Verhältnisse zu kritisieren), endgültig austrieb. Ich war schockiert über die zutiefst ungleiche Verteilung von Risiko, Unglück, Leiden und Tod, wie sie sich in Tooro als Teil der globalen Ordnung manifestierte. Mir fehlten die Worte, um den menschlichen Katastrophen in ihrer Grausamkeit und ihren komplexen lokalen und globalen Verflechtungen gerecht zu werden. Für eine solche Ethnografie des Desasters kannte ich kein Modell. Doch schien mir damals schon Lévi-Strauss' Entropologie zu kurz zu greifen, weil sie Elend und Desintegration zwar zum Thema machte, aber übersah, dass Katastrophen manchmal auch ein produktives Potenzial bergen und neue Gemeinschaften erzeugen können, die vor dem Hintergrund ihrer eigenen Katastrophentheorien Lösungen finden.

5

Gleich zu Beginn meiner Arbeit in Tooro musste ich feststellen, dass sich kaum jemand - außer der königlichen Familie und einigen Royalisten - für mein Forschungsthema, das Königtum, interessierte. Stattdessen wurde zu meinem Erstaunen viel über Kannibalen und Kannibalismus geredet. Kannibalische Hexen waren in Tooro (in dieser Zeit) überall zu finden, in einigen Regionen sogar epidemisch. Es herrschte eine moralische Panik, eine Furcht, gerade von jenen Menschen getötet und gefressen zu werden, die einem nahestanden.

Frauen und Männer aus allen sozialen Schichten, in der Stadt wie auf dem Land, beklagten, dass Kannibalen ihre Verwandten, Nachbarn und Freunde auf finsteren Banketten, die das christliche Abendmahl zu pervertieren schienen, verspeist hätten. Diese Kannibalen seien Hexen, so wurde mir erzählt, die ihre Opfer durch Verhexung töteten, sie aber nach der Beerdigung, wie Christus zu Ostern, wieder auferstehen ließen, um sie dann auf einem Festmahl gemeinsam mit anderen Kannibalen zu verspeisen. Der verhexte Tote war nicht wirklich tot; er musste auferstehen, fuhr aber nicht gen Himmel, sondern in den Bauch von Kannibalen. Die Kannibalen in Tooro waren Teil eines radikalisierten Hexereidiskurses, in dem das Opfer den Tod zweimal erleiden musste. Die Figur des Kannibalen stand für einen gewalttätigen Exzess, der den Tod noch zu überbieten suchte.

Ich hatte nicht vor, Kannibalen in Tooro zu studieren. 1979 hatte der Ethnologe William Arens in seinem Buch *The Man-Eating Myth* den Kannibalen für tot erklärt. Er behauptete, der Kannibale habe nie existiert und sei vor allem ein (koloniales) Stereotyp radikaler Fremdheit. Im Gegensatz dazu bestand Claude Lévi-Strauss auf der Realität von kannibalischen Praktiken, vielleicht, weil er sich vor allem für die beiden Amerikas interessierte und dort, wie neuere Forschungen bestätigen, in einigen Regionen verschiedene Formen des Kannibalismus, unter anderem auch Nekrophagie, das Essen von Toten, betrieben wurden. Unter Afrikanisten setzte sich indessen Arens' These weitgehend durch; das Thema galt als erledigt. Doch als ich immer häufiger mit kannibalischen Erzählungen konfrontiert wurde, mir niemand begegnete, der die Realität von Kannibalen bezweifelt hätte und eine enge Mitarbeiterin und fromme Katholikin mir erzählte, dass ihr kleiner Bruder von ihrer Schwiegermutter aufgefressen worden sei, begann ich mich für die Geschichte und die sozialen und politischen Bedingungen der Produktion von Kannibalen zu interessieren. Schon bald erfuhr ich, dass eine Laienorganisation der katholischen Kirche, die Gilde der Ugandischen Märtyrer (GUM), einen »Kreuzzug« gegen Kannibalen führte. Daraufhin beschloss ich, nicht das Königtum, sondern die transnationale Institution der katholischen Kirche und ihre besondere lokale Ausprägung in Tooro zum Thema meiner ethnografischen Arbeit zu machen.

6

Wegen des Guerillakrieges mit der ADF musste ich meine Forschung in den ersten fünf Jahren auf Fort Portal, die Hauptstadt des Kabarole-Distrikts und des Königtums, beschränken. Fort Portal, mit damals etwa 41000 Einwohnern, stand unter dem Schutz der Regierungsarmee. Da die lokale Bevölkerung – im Gegensatz zu der Nordugandas – kaum mit den Rebellen kollaborierte, verlief das Leben trotz starker militärischer Präsenz in der Stadt mehr oder weniger friedlich.

Fort Portal, von den Bewohnern wegen der schlechten Straßen auch »Fort Pothole« genannt, war eine koloniale Gründung, ursprünglich ein Fort, das der bereits erwähnte Engländer Captain Lugard errichtet hatte. Bis heute prägt die koloniale Vergangenheit

Architektur und Grundriss der Stadt. Diese erstreckt sich über mehrere Hügel mit verschiedenen Zentren: An Boma, das alte koloniale Zentrum, in dem sich nun die postkoloniale Administration befindet, grenzt ein Golfplatz, der den ehemals kolonialen Teil vom »Bauch der Stadt« trennt, dem großen Markt mit zahlreichen Ständen und kleinen Geschäften. Viele der kleinen Läden gehörten früher indischen Händlern, die Idi Amin aus dem Land vertrieb. Die Ordnung des städtischen Raumes folgt weitgehend dem Modell der dualistischen Organisation, wie sie Lévi-Strauss am Beispiel südamerikanischer Indianer entwickelt hat. Auch Fort Portal teilt sich in zwei Hälften, die während der Kolonialzeit durch die Rivalität zwischen der anglikanischen und der katholischen Mission entstanden. Jede der Hälften besaß eine eigene Kirche, ein Krankenhaus und eine Schule. Zwischen anglikanischen und katholischen Christen gab es ein Heiratsverbot, die Bibel der je anderen war »des Teufels«, und beide erschufen zwei »Sprachen«, in die sie die Bibel übersetzten. Die Rivalität und Opposition der beiden Religionen während der Kolonialzeit hat sich bis heute erhalten und in die räumliche und kulturelle Ordnung eingeschrieben. In den letzten Jahren bauten zudem Muslime eine beeindruckende Moschee, von Saudi-Arabien finanziert, nahe am Markt, direkt gegenüber der katholischen Kirche.

Die Moschee und vor allem die Ausbreitung neuer christlicher Kirchen und Bewegungen seit den 1980er-Jahren führte zu einer Erweiterung der dualen Organisation und einer bis dahin unbekannten populären christlichen Massenkultur, die Werbung, Geschäft, Spektakel, Unterhaltung, moderne Medien und das Alltagsleben mit christlicher Lehre und christlichen Praktiken verband. Eine christliche Moderne entstand und nahm den öffentlichen Raum in Besitz.

Wie auch in anderen Städten Ugandas warben Reklametafeln mit der Aufschrift »Jesus Saves Chemical Store«, »Christ-Net Computer and Business Holding«, »End Time Disco«, »Hallelujah

Enterprises«, »God is Great Plumbing«, »Miracle Snacks«, »Holy Ghost Cosmetics« oder »Sweet Jesus Hair Fashions« um Kunden. Einige Geschäfte versuchten sich mithilfe von in Kirchen gesegneten Schildern vor Dieben und Einbrechern zu schützen – »protected by the Blood of Jesus«. Lastwagen, Autos und Taxis trugen kryptische Inschriften wie »Dt 8,1« oder »Is 41,10«, die auf Bibelzitate verwiesen. Und aus den Lautsprechern von Bussen dröhnten Hallelujas und andere fromme christliche Lieder. »I will make it in the Name of Jesus« oder »With Jesus I will always win« war auf T-Shirts, Motor- und Fahrrädern zu lesen. Einige Christen trugen Armbanduhren mit dem Antlitz Jesu auf dem Zifferblatt, sodass die Zeit sich um ihn drehte. Andere kleideten sich in Stoffe, die mit christlichen Motiven bedruckt waren und sie wie mit einer zweiten christlichen Haut umschlossen. Die christliche Kleidung brachte nicht nur ihren Glauben zum Ausdruck, sondern versprach auch, vor Satan und seinen Komplizen zu schützen. Viele Christen, Frauen und Männer, trugen Kruzifixe und Rosenkränze – wie Talismane – auf dem Körper, oft mehrere, um die Wirkung zu verstärken. Und populäre Fotostudios boten frommen Kunden an, sich mit christlichen Emblemen fotografieren zu lassen oder in Fotomontagen die Nachfolge Jesu anzutreten, indem sie in eine afrikanische Landschaft hineingestellt das Kreuz trugen.

Das christliche Revival ging auch mit einer neuen Nutzung technischer Medien einher. Religiöse Gemeinschaften kauften Sendezeit im lokalen Radiosender Voice of Tooro und im Fernsehen. Sehr unterschiedliche Pfarrer, Propheten und Priester predigten nicht nur in Kirchen, sondern auch lautstark an Straßenecken oder auf dem Markt; aus Gettoblastern drangen christliche Gesänge und Predigten und eroberten neue soziale Räume. Auf Leinwänden in Restaurants und Videohallen liefen in Nigeria und Ghana produzierte Videofilme, die oft von Pfingstkirchen finanziert worden waren. Da einige Regisseure sich als christliche Medien verstanden, die Inhalt und Plot ihrer Videos direkt von Gott in Träumen und Visionen empfingen, gewannen diese Filme den Status göttlicher Botschaften. Die Protagonisten waren oft entweder »satanische« Bösewichte, elegante Männer und Verführer mit dem Namen »Diabolo«, oder junge schöne Frauen, die in Wirklichkeit aber Hexen waren und was gut und christlich war zu zerstören suchten. In dramatischen Kämpfen von kosmischem Ausmaß und mit vielen fantastischen Spezialeffekten brachten tapfere Männer der Kirche das Böse zur Strecke. Wie Birgit Meyer und Tobias Wendl gezeigt haben,[12] erhielten die Aktionen von Hexen, bösen Geistern, dem Teufel und Kannibalen in den Videos eine neue Sichtbarkeit und Realität; sie eröffneten einen globalisierten imaginären Raum, in dem sich christliche Ikonografien mit kolonialen Stereotypen von Wildheit und Schrecken verbanden. Tatsächlich trugen insbesondere die aus Ghana und Nigeria importierten Videos nicht unwesentlich dazu bei, die Medialisierung und Präsenz satanischer Mächte ebenfalls in Tooro zu verstärken. Gleichzeitig lieferten sie aber auch pentekostale Vorbilder, wie das Böse zu besiegen sei.

Weil der postkoloniale Staat die Versprechen der Moderne (für alle) nicht eingelöst hatte und sich außerdem als unfähig erwies, den »internen Terror« zu beenden, waren es alte und neue christliche Kirchen und Bewegungen, die Lösungen suchten, wie vor Hexen und Kannibalen Schutz gewährt und eine neue moralische Ordnung etabliert werden könnte. Vor allem pentekostale Kirchen und Bewegungen trieben die christliche Erneuerung voran und gewannen zahlreiche Anhänger.

Auch Tausende Katholiken schlossen sich ihnen an. Die katholische Kirche reagierte auf diesen Verlust mit einer charismatischen Bewegung, die ihrerseits viele Elemente der Pfingstkirchen übernahm. In Tooro organisierte sie eine Kampagne, um Macht zu gewinnen und verlorene »Seelen« zurückzuholen. Sie erlaubte einer Laienbewegung, der Gilde der Ugandischen Märtyrer (GUM), den öffentlichen Raum in Besitz zu nehmen, politisch zu werden und die »Supermacht« des Heiligen Geistes sowie die Praxis des Exorzismus[13] als »Waffen« im Kampf gegen Hexen und Kannibalen einzusetzen. Trotz kritischer Stimmen einiger älterer Priester agierte die GUM nicht, wie ich anfangs angenommen hatte, außerhalb oder sogar gegen die Kirche, sondern mit ihrer Zustimmung. Ein Priester erhielt den Auftrag, die Aktivitäten der Gilde zu überwachen, und ihr Präsident tauschte sich regelmäßig mit ihm aus.

7

Bereits 1897 gründete die katholische Kirche die Gilde der Ugandischen Märtyrer, um an das Martyrium zu erinnern, das 22 Katholiken (sowie 23 Protestanten und sieben Muslime) erlitten hatten. Noch bevor Uganda[14] britisches Protektorat wurde, kamen anglikanische und katholische Missionare ins Königtum Buganda und begannen ihre Missionsarbeit. Es gelang ihnen zwar nicht, den damaligen König Mwanga zu bekehren, aber eine Anzahl Frauen und junger Männer, darunter auch etliche seiner Pagen. Als Mwanga, der junge Männer liebte, seine Pagen zu verführen suchte, stieß er bei einigen, die konvertiert waren, auf Widerstand. Die Missionare hatten ihnen beigebracht, dass sie in der Hölle schmoren und schreckliche Qualen erleiden müssten, wenn sie sich auf »unnatürlichen« Sex mit dem König einließen. Daraufhin organisierte Mwanga 1885 eine »Christenverfolgung« und ließ diejenigen, die sich geweigert hatten, ihm zu Willen zu sein, köpfen, zerhacken, erstechen oder verbrennen und erschuf damit eine neue Generation von Märtyrern, die die Nachfolge von älteren Märtyrern wie Perpetua, Felicitas oder Cyprian, dem Bischof von Karthago, antraten. 1920 sprach der Vatikan (nur) die 22 katholischen Märtyrer selig und 1964 heilig. Obwohl die Kirche sich bemühte, einen Kult um die ugandischen Märtyrer zu etablieren und eine pompöse Kultstätte nahe der Hauptstadt Kampala errichtete, hielt sich die Popularität der ugandischen Märtyrer in Grenzen. Erst Anfang der 1990er-Jahre gelang es der Gilde unter der Führung von Lawrence Kasaija, ihrem Präsidenten, und einem Priester aus Texas mit »Kreuzzügen« oder Hexenjagden den Märtyrern und ihrer Gilde Aufmerksamkeit und Macht zu verschaffen.[15]

Anders als westliche Wissenschaftler, die Hexen und Hexern meist jegliche Realität absprachen, pflegte die katholische Kirche einen differenzierten Umgang. Immerhin gab es den Teufel und satanische Geister, die als Ursache für Unglück, Leiden und Tod verantwortlich gemacht werden konnten; und es gab den Exorzismus als Heilung. Aber nach der Aufklärung in Europa tat sich die Kirche auch in Afrika mit Hexen schwer. Zu sehr war sie nach den Hexenverfolgungen und der Inquisition in die Kritik geraten. Tatsächlich verneinte die katholische Kirche in Uganda bis zum Ende der 1980er-Jahre zumindest offiziell die Existenz von Hexen. Wenn jemand sich verhext wähnte und Rat suchte, dann erklärte der Priester ihm, wie mir Vater Tadeus Balinda mitteilte, dass Hexerei eine Frage des Glaubens sei: »Wenn man nicht an Hexen glaubt, können sie einem auch nichts anhaben.«

Doch Anfang der 1990er-Jahre fand ein radikaler Bruch statt. Angesichts der Krise, der Zunahme von Hexereianklagen und der Rivalität mit den Pfingstkirchen erkannte die Kirche – im Gegensatz zum postkolonialen Staat – die »Realität« von Hexen und Kannibalen an. Sie gestattete der Gilde der Ugandischen Märtyrer in Tooro, sich als katholische Anti-Hexerei-Bewegung zu formieren und kannibalische Hexen zu suchen und zu finden. Den europäischen Hexenjagden bis zum 18. Jahrhundert vergleichbar, griff sie dabei auf Praktiken der Verfolgung zurück, um Macht und verlorene Seelen (zurück) zu gewinnen. Und wie in Europa, wo vor allem die Inquisition das Konzept der diabolischen Hexe prägte, so trug die Kirche auch in Tooro gerade in ihrer Gegnerschaft zur Realität, Radikalisierung und Vermehrung von Hexern und Kannibalen bei. Der Versuch, die Krise, Unglück und Tod auf satanische Mächte zurückzuführen und damit verständlich zu machen und zu beenden, ließ sie einerseits den Prozess, den die Gilde bekämpfte, verstärken. Andererseits gelang es ihr, durch die Einsetzung eines Reinigungsrituals Hexen und Kannibalen, die ein Geständnis abgelegt hatten, in ambivalenter Weise zu »heilen«, zu reintegrieren und die Gewalt zu begrenzen.

Auch die Holy-Spirit-Bewegung der Alice Lakwena in Norduganda war eine christliche Anti-Hexerei-Bewegung gewesen. Doch war sie, als ich sie 1987 zu erforschen begann, bereits Geschichte; sie hatte eine desaströse Niederlage erfahren und sich aufgelöst. So war meine Arbeit in Norduganda vor allem eine historische Rekonstruktion. In Tooro dagegen führte die GUM in der Zeit meiner Forschung weiterhin Kannibalenjagden durch und verdächtigte aus meiner Perspektive mehr oder weniger unschuldige, meist ältere Frauen und Männer. Ich fand mich in einem Dilemma, denn es war mir hier zum ersten Mal nicht möglich, die Handlungsweisen der Menschen, mit denen ich zusammenarbeitete, zu akzeptieren und zu rechtfertigen. Ich sah mich gezwungen, vor allem ihre Opfer zu verteidigen und die Praktiken der katholischen Hexenjagden publik zu machen. Damit aber geriet ich in eine höchst widersprüchliche und eigentlich kaum haltbare Position.

8

Bereits in Kampala lernte ich Jacinta Kabageny kennen, eine gläubige Katholikin von etwa fünfzig Jahren, die an der Makerere-Universität Linguistik studiert hatte und sich sehr für die eigene Kultur in Tooro interessierte. Sie war bereit, mit mir zusammenzuarbeiten. Ursprünglich wollte sie, wie sie mir erzählte, Nonne werden, entschied sich dann aber für den weltlichen Beruf der Lehrerin. Sie arbeitete an einer Oberschule in der Nähe von Fort

Portal und war nicht verheiratet, führte jedoch einen großen Haushalt, weil sie die Sorge für (durch Aids) verwaiste Kinder aus ihrer Großfamilie übernommen hatte. Sie war äußerst liebenswürdig und höflich, immer korrekt gekleidet und achtete darauf, dass ich ebenfalls den züchtigen katholischen Standards entsprach. Wir trugen keine Hosen, sondern weite lange Röcke und zugeknöpfte Blusen. Jacinta übersetzte hervorragend, teilte großzügig ihr umfangreiches Wissen mit mir und führte mich in ihr soziales Netzwerk ein. Wenn wir zusammen in Fort Portal und Umgebung unterwegs waren, trafen wir oft auf ehemalige Schüler, die angelaufen kamen, um ihre beliebte und geschätzte Lehrerin zu begrüßen. Zusammen besuchten wir Katholiken, aber auch Protestanten und Muslime in ihren Wohnungen und führten offene Interviews, manchmal im lokalen Lutooro, meist aber in Englisch. Wir nahmen an kirchlichen Veranstaltungen, katholischen Heilungszeremonien und informellen Treffen teil. Jacinta bestimmte im Wesentlichen die Richtung meiner Forschung. Sie dachte mit, wenn wir über den Forschungsverlauf sprachen, und machte Vorschläge. Ohne sie, ihre großzügige Hilfe, Kompetenz und Freundschaft hätte ich meine ethnografische Arbeit nicht durchführen können.

Wenn Jacinta in der Schule arbeitete, sprang ihre jüngere Schwester Teddy Kabatoro für sie ein, die ansonsten alleinstehend für ihre vier Kinder sorgte. Ich blieb also in der Familie, lernte auch den Vater, eine weitere Schwester sowie einen Bruder kennen. Mit jeder neuen Begegnung, mit jeder neuen Bekanntschaft und Freundschaft, die sie vermittelten, öffneten sich neue Wissens- und Forschungsfelder, neue Argumente, ein anderer Blick, ein anderes Leiden und manchmal auch überraschende Heilsversprechen.

Gleich bei unserer ersten Begegnung gaben mir Jacinta und Teddy einen Kosenamen. In Tooro gibt es einen festen Bestand von elf Kosenamen, die sich auf die gesamte Bevölkerung verteilen. Nur der König verfügt über einen Kosenamen, der allein ihm gehört. Die anderen zehn gehören allen, und sie vereinfachen die Kommunikation in einer sehr hierarchischen Gesellschaft. Sie bringen Respekt und Zuneigung zum Ausdruck, unabhängig von Klasse, Status und Alter. Wie Jacinta mir erklärte, ist der Besitz eines Kosenamens die Voraussetzung dafür, dass man begrüßt werden kann, also kein Fremder bleibt. Ohne diesen Namen ist man eine Unperson. Lehnt ein Fremder einen Kosenamen ab, wird das als ein Akt der Feindschaft interpretiert.

Jacinta und Teddy gaben mir den Namen »Akiiki«, den auch Jacinta trug. Namentlich wurde ich ihr Doppel, was zu zahlreichen kleinen, meist witzigen Verwirrungen führte. Rief jemand »Akiiki«, fühlten wir uns beide angesprochen, sahen einander fragend an, lachten und Jacinta klärte, wer von uns beiden gemeint war.

Wie ich etwas später erfuhr, war das Tragen von Kosenamen in Tooro jedoch problematisch geworden. Traditionalisten und radikale Christen führten eine heftige Debatte, die auch im lokalen Radiosender Voice of Tooro ausgetragen wurde. Während radikale Katholiken wie Protestanten die eigenen Traditionen als »satanisch« ablehnten und damit auch die Kosenamen, die sie mit »paganen« Geistern assoziierten, sah die gemäßigte Gegenseite sie als Teil der eigenen Kultur, die sie schätzten und bewahren wollten. Dass Jacinta und Teddy mir einen Kosenamen gaben, machte also nicht nur meine Eingliederung möglich, sondern war auch ein religiös-politisches Statement. Wie andere Intellektuelle gehörten sie zu den Frauen und Männern, die die eigene Tradition nicht grundsätzlich als satanisch ablehnten, sondern stattdessen eine Fusion aus alter Religion und Christentum anstrebten.

Zu den gemäßigten Katholiken, mit denen mich Jacinta zusammenbrachte, gehörte auch Lazarus Rubongoya, ein damals etwa fünfundsechzigjähriger stattlicher älterer Herr. Er hatte an der London School of Economics Linguistik studiert und war ein Kenner der Sprache, Kultur und Geschichte Tooros. Er hatte bereits mehrere Bücher, darunter auch eine Grammatik, in der lokalen

Sprache verfasst und war ein hoch angesehener Gelehrter, der sich in Debatten gerne zu Wort meldete. Als ich ihn kennenlernte, befand er sich bereits im Ruhestand und lebte eher zurückgezogen mit seiner großen Familie im Karambi Subcounty, nicht weit von Fort Portal entfernt.

1982 hatte Rubongoya eine »cultural group« von älteren Männern und Frauen gegründet, die sich regelmäßig trafen und seine Texte über Kultur, Geschichte und Sprache diskutierten, um einen Konsens darüber herzustellen. Anfangs behielt Rubongoya mir und meinen Fragen gegenüber eine gewisse Zurückhaltung. Er hütete sich, Leuten wie mir, die bei ihm abschreiben oder stehlen konnten, zu viel zu sagen. Erst als ich ihm anbot, eine von ihm verfasste Ethnografie zu veröffentlichen, wurde er zugänglicher und stand mir mit Rat und Tat zur Seite. Ich hatte 1998 in Anlehnung an Michel Leiris' Forderung, dass Afrikaner zurückschreiben sollten, die Publikationsreihe »Afrikaner schreiben zurück« gegründet. In diese Reihe nahm ich *Naaho Nubo. The Ways of our Ancestors* auf, einen Text, in dem Rubongoya die von radikalen Christen als satanisch diffamierten Traditionen in Tooro verteidigte und sie mit dem Verweis auf das Alte Testament legitimierte. Die VolkswagenStiftung finanzierte die Publikation, und über die deutsche Botschaft gelangte die erste Auflage nach Uganda. Als die Bücher 2003 eintrafen, organisierte Rubongoya ein großes Fest. Zahlreichen eingeladenen Würdenträgern, VIPs und einem breiten Publikum stellte er stolz sein Werk vor.

Lazarus Rubongoya starb am 6. April 2015 im Alter von 92 Jahren. Sein ältester Sohn Deo Katekere Rubongoya schrieb mir, der Tod seines Vaters sei ein guter Tod gewesen, und schickte mir Fotos, auf denen dieser zusammen mit Präsident Museveni und einer riesigen, zweistöckigen Sahnetorte abgebildet war.

Über Jacinta lernte ich auch Yosoni Kyamulesire kennen, einen fast blinden alten Mann, der 1999, als ich ihn zum ersten Mal traf, 110 Jahre zählte. Er gehörte der anglikanischen Kirche an und lebte etwas außerhalb von Fort Portal auf dem Gehöft eines seiner Söhne. Der Sohn hatte ihm auf dem Gelände ein eigenes kleines Haus gebaut. Dort standen sein Bett, ein Schreibtisch und in einem Holzregal seine Bücher. Hier trafen wir uns regelmäßig.

Wie Rubongoya, so interessierte sich auch Yosoni für die eigene Geschichte und Kultur. Trotz seines Alters hatte er ein vorzügliches Gedächtnis und erinnerte sich zum Beispiel an die schrecklichen Epidemien – Windpocken, Schlafkrankheit und Rinderpest –, die während seiner Kindheit Tooro heimgesucht und damals zu einer vergleichbaren Krise geführt hatten wie Aids in den 1990er-Jahren. Rubongoya und Yosoni verdanke ich Einsichten in den besonderen historischen Prozess der Diabolisierung der afrikanischen Religion in Tooro. Als anglikanische Missionare gegen Ende des 19. Jahrhunderts nach Tooro kamen, gelang es ihnen, den damaligen König zum Christentum zu bekehren. Von seinen Untertanen verlangte dieser, dass sie seinem Beispiel folgten. Diejenigen, die sich weigerten zu konvertieren – das waren vor allem religiöse (pagane) Experten, Heiler und Geistmedien –, ließ er verfolgen, bestrafen, manchmal sogar töten oder aus dem Königtum verbannen. In gewisser Weise begann damals die radikale Ablehnung der eigenen Religion, wie sie dann in den 1990er-Jahren von der Gilde der Ugandischen Märtyrer und anderen radikalen christlichen Gruppen wieder aufgenommen wurde.

Wenn wir Yosoni besuchten, saß er bereits wartend vor seinem Schreibtisch. Kamen wir zu spät, rügte er uns. Meist war er gut gelaunt und bestens vorbereitet. Dann schlug er die Fragen vor, die ich ihm stellen sollte. »Frag mich heute über die Könige von Tooro aus«, sagte er. »Hast du einen Stift zum Schreiben?«

Wenn Yosoni ein Thema sehr am Herzen lag, vergewisserte er sich, dass ich es auch richtig aufschrieb. Dann musste ich seine Angaben wiederholen. Er überprüfte gewissenhaft den Transfer des Wissens, das er mir schenkte. Hatte ich alles richtig gemacht, dann lächelte er zufrieden.

9

Um die Figur des Kannibalen[16] in Tooro besser zu verstehen, begann ich, mich mit Nahrung, Einverleibung, Essen und Gegessen-Werden zu beschäftigen. Denn Gesellschaften, soziale Klassen und Gemeinschaften definieren sich wesentlich über das, was sie essen und trinken und was nicht. Der Austausch von Nahrung (oder die Verweigerung) bestimmt, ob man sich verbindet, trennt, reinigt, befleckt oder tötet. Das Verteilen sowie das Zurückhalten von Nahrung, das Schließen und Öffnen des Körpers sowie das Füllen oder Leeren von Bäuchen sind Techniken der Macht, die überall auf der Welt in unterschiedlicher Weise Subjekte formen, Könige und Untertanen, Männer und Frauen, Junge und Alte.

Der Akt des Essens setzt voraus, dass etwas Essbares vorhanden ist, etwas, das einverleibt, verdaut und (teilweise) ausgeschieden wird. Dieses Etwas ist Teil der äußeren Welt, das im Akt der Einverleibung die Grenzen zwischen Innen und Außen verschiebt. Der Leib dehnt sich aus, um mit dem Einverleibten eine verlorene Einheit wiederherzustellen oder um das Einverleibte zu zerstören. Diese beiden entgegengesetzten Strebungen finden sich auch im Kannibalismus wieder, als Einverleibung eines anderen aus Liebe, um eins mit ihm zu werden, und als aggressive Einverleibung, um zu töten und zu vernichten. In der Kosmologie Tooros, die ich aus einer frühen Ethnografie des Missionars John Roscoe[17] von 1923 und anderen Quellen rekonstruieren konnte, waren die Essenden sowie das Gegessene Teil einer gesellschaftlichen Maschine der Vernichtung sowie der Regeneration und Reproduktion. Eingebunden in den Austausch von Flüssigkeiten – Wasser, Milch, Samen, Blut und Bier – und fester Nahrung in kosmische Kreisläufe, aßen und tranken Personen, Objekte, Tiere und Pflanzen und wurden ihrerseits gegessen und getrunken, einverleibt und ausgeschieden, um erneut recycelt zu werden. Essen und Gegessen-Werden setzten nicht nur soziale Grenzen oder lösten sie auf, sondern das Gegessene (oder Getrunkene) erzeugte im wahrsten Sinn des Wortes auch die verschiedenen sozialen Personen. So aß der König ganz besondere Speisen, die nur er erhielt. Er war Teil der Gesellschaft und stand doch außerhalb von ihr, weil er seine Mahlzeit allein einnahm; dabei durfte er nicht angesehen werden. Er trank regelmäßig die Milch von »heiligen« Kühen, die nur ihm gehörten. Wie mir der bereits erwähnte englische Ethnologe John Middleton erzählte, der in den 1950er-Jahren in Uganda arbeitete und mit dem damaligen König Rukidi befreundet war, brachte ein Diener dem König das vorgeschriebene Glas Milch sogar in eine Londoner Bar. Milch (und nicht Whiskey) war der Stoff, aus dem der König bestand (oder bestehen sollte), ebenso wie die Mitglieder der pastoralen Klasse, während die Bauern als »Gemüse« galten und Kuhmilch ihnen in vorkolonialer Zeit weitgehend verwehrt war.

Milch oder auch andere Nahrungsmittel wurden bewusst eingesetzt, um sozialen Transformationen eine körperliche, substanzielle Dimension zu geben. So wurde ein junges Mädchen, das einem Mann aus einem anderen Clan versprochen war, bereits Jahre vor der Heirat mit Milch aus dem Clan des zukünftigen Mannes gefüttert, damit sie physisch und damit substanziell bereits Mitglied des Clans wurde, bevor die Ehe vollzogen war. Sie wurde, was sie trank, nämlich rundlich, fett und schön. Sie wuchs in der Substanz, die sich in ihrem Körper ansammelte, in den ehemännlichen Clan hinein.

Als Linguisten führten Jacinta und Rubongoya mich in die reiche Semantik von Essen – *ku-lya* auf Lutooro – und Gegessen-Werden ein. So schließt das semantische Feld von *ku-lya* auch Sex mit ein. Ein Mann »isst« eine Frau, das heißt, er hat Sex mit ihr und füttert das Kind in ihrem Leib mit seinem Samen. Sex ist eine Form der Einverleibung, wenn auch nur eine partielle. Auch in vielen anderen Gesellschaften inner- und außerhalb Afrikas werden Sex und Essen als homolog gesehen und in vielfältiger Weise miteinander verbunden, in Vorschriften wie in Verboten.

Auch Geistbesessenheit, das Eindringen eines Geistes in den Körper seines Mediums, wird als eine Form der Einverleibung verstanden und manchmal die Beziehung zwischen Geist und Medium sexualisiert. *Ku-lya* hat auch politische Konnotationen und kann »Zugang zur Macht« bedeuten. Der vorkoloniale König von Tooro musste »das Königtum essen«, um an die Macht zu kommen. Im Ritual der Inthronisation verleibte er sich die Körpersäfte seines Vorgängers (und Vaters) ein und garantierte damit die Kontinuität.

Yosoni erzählte mir von einem Ritual, das »Freundschaft essen« genannt wird. Mit Fremden tauschten die Bewohner Tooros Kaffeebohnen und Blut und machten sie so zu Blutsbrüdern. Um einem Fremden die Fremdheit zu nehmen, schenkte man ihm nicht nur einen Kosenamen, sondern auch eine Kaffeebohne, die in das Blut des Gebers getaucht war. Umgekehrt tunkte der Fremde eine Kaffeebohne in sein Blut und gab sie seinem Gegenüber. Dann verschluckten beide die Kaffeebohne des je anderen. Mit den Bohnen ging ein Transfer von Blut einher und stiftete eine wahrhaft substanzielle, eine quasi verwandtschaftliche Verbindung. Der katholische Priester Tadeus Balinda sah in dieser Praxis, wie er mir sagte, auch eine lokale, vorchristliche Variation der Eucharistie. Um seinen Schülern Bedeutung und Funktion des Abendmahls zu erklären, griff er auf die vorkoloniale Institution der Blutsbrüderschaft zurück.

Doch der Austausch von Blut und Kaffeebohnen und damit die Stiftung einer quasi verwandtschaftlichen Bindung waren, wie Yosoni erläuterte, nicht unbedingt verlässlich. Die Ursprungsmythen des Königtums berichteten immer wieder von Verrat, weil zum Beispiel ein König nicht sein eigenes Blut, sondern das eines Dieners verwendet hatte, sodass der Bund nicht verbindlich war.

Auch mir überreichten manchmal Frauen und Männer, meist Traditionalisten, beim ersten Besuch Kaffeebohnen – allerdings ohne Blut – als eine Art Gastgeschenk, das mir die Fremdheit nehmen sollte und mich als Gast anerkannte. Wie in den Tugenbergen so diente auch in Tooro das gemeinsame Essen, der Austausch von Nahrung, als Integrationsmaschine.

Ku-lya hat jedoch nicht nur positive Konnotationen. Jemanden essen heißt auch ihn ausbeuten, angreifen, verletzen, zerstören und vernichten. Auch Hexerei ist eine Form des zerstörerischen Essens, eine exzessive Art und Weise, einer anderen Person zu schaden.

In der lokalen Sprache »essen« Unglück, Kriege, Krankheiten und Epidemien ihre Opfer, töten und vernichten sie. Wie sich im Verlauf meiner Forschung herausstellte, haben die Bewohner von Tooro in den letzten zweihundert Jahren die vielen Mächte, die von außen in ihre Welt eindrangen, im Idiom des Essens und Gegessen-Werdens interpretiert. Auch die Gewalt, die sie während der Kolonialzeit erleiden mussten, wurde im Idiom des Gegessen-Werdens und des Kannibalismus zum Ausdruck gebracht. In der Krise der 1990er-Jahre erlebte dieses Idiom eine Ablenkung nach innen und eine Art Hypertrophie: Menschen, die Menschen fraßen, waren überall.

Ich muss betonen, dass die Figur der kannibalischen Hexe nicht auf Tooro beschränkt war; sie hat eine transnationale Geschichte und globale Dimension mit je nach Situation unterschiedlichen Intensitäten. Sie taucht in Variationen auch in Europa sowie in anderen Regionen Afrikas auf, zum Beispiel im Kongo, in Südafrika, in Kamerun oder, vermittelt durch den transatlantischen Sklavenhandel, in Haiti.

10

Jacinta und Teddy führten mich in ein »begeistertes« und charismatisch höchst aufgeladenes Milieu mit eschatologischen und auch apokalyptischen Zügen ein. Priester der Diözese erzählten uns, dass täglich vor allem Frauen zu ihnen kämen, um von ihren Visionen, Träumen und Prophetien zu berichten. Sie hofften auf offizielle Anerkennung ihrer Eingebungen, die jedoch nicht gewährt wurde.

Eine christliche Ritualisierung des Alltagslebens fand statt, das die Grenzen zwischen kirchlichem Raum und Heim auflöste. Die katholischen Wohnungen, die wir besuchten, waren mit kleineren oder größeren Altären ausgestattet, die mit Plastikblumen und Kerzen geschmückt waren; überall hingen oder standen christliche Bilder und Kreuze. Auch ich trug dazu bei und brachte meinen Freunden aus dem Souvenirladen am Kölner Dom dramatische Hologramme mit, die sie sehr schätzten. Auf einem der Vexierbilder verwandelte sich zum Beispiel Jesus (etwas inzestuös) in seine Mutter und wieder zurück; auf einem andern trug er eine Dornenkrone und hielt die Augen geschlossen, bewegte man das Bild, dann öffnete er sie und Blut tropfte auf Stirn und Wangen.

Während die etablierten Kirchen versuchten, die Krise und vor allem die Aidsepidemie auch als Strafe Gottes zu erklären, und an die individuelle Verantwortung der Einzelnen appellierten, ihre Sünden zu gestehen und zu sühnen, sahen sich die meisten Christen von außen kommenden, drohenden satanischen Mächten ausgeliefert. Sie nahmen sich nur begrenzt als selbstverantwortliches christliches Subjekt mit einem nach außen geschlossenen Körper wahr. Sündig zu sein hieß, sich offen und ungeschützt den Angriffen diabolischer Mächte auszuliefern; ein (utopischer) Zustand ohne Sünde versprach dagegen Gesundheit und Schutz.

Im Angesicht der Epidemie bemühten sich viele Bewohner Fort Portals, aus der Quelle ihrer Verzweiflung heraus eine neue Ordnung zu erfinden und mit unterschiedlichen christlichen Lebensentwürfen zu experimentieren. Viele fromme Katholiken folgten einem rigiden asketischen Regime; sie beteten wie Muslime zu festgelegten Zeiten, vor allem nachts, und lehnten westliche Waren und Medien wie Radio und TV als des Teufels ab. Sie unterwarfen sich rigiden Speise- und sexuellen Tabus und versuchten ein bescheidenes Leben zu führen, indem sie sich den Versuchungen der Moderne verweigerten. Im Gegensatz dazu sahen andere gerade in den modernen Medien eine Möglichkeit, ihr Christentum mit anderen Gläubigen in Uganda und auf der ganzen Welt zu teilen und sich auszutauschen. Ihr Erfindungsreichtum war beeindruckend. In von Gott gesandten Träumen und Visionen sahen sich Frauen beauftragt, heilige Erde als Mittel gegen Aids zu verteilen, oder verstanden sich als Verkörperung von Jesus oder der Jungfrau. Der Katholik Dosteo Bisaka ging so weit, aufgrund einer göttlichen Eingebung die heilige Trinität zu einer »Quaternität« zu erweitern. Der Vierte im Bund war er selbst. Das ging der Kirche zu weit; Bisaka kam ins Gefängnis und wurde exkommuniziert. Das hinderte ihn jedoch nicht daran, eine sehr erfolgreiche Kirche aufzubauen und seine eigene Bibel zu schreiben. Nach einer weiteren göttlichen Eingebung kehrte er zur Trinität zurück, indem er Jesus (als weißen Mann) hinauswarf und sich selbst an dessen Stelle setzte.

Überhaupt begegnete mir die Dreifaltigkeit und damit die Zahl Drei immer wieder, gerade auch im banalen Alltagsleben. Fromme Mütter forderten ihre Kinder auf, »für Gott zu essen« und drei Happse zu nehmen, einen für Gott Vater, den zweiten für den Sohn und den dritten für den Heiligen Geist. Und ein frommer Vater verhaute seinen ungezogenen Sohn »im Namen Gottes« und gab ihm drei Schläge.

11

Die meisten Mitglieder der Gilde – die Mehrheit waren Frauen – hatten erst kürzlich ein spirituelles Erweckungserlebnis gehabt, das sie veranlasste, ihrem bisherigen Leben nach charismatischem oder pfingstlerischem Vorbild eine neue Richtung zu geben. Sie hatten nur geringe Schulbildung und waren meist arm. »Gegen den toten Buchstaben« aktivierten sie den Heiligen Geist und griffen dabei auf christliche ekstatische Praktiken wie Zungenreden, Visionen, Auditionen, Exorzismus und uneingestanden auch auf die eigene lange lokale Tradition von Geistbesessenheit zurück. Denn zum Bruch mit dem alten Leben gehörte ja die radikale Ablehnung der eigenen religiösen Traditionen, die nun als satanisch bekämpft wurden.

Einige Mitglieder der Gilde fühlten sich direkt vom Heiligen Geist ermächtigt, das Böse in Gestalt von Hexen und Kannibalen zu erkennen, zu bekämpfen und zu heilen. Während in der Holy-Spirit-Bewegung der Alice Lakwena der Heilige Geist in viele Geister aufgespalten war, die allein Alice als ihr Medium heimsuchten, blieb der Heilige Geist unter den Mitgliedern der Gilde als alleinige, einzigartige Macht erhalten, die aber potenziell alle Mitglieder in Besitz nehmen konnte. In der katholischen Kirche in Tooro und insbesondere in der Gilde wurde der Zugang zum Heiligen Geist demokratisiert.

Dem Präsidenten der GUM, Lawrence Kasaija, der Anfang der 1990er-Jahre das Amt übernommen hatte, gelang es, der Laienorganisation Aufmerksamkeit, Popularität und Macht zu verschaffen. Er hatte, wie er mir erzählte, vor seinem Amtsantritt als Boxer gearbeitet und Soldaten der Regierungsarmee trainiert. Dann traf ihn ein klassisches Berufungserlebnis, ausgelöst durch eine existenzielle Krise. Er erkrankte ernsthaft und konnte nicht mehr boxen; kein Arzt oder Heiler konnte ihm helfen. In diesem erbarmungswürdigen Zustand der Hilflosigkeit und Schwäche begegnete er Mitgliedern der GUM und bat sie, für ihn zu beten. Als sie das erste Gebet sprachen, spürte er eine starke Bewegung seines Herzens und eine wunderbare Macht hob ihn empor. Er schwebte über den Köpfen der Anwesenden, und eine Stimme sprach zu ihm, dass er predigen solle. Als er sich entschied, der Stimme zu gehorchen, sank er langsam wieder zu Boden und war geheilt. Er gab sein bisheriges Leben auf. Dem Muster des »verwundeten Heilers« folgend, trat er der Gilde bei und wurde bald ihr Präsident und ein bekannter Heiler.

Neben Kasaija arbeiteten wir auch mit Silvano Bahemuka zusammen, der »Dr. Bimji« nach einem erfolgreichen indischen Arzt genannt wurde. Bereits sein Großvater war ein berühmter »traditioneller« Heiler gewesen. Sein Vater, der zum Christentum konvertiert war, hatte heimlich des Großvaters Tasche mit allen Utensilien der Heilkunst und Divination versteckt und übergab sie seinem Sohn. Neben dieser Tasche übernahm Dr. Bimji auch einige Geister seines Großvaters und wurde ein mächtiger, erfolgreicher Heiler und Wahrsager. Doch dann begann einer der 22 ugandischen Märtyrer ihn in seinen Träumen zu besuchen, und »die katholische Religion drang tief in ihn ein«. Er verbrannte die geerbte Tasche und verwandelte sich in einen »reinen Katholiken« und später in den Sekretär der GUM. Als Konvertit trat er nun öffentlich auf, um die Tricks und Betrügereien seiner ehemaligen Kollegen zu enthüllen. Als »Ex-Witch-Doctor« führte er die »Supermacht« der katholischen Kirche vor Augen, die stärker war als die der traditionellen Heiler. Dr. Bimji sah sich als Aufklärer, der die »satanischen« Machenschaften seiner früheren Kollegen enthüllte und so zur Glaubwürdigkeit der Gilde und ihrer katholischen Heilmethoden beträchtlich beitrug. Er kritisierte ihre Hexerei, um auf die mächtigere christliche Magie zu verweisen, und verriet die Geheimnisse der »traditionellen« Heilkunst, um mit der Vergangenheit ein für alle Mal zu brechen. Seine ehemaligen Kollegen hassten ihn. Wann immer ein Unglück ihn ereilte, er vom Fahrrad fiel oder seine Tochter erkrankte, nahm er es für eine hexerische Attacke seiner Gegner. Dann betete er leidenschaftlich die ganze Nacht. Der katholische Gott und sein Geist hatten ihn bisher beschützt, erklärte er.

Ein weiterer Protagonist der GUM war Richard Potthast, ein etwa fünfzigjähriger katholischer Priester, der 1967 aus Texas nach

Tooro gekommen war und sich außerhalb von Fort Portal in Kyarusozi niedergelassen hatte. Dort hatte er ein einsames Leben geführt und kaum Seelen gerettet. Die Leute kamen zu ihm, so erzählte er, weil sie Geld oder Medikamente brauchten – der katholische Gott und ihr Seelenheil interessierte sie wenig. Auf einem Heimaturlaub erfuhr er zum ersten Mal von der charismatischen Erneuerung innerhalb der katholischen Kirche und schloss sich ihr an. Nach Tooro zurückgekehrt stellte er fest, dass auch hier bereits Priester und Laien der charismatischen Bewegung angehörten.

Ich hatte erwartet, in diesem Priester einen Kritiker der Kannibalenjagden zu finden. Das Gegenteil war der Fall. Wie Jacinta und andere mir erzählten, gehörte er zum harten Kern der Charismatiker und hatte zusammen mit der GUM die ersten katholischen Hexenjagden angeführt. Seine Berufungsgeschichte, die er auch in einer lokalen Zeitschrift veröffentlichte, folgte – wie jene Kasaijas – dem Muster des »verwundeten Heilers«. Nachdem kannibalische Geister ihn angegriffen und ihm durch ein Medium erklärt hatten, dass sie ihn fressen wollten, erkannte er sich als Vorkämpfer eines spirituellen Krieges, eines dramatischen Kampfes auf Leben und Tod. Mit Gottes Hilfe heilte er Kranke und sorgte, wie »traditionelle« Wetterpropheten, für Regen. Er war erfolgreich, und die Kirche in Kyarusozi füllte sich. Ältere Priester aus dem Klerus waren zwar mit seinem Treiben nicht einverstanden und kritisierten ihn, da aber der Bischof ihn und die GUM unterstützte, blieb die Kritik erst mal ohne Folgen. Zusammen mit anderen Mitgliedern verwandelten Potthast, Kasaija und Dr. Bimji die GUM in eine militante Bewegung, »die sich in einem permanenten Kriegszustand« befand, und organisierten die ersten »Kreuzzüge«.

Die ersten Kreuzzüge, die vor meiner Ankunft in Tooro stattgefunden hatten, waren sehr gewalttätig. Mir wurde erzählt, dass die katholischen Hexen- und Kannibalenjäger im Dorf Kabende 1997 eine ältere protestantische Frau als notorische Kannibalin erkannt hatten. Sie verwandelte sich in eine schwarze Katze. Mitglieder der

Gilde fingen die Katze und begannen, sie zu verbrennen, doch sie wechselte ihre Gestalt, wurde wieder menschlich und musste mit schweren Brandwunden ins Krankenhaus gebracht werden. Sie verklagte die Gilde, und einige von ihnen, darunter auch Kasaija, kamen ins Gefängnis. Nach diesem Zwischenfall verbot die katholische Kirche zunächst weitere Kreuzzüge. Zwei Jahre lang lernten die Mitglieder der GUM in Workshops Bibelfestigkeit und den gewaltlosen Umgang mit Hexen und Kannibalen. Erst danach brachen sie zu neuen Kreuzzügen auf.

In dieser Zeit erfanden sie ein Reinigungsritual, das ihnen ermöglichte, die ausgegrenzte, stigmatisierte Person wieder zu integrieren. Waren die Hexe oder der Kannibale bisher der radikal Andere, der nicht assimiliert werden konnte, so wurden sie nun nach ihrem Geständnis öffentlich exorziert, gereinigt und geheilt. In einem spektakulären Geistertheater wurde den satanischen Geistern für eine bestimmte Zeit erlaubt, ihre Stimme zu erheben und ihre Macht über den Körper des Mediums vor Augen zu führen; dann wurden sie vertrieben. Die Katharsis funktionierte. Nach der Vertreibung und Reinigung erhielt der Ex-Kannibale das Abendmahl, und die Dorfbewohner nahmen ihn wieder auf.

Wie auch in vielen anderen Regionen der Welt griffen die Mitglieder der GUM auf Praktiken der Geistbesessenheit und des Exorzismus zurück, die von vielen Gläubigen in Europa, Asien und Amerika als erstrebenswert angesehen werden. Gegen die zunehmende Rationalisierung einer globalisierten Lebenswelt setzen sie auf körperliche Entgrenzung, auf Katharsis und Begeisterung, auf das Orgiastische, den Verlust von Kontrolle, Bewusstsein und Verantwortung.

Es gelang der Gilde, zahlreiche an andere Kirchen verlorene Seelen zurückzugewinnen. Hatte sie Ende der 1980er-Jahre etwa dreißig Mitglieder, so waren es 2002, wie mir Kasaija stolz berichtete, über zehntausend. Er sagte auch, dass bisher kein aktives Mitglied der Hexerei oder des Kannibalismus angeklagt worden sei. Mitgliedschaft in der GUM garantierte also einen gewissen Schutz. Die Gilde eröffnete einen sozialen Raum, eine Art *communitas* (im Sinn von Victor Turner), die frei war von Hexerei und zumindest in den ersten Jahren auf Solidarität und wechselseitigem Vertrauen gründete.

Wie in anderen Regionen, so führte auch in Tooro das christliche Revival nicht zu einem Ende der Hexerei, sondern erzeugte im Gegenteil neue katholische Formen, die Satan zum Herrn und Meister von Hexern, Hexen und Kannibalen erklärten. Im Gegenzug erschienen der christliche Gott und vor allem der Heilige Geist als eine Art Superhexer, der im Kampf gegen das Böse (fast) immer den Sieg davontrug.

Die meisten Katholiken, mit denen ich sprach, unterstützten die Hexen- und Kannibalenjagden der GUM. Sie sahen in der dramatischen Inszenierung der Aufdeckung des Bösen eine Befreiung, Reinigung und Heilung, die, wie Yosoni und Rubongoya mir beibrachten, gar nicht unbedingt neu war, sondern an Praktiken aus vorkolonialer Zeit anschloss. Damals war es Aufgabe des Königs gewesen, einmal im Jahr das Land vom Bösen zu reinigen. Frauen oder Männer, die von mindestens drei Personen als Hexe identifiziert worden waren, wurden öffentlich hingerichtet, von einem Felsen gestürzt oder in trockene Bananenblätter eingewickelt und verbrannt. Während der Kolonialzeit verbot die Verwaltung Hexenjagden und rettete damit zahlreichen Menschen das Leben. Erst in postkolonialer Zeit, seit Beginn der 1990er-Jahre, fanden wieder Hexenjagden statt, jetzt organisiert von der katholischen Kirche.

12

Immer wieder lud Lawrence Kasaija mich ein, an den Kreuzzügen der GUM teilzunehmen. Ich lehnte ab, weil ich durch meine Präsenz die Legitimität der Hexenjagden nicht bestätigen wollte.

Ich änderte jedoch meine Haltung, als mich 2002 der Künstler und Videomacher Armin Linke zusammen mit seiner Frau Margret Köll in Fort Portal besuchte, um einen Film über eine katholische Hexenjagd zu drehen. Ich sah darin eine Möglichkeit, die Aufmerksamkeit der internationalen Öffentlichkeit auf die katholischen Hexenjagden zu lenken. Kasaija zeigte sich interessiert und bat den Bischof um Erlaubnis, die auch gewährt wurde.

Am 24. August fuhren wir frühmorgens aufs Land nach Kyamiaga in Buhesi, wo die Mitglieder der Gilde sich bereits versammelt hatten. Sie sangen, trommelten und beteten, um sich mit der Kraft des Heiligen Geists zu füllen. So gestärkt, wollten sie gegen das Böse kämpfen, vor die Kamera treten, gesehen und gefilmt werden. Sie hatten sich bestens vorbereitet, um ein Bild von sich zu geben, das auch für ein westliches Publikum akzeptabel war. Die Teilnehmer, sogar jene, die von satanischen Geistern ergriffen wurden, agierten gekonnt vor und für die Kamera. Sie nutzten die Präsenz des technischen Mediums, um ihre eigene Bedeutung und spirituelle Macht zu demonstrieren. Sie benutzten uns, um eine Art Werbefilm für die GUM zu drehen. Die Macht der Kamera reflektierend, erschufen sie eine domestizierte, mehr oder weniger gewaltlose Version einer Hexenjagd für lokale und westliche Konsumenten. Der Heilige Geist, der in den Körpern der Hexenjäger wirkte, entdeckte keinen einzigen Kannibalen. Entweder seien sie am Vortag geflüchtet oder aber der bereits erfolgte Kreuzzug der GUM vor sieben Jahren habe so nachhaltig gewirkt, dass in Kyamiaga keine Kannibalen mehr zu finden seien, erklärte Kasaija. Wir waren froh darüber. Doch kannibalische Geister ergriffen einige Teilnehmer des Kreuzzuges, die ihre schrecklichen Taten vor der laufenden Kamera gestanden.

Armin Linke gelang es, einzigartige Bilder aufzunehmen. Wenn Mitglieder der Gilde, »geladen« mit dem Heiligen Geist, die geständigen Hexen und Kannibalen an Kopf, Brust, Bauch, Armen und Beinen berührten, verwandelte sich ihr Körper, ein Bündel aus

Leidenschaften, in eine Oberfläche, die das Böse hörbar und sichtbar machte. Die Berührung zwang die satanischen Geister zu sprechen. Die Stimmen - manchmal von Hunden oder Schweinen, von Rivalen im Beruf oder von eifersüchtigen Frauen und Männern -, die ertönten und ihre Missetaten bekannten, gaben den Anklägern die Befriedigung, die Wahrheit ans Licht gebracht zu haben. Sie sagten, was sonst nicht gesagt werden konnte, benannten Konflikte, Leidenschaften, Neid und Hass und brachten damit die andere - dunkle - Seite von Verwandtschaft, Familie und Nachbarschaft zum Ausdruck. In den zitternden und zuckenden Gliedmaßen, im Schaum vor dem Mund oder in den Konvulsionen des tobenden Leibes offenbarten sich die satanischen Mächte. Mit der geballten Kraft ihrer »Waffen«, mit Kruzifixen, Weihwasser, Rosenkränzen, Gebeten, frommen Liedern und Massagen, vertrieben die Mitglieder der GUM das Böse. Am Ende siegte immer der Heilige Geist.

Während die Frauen und Männer der GUM die Ereignisse für die Kamera inszenierten, trieb Armin Linke sein eigenes Spiel. Weit davon entfernt, nur eine beobachtende Perspektive einzunehmen, brachte er die Kamera als Akteur mit ins Geschehen ein und interagierte mit den Gefilmten. Manchmal ging das so weit, dass die Präsenz der Kamera - wie bei Jean Rouch - das Ereignis schuf.

Wie versprochen gab ich der Gilde eine Kopie des Videos und organisierte eine Vorführung in Fort Portal. Gemeinsam erforschten wir die im Video liegenden Möglichkeiten einer »geteilten Ethnografie«. Die vielfältigen Kommentare und Kritiken halfen nicht nur mir, zahlreiche Aspekte besser zu verstehen, sondern führten auch zu einem langen wechselseitigen Prozess interkultureller Übersetzungen, der die Mitglieder der Gilde als Zuschauer, Produzenten, Regisseure und Cineasten mit einschloss.[18]

13

Nach Abschluss der Dreharbeiten über die Hexenjagd der GUM kamen Armin, Margret, Teddy (Jacinta arbeitete in der Schule) und ich überein, die Gelegenheit zu nutzen und nun im Vergleich zu den christlichen Formen der Geistbesessenheit in der GUM eine »traditionelle« Séance zu filmen.

Ich hatte 1999 mit Jacintas Hilfe den Wahrsager und Heiler Benedikto Kahemura mehrere Male besucht. Er arbeitete als königlicher Trommler und »traditionelles« Geistmedium und wohnte mit seiner Familie in einem etwas heruntergekommenen Gehöft nicht weit von Fort Portal. Er war stolz auf seine Arbeit und sprach gern darüber, ja protzte manchmal mit seiner Macht und erzählte uns, dass sogar Präsident Museveni heimlich nachts zu ihm komme, um sich beraten und »helfen« zu lassen. Obwohl er das Medium verschiedener »paganer« Geister war, die er von seinem Großvater übernommen hatte, war er zum Katholizismus konvertiert. In seinem Haus hingen Bilder vom Gekreuzigten und der Jungfrau Maria.

Ich fragte, ob er Interesse habe, seine Fähigkeiten als Geistmedium filmen zu lassen, und wir vereinbarten einen Termin. Zur Vorbereitung und als Gabe an die Geister, so erklärte er, brauche er allerdings Geld. Er müsse Schnaps kaufen, den seine Geister liebten. Und auch er müsse Schnaps trinken, »to get the powers«. Ich gab ihm das Geld.

Als wir zum verabredeten Termin erschienen, war er nicht da. Seine Frau erklärte uns – leicht verlegen –, dass sie nicht genau wisse, wo er sei. Mit dem Auto und einem seiner Söhne machten wir uns auf die Suche, fanden ihn aber nicht.

Zwei Stunden später, es war bereits dunkel, kam er volltrunken nach Hause. Ich schlug vor, die Filmarbeit zu verschieben, doch er bestand auf der Aufführung des Geistbesessenheitsrituals, wie wir es verabredet hatten. Er rief seine Söhne und einige

Nachbarn zusammen, die sich um ein Feuer versammelten, bastelte sich einen Kopfschmuck aus verschiedenen Pflanzen, trank noch ein Schlückchen und begann, am Feuer sitzend, die Geister zu rufen. Er schüttelte heftig die Rassel und sang dazu verschiedene Lieder, während ein anderer Mann die Trommel schlug und Kinder und Frauen ebenfalls sangen. Er lallte, fiel um, rappelte sich nach einigen Minuten wieder auf, setzte sich aufrecht hin und sang krächzend weiter. Seine Aufführung war offensichtlich eine Farce. Armin filmte sie, und Margret nahm den Ton auf, während ich mir sagte, dass auch diese Aufführung ethnografisch interessant sei, da sie Einblick in eine Situation des Scheiterns erlaube.

Nach etwa einer Stunde schlug die Stimmung um. Ob die Geister über Benedikto kamen oder ob vor allem der Geist des Schnapses ihn grob werden ließ, kann ich nicht sagen. In einer Pause, als Armin die Kassette wechselte, spuckte Benedikto – oder der Geist, der ihn ergriffen hatte – ihm und dann auch Margret ins Gesicht, eine eindeutige Geste der Beleidigung und Verachtung. Wir erschraken, die anwesenden jungen Männer lachten. Teddy riet, so schnell wie möglich zu verschwinden. Wir traten keinen geordneten Rückzug an, sondern sammelten in Windeseile die Geräte ein und flüchteten ins Auto. Höchst unheroisch liefen wir davon und mussten mit anhören, wie die Zurückgebliebenen johlten. Margret hatte vor Schreck vergessen, den Ton auszuschalten, und so wurde unsere unrühmliche Flucht aufgezeichnet. Wir hörten die Tonspur immer wieder ab, aber sie half uns auch nicht, das Geschehene (besser) zu verstehen.

In der Aufregung vergaßen wir ein Kamerastativ. Am nächsten Morgen stärkten wir uns mit einem guten Frühstück und fuhren zum Ort des Geschehens zurück. Mir war gar nicht wohl zumute. Doch Benedikto ließ sich nicht blicken, nur seine Frau begrüßte uns höflich und gab uns das Stativ. Ich habe Benedikto danach nicht wieder aufgesucht.

Wir waren gescheitert, hatten eine drastische Form der Ablehnung erfahren und die Videoaufnahme aus Furcht vor Prügel abgebrochen. Bis heute weiß ich nicht, warum dies passierte. War Benediktos Verhalten ein Protest gegen die Präsenz technischer Medien und gegen die technische Aufnahme, die ihn als Geistmedium in einem anderen Medium fixierte?[19] Wollte er uns und seinen Nachbarn zeigen, welche Macht er hatte? War unser Scheitern sein Erfolg? War sein Handeln ein Akt der Sabotage und des Widerstands, der seinen Ausdruck nicht nur in der versoffenen rituellen Aufführung fand, sondern auch in der Beleidigung seiner Besucher? Doch wie verantwortlich war er überhaupt für sein Benehmen? Gründete seine Widerständigkeit auf der Besessenheit durch einen Geist? Dagegen spricht, dass er seine rituelle Tätigkeit unterbrochen hatte, als er Armin und Margret anspuckte. Oder randalierte er, weil er zu viel getrunken hatte?

Als Medium nicht christlicher Geister gehörte Benedikto zu den Feinden der GUM. Vielleicht war ihm zu Ohren gekommen, dass wir mit ihnen ein Video gedreht hatten; vielleicht fühlte er sich dadurch als paganes Geistmedium angegriffen und von uns verraten.

Tatsächlich sorgte er für ein Schauspiel, das die kolonialen Szenen technischer Überlegenheit verkehrte. Wie bereits im vorherigen Kapitel erwähnt haben nicht nur James Frazer in *Der goldene Zweig*, sondern auch zahlreiche Reisende, Missionare und Ethnologen in ihren Berichten immer wieder beschrieben, wie die »Wilden«, wenn sie mit technischen Apparaten wie der Kamera konfrontiert wurden, panisch davonliefen. Diesmal waren wir die magisch Verblendeten, die glaubten, mit Geld und Technologien könnten wir erreichen, was immer wir wollten. Diesmal waren wir diejenigen, die ängstlich davonliefen.

14

Jacinta war viel zu höflich und diskret, um mich nach meinem Glauben zu befragen. Da ich jedoch ein vertrauensvolles Verhältnis zu ihr aufbauen wollte, fühlte ich mich zur Aufrichtigkeit verpflichtet und erzählte ihr, dass ich (nicht sehr) protestantisch erzogen worden war, dann auf einer katholischen Nonnenschule Abitur gemacht hatte und nach 1968 aus der evangelischen Kirche ausgetreten war. Ich äußerte mit Vorsicht meine Kritik an der Institution Kirche, ihrem Macht- und Herrschaftsanspruch zum Beispiel zur Zeit der Kreuzzüge und der Inquisition. Gleichzeitig versuchte ich aber auch, ihr als gläubiger Katholikin entgegenzukommen, indem ich den Glauben an eine höhere Macht nicht (völlig) ausschloss. In einem mir selbstverständlich gewordenen säkularen Milieu lebend, das sicherlich nicht frei von Gläubigkeit (zum Beispiel an die Wissenschaft) war, beschrieb ich ihr meine eher agnostische Haltung. Vielleicht hat mich der Teufel geritten, als ich mit einem Lächeln den bekannten Voltaire'schen Aphorismus zitierte: »Gott, wenn es einen gibt, sei meiner Seele gnädig, wenn ich eine habe.« Jacinta lächelte nicht, sie fand meine Haltung in keiner Weise amüsant oder lustig. Sie nahm sie hin, aber bewahrte von da an einen gewissen Abstand zu mir. In ihren und den Augen anderer Katholiken hatte ich mich als Ungläubige und, schlimmer noch, als Apostatin zu erkennen gegeben.

Erst im weiteren Verlauf der ethnografischen Arbeit verstand ich, wie stark die Bezeichnung »Ungläubige« im Kontext des christlichen Revivals negativ aufgeladen war. Hatten europäische Missionare im 19. Jahrhundert die Bewohner Tooros, bevor sie konvertierten, als Diener Satans diskriminiert, so erschien ich nun vielen Christen als Vertreterin des Bösen. Ein kategorischer Wechsel der Positionen hatte stattgefunden.[20] Tatsächlich richtete sich der katholische Furor in den Hexenjagden der GUM vor allem gegen Anhänger der »paganen« Religion und erst später gegen andere christliche Denominationen wie etwa die Sieben-Tage-Adventisten. Da meine katholischen Freunde jedoch die Hoffnung nicht aufgegeben hatten, meine Seele zu retten, übergingen sie zunächst mein religiöses Defizit.

Mein Status als Ungläubige hatte zur Folge, dass sie sich nun bemühten, nicht nur andere Sünder, sondern auch mich auf den rechten Weg zu bringen. Vor jedem Interview oder Gespräch musste ich beten, fromme Lieder singen und am Ende eines Interviews vor dem Hausaltar knien. Nicht nur für mich, auch für meine Forschung beteten sie gründlich; sie segneten meine Arbeit, so wie sie auch Autos, Häuser und Geldbörsen segneten. Während ich so einerseits den gütigen Mächten der Kirche überantwortet wurde, machte man mich andererseits immer wieder auf die Existenz böser Mächte aufmerksam, die überall lauerten. Als der katholische Priester aus Texas mich einlud, einem von ihm durchgeführten Exorzismus beizuwohnen, warnte er mich, dass der exorzierte Geist sich meiner bemächtigen könne. Ich erschrak. Es fiel mir schwer, mich gegen diese Form der Inklusion zur Wehr zu setzen, umso mehr, als ich von Katholiken umgeben war, die darauf aus waren, mir die Existenz von satanischen Geistern, Hexen und Kannibalen zu beweisen. Je schrecklicher die Taten Satans und seiner Gehilfen, desto größer und wirkungsvoller erstrahlte die Macht des katholischen Gottes. Insbesondere der texanische Priester sah Satan überall, sogar in einem Frosch, der in die Kirche gehüpft war. Er übergoss ihn mit Benzin und verbrannte ihn.

Ich muss mir heute eingestehen, dass ich in der Frage des (Un-) Glaubens unfähig war, mich mit den Augen meiner katholischen Freunde zu sehen. Ich habe damals nicht erkannt, in welch schwierige Situation ich sie brachte. Denn in der Situation des »internen Terrors« versuchten sie ja gerade, sich durch ihren Glauben zu retten. Sie suchten ihr Heil in einer christlichen Ordnung, die Hexen und Kannibalen Einhalt gebieten und das verloren gegangene Vertrauen zwischen den Menschen wiederherstellen sollte. Als Ungläubige stand ich aus ihrer Perspektive auf der anderen, der falschen Seite. Ich stand ihnen im Weg (zum Heil) und verhinderte, da uns die gemeinsame religiöse Basis fehlte, dass sie mir Vertrauen schenkten.

15

War meine Arbeit über die Holy-Spirit-Bewegung vor allem eine historische Rekonstruktion gewesen, die den Verlierern eine Stimme zu geben suchte, war die GUM zur Zeit meines Aufenthalts weiterhin aktiv. Sie verstand sich als militante Bewegung, die »Kreuzzüge« oder »heilige Kriege« durchführte, um einen inneren Feind zu bekämpfen und die moralische Ordnung wiederherzustellen. Erfüllt vom Heiligen Geist, identifizierten Katholiken in vor allem ländlichen Gebieten andere als Hexen und Kannibalen. Die so Beschuldigten mussten ihre satanischen Hilfsmittel herausgeben und in einer ausführlichen Beichte gestehen, wen sie wie getötet und gefressen hatten. Die öffentlichen Geständnisse bestätigten die Existenz der Hexen und Kannibalen noch einmal mehr und führten zu einer barocken Ausdifferenzierung des kannibalischen Diskurses mit immer neuen fantastischen Details und einer Ausdehnung des verdächtigen Personenkreises. Die identifizierten Kannibalen waren meist ältere Frauen, die eine eher marginale Position in den Dörfern innehatten und wenig Unterstützung von Verwandten und Nachbarn erhielten.

Weil der postkoloniale Staat in Uganda für die Verhaftung und Bestrafung von Hexen und Kannibalen »materielle Beweise« verlangte, die jedoch von den aufgebrachten, sich bedroht fühlenden Bewohnern nicht erbracht werden konnten, ließ die Polizei die vermeintlichen Übeltäter wegen mangelnder Beweise wieder frei. Kehrten sie dann in ihre Dörfer zurück, wurden sie häufig gelyncht. Allein in der Region Kijura, so erzählte mir ein Polizist, steinigten oder verbrannten Dorfbewohner von Januar bis September 2002 fünf des Kannibalismus verdächtigte Personen. Andere Dörfer entwickelten ein »demokratisches« Prozedere: Sie stimmten darüber ab, ob die verdächtige Person ein Kannibale sei und im Ort bleiben dürfe oder nicht. Doch blieb ihr Status auch nach gewonnener Abstimmung unsicher und bei jedem neuen Unglück oder Todesfall musste sie erneut bangen. Lokale Regierung und Polizei erwiesen sich also nur begrenzt als fähig, vermeintliche Kannibalen vor der Lynchjustiz der Dörfler zu beschützen und die Furcht zu mindern, von ihnen getötet und gefressen zu werden. Es war die GUM, die eine in sich widersprüchliche Lösung anbot. Obwohl die Gilde (aus meiner Perspektive) Unschuldige als Hexen und Kannibalen identifizierte, damit deren Realität bestätigte und somit zur Krise, die sie bekämpfte, letztlich beitrug, gelang es ihr doch, Praktiken der Reinigung und Heilung zu entwickeln, die den Gewalttätigkeiten wenigstens Grenzen setzten.

Während die meisten Leute in Tooro die katholischen Hexenjagden begrüßten, weil ihre Feinde entdeckt und nach einer öffentlichen Beichte gereinigt und »unschädlich« gemacht wurden, sah ich in den identifizierten Hexen und Kannibalen Opfer von Neid, Missgunst und den diffusen Ängsten der Ankläger. Obwohl ich zugeben musste, dass auch Anklagen als Heilung fungieren und Rache und Gewalt in Ritualen aufgefangen und begrenzt werden können, konnte ich die allgemeine Akzeptanz der Hexenjagd nicht teilen.

Zudem musste ich mir eingestehen, dass große Anteile der Erfahrung von Katholiken in Westuganda mir verschlossen blieben und Hexerei und (katholische) Magie sich immer dann meinem Verständnis entzogen, wenn ich glaubte, sie verstanden zu haben – so als würde die westliche Rationalität einen Rest erschaffen, der Risse ins ethnologische Unternehmen treibt und dafür sorgt, dass das Ausgeschlossene als eine Art Gespenst zurückkehrt. Diesen Rest konnte ich nur als Grenze markieren, jenseits derer die Effekte der Mächte gefühlt und erlitten wurden.

Ich tat mein Bestes, die lokalen Diskurse auch in historischer Perspektive zu verstehen. Während ich auf der einen Seite das infrage stellte, was für die meisten Katholiken in Tooro selbstverständlich war, nämlich die »Realität« von Hexen und Kannibalen, versuchte ich auf der anderen Seite, Zweifel und Skepsis zurückzudrängen und mich so weit wie möglich auf die lokalen Vorstellungen einzulassen. Ich bemühte mich, zwischen unseren unterschiedlichen Positionen zu vermitteln, und versuchte, Jacinta (mithilfe von Foucault) zu erklären, dass die Differenz zwischen ihren und meinen Ansichten gar nicht so groß sei, dass Diskurse ihren Gegenstand erschaffen und ihm eine eigene Realität geben und dass Hexerei auch für mich sehr reale Effekte zeitigte. Ich hätte auch zugegeben, dass das ethnologische Unternehmen selbst manchmal als eine Art Zauber erscheint, gegen die Effekte, die die Hexerei als intensive Affizierung erzeugt. Es war mir klar, dass Hexerei – wie der Tod – die Grenzen wissenschaftlicher Rationalität überschreitet und als Präsenz des Unbekannten, als Macht, die von woanders herkommt, durchaus anerkannt werden muss. Aber ich konnte nicht akzeptieren, dass die Lücke oder Leerstelle, die ich Zufall nannte, mit dem Namen einer Hexe oder eines Kannibalen gefüllt wurde.

Alle, mit denen ich sprach, insistierten auf der »Realität« der kannibalischen Hexen, auch Rubongoya. Selbst eine angeklagte Kannibalin, die auf ihrer Unschuld bestand, zweifelte die Existenz von Hexen und Kannibalen nicht an. Dieses Beharren auf der Realität von Hexen und mein Versuch, einen anderen Grund für die verbreiteten Ängste zu benennen, ließen sich kaum vereinbaren. Tatsächlich war meine Position nicht neu. Während der Kolonialzeit hatten der Staat und die Missionskirchen die Existenz von Hexen negiert. Wenn jemand eine Person der Hexerei anklagte, konnte es passieren, dass er statt der vermeintlichen Hexe im Gefängnis landete. Dazu kam, dass der koloniale Staat Ordale (wie sie die GUM praktizierte) zur Identifizierung von Hexen verbot. Aus lokaler Perspektive nahm er damit eine Position ein, die Hexen unterstützte und schützte. Da er sich dadurch – wie ich – auf die Seite des Bösen stellte, tauchte in Geschichten immer wieder der Verdacht auf, dass auch die Europäer, die die koloniale Regierung bildeten, selbst Hexen oder Kannibalen seien.

Weder Jacinta noch die Mitglieder der GUM konnten meine Sichtweise akzeptieren. Sie sahen sich als Aufklärer, die mithilfe des Heiligen Geistes das Böse enthüllten und öffentlich machten, während ich als eine Art »Gegenaufklärerin« ihr Bemühen anzweifelte. Ich stand nicht nur auf der falschen Seite, sondern schlimmer noch, ergriff Partei für jene, die aus ihrer Perspektive Leid und Tod verursachten. Damit disqualifizierte ich mich, sie, ihre Praktiken und ihre Realität überhaupt verstehen zu können. Mein Interesse für das Thema und all ihre Anstrengungen, mir dieses näherzubringen, entfernte uns nur noch mehr voneinander.

Überhaupt bemerkte ich viel zu spät, dass mein Interesse für Hexen und Kannibalen nicht nur zur Kenntnis genommen wurde, sondern auch sehr reale Effekte zeitigte. Bereits in Norduganda hatte ich feststellen müssen, dass es ein neutrales, unschuldiges Sprechen über das Thema nicht gibt. Es ist, wie Jeanne Favret-Saada gezeigt hat, niemals nur Kommunikation und Information, sondern immer schon eingebunden in ein Kräftefeld, das die Ethnografin einschließt. So sahen viele Katholiken in meiner Forschung nicht nur eine Akkumulation von Wissen, sondern auch eine Art okkulten Machterwerbs. Es muss meinen katholischen Freunden paradox erschienen sein, dass ich das Thema meiner Forschung als Objekt des Wissens einerseits anerkannte, es andererseits aber ins Feld des Imaginären verwies. Es ist mir in Tooro – im Gegensatz zu meinen übrigen Forschungen – nicht gelungen, ein gemeinsames Vorhaben zu entwickeln, das auch meine Mitarbeiter und Gesprächspartner mit eingebunden hätte – vielleicht mit Ausnahme des Videos, das die Mitglieder der Gilde zur Selbstdarstellung und Werbung nutzen konnten.

Tatsächlich, so sehe ich es heute, ist die Frage nach der »Realität von Hexen und Kannibalen« falsch gestellt. Erst nach Abschluss meiner Forschung lernte ich James Siegel, einen amerikanischen Ethnologen, auf einer Tagung in Berlin kennen und las sein Buch *Naming the Witch* von 2006, das mich sehr beeindruckt hat. Siegel zeigt zum einen, dass die Opposition von Realität und Imaginärem nur Sinn macht, wenn es auch fiktive Genres gibt. Hexen und Kannibalen sprechen in Tooro nicht in der ersten Person. Sie können zwar »ich« sagen, aber dieses Ich ist das Ich eines Anderen, zum Beispiel eines Kannibalengeistes. Der Kannibale ist Täter und Opfer zugleich, weil er von Kräften bewegt wird, für die wir keinen Namen haben.

Zum andern greift Siegel auf das Freud'sche Unheimliche zurück; anstatt nach der »Realität« von Hexern und Kannibalen zu fragen, versucht er zu ermitteln, wann und unter welchen Bedingungen das Heimliche, Heimische und Vertraute ins Unheimliche umschlägt, sodass Menschen, die sich nah sind, dazu gebracht werden, einander zu töten.

16

Um mich von der Realität der Kannibalen zu überzeugen, hatte Jacinta mir gleich zu Beginn unserer gemeinsamen Arbeit von dem bereits erwähnten Priester aus Texas erzählt. Er erlangte eine gewisse lokale Berühmtheit, weil er Geständnisse von kannibalischen Geistern auf Tonband aufgenommen hatte. Wir besuchten ihn im August 1999, und er spielte das Tonband ab. Ich hörte eine verrauschte, etwas krächzende Stimme. Der Priester erklärte mir, dass sie einer älteren Frau gehöre, die von einem kannibalischen Geist besessen sei. Sie sei als notorische Kannibalin bekannt. Zahlreiche kannibalische Geister anderer Personen hätten gestanden, von ihr geschickt worden zu sein. Sie habe viele Leute getötet und gegessen.

Wie bereits erwähnt, hatte ich erwartet, in ihm einen Skeptiker und Kritiker des »Kannibalenglaubens« zu finden, und war mehr als überrascht, dass er die technische Reproduktion der Stimmen für einen Beweis der Existenz von Kannibalen nahm.

Auch scheute er sich nicht, einen Namen zu nennen und damit eine Anklage gegen eine Person auszusprechen, die er mit der Tonaufnahme zusätzlich beglaubigte. Ich hörte die entkörperlichte Stimme einer Frau, die selbst nicht die Chance bekommen hatte, sich zu rechtfertigen. Wenn es stimmt, dass die beste Verteidigung für eine Angeklagte in einem Hexerei-Drama das Geständnis ist, dann wurde ihr diese Möglichkeit vorenthalten.

Auf meine Fragen stellte sich heraus, dass die aufgezeichneten Geständnisse der kannibalischen Geister die alte Frau in sehr reale Schwierigkeiten gebracht hatten. Sie musste um ihr Leben fürchten und verließ Kyarusozi. Erst nach Jahren, nachdem sie sich in einer unabhängigen Kirche einem Reinigungsritual unterzogen hatte, wagte sie die Rückkehr. Wie mir Jacinta erläuterte, erlaubte die Übertragung der Missetaten auf kannibalische Geister die identifizierten Kannibalen als Besessene zu entschuldigen, sie als nicht eigentlich verantwortlich für ihre Taten zu erklären. Da nicht ursächlich böse, weil nicht verantwortlich, konnten sie exorziert, »gereinigt« und »geheilt« werden. Dafür zahlten sie allerdings einen hohen Preis: Um assimilierbar zu werden, mussten sie ihre (vermeintlichen) Taten gestehen und damit ihrer Definition als (böse) Andere zustimmen.

Neben der Tonbandaufnahme spielten noch weitere technische Medien in der GUM eine zentrale Rolle, um die eigene Arbeit zu dokumentieren und, vor allem, um materielle Beweise für die Realität des Bösen zu liefern. Dr. Bimji zeigte uns ein Fotoalbum. Auf den Fotos waren Kochtöpfe abgebildet, in denen Kannibalen das menschliche Fleisch gekocht haben sollten. Auch eine getrocknete Hand war als Nahaufnahme zu sehen; sie sei benutzt worden, um Hirsebier umzurühren. Ein Fotograf hatte nach einer erfolgreichen Hexenjagd in Kijura die mithilfe des Heiligen Geistes entdeckten und dann öffentlich ausgestellten satanischen Objekte aufgenommen. Diese Objekte, die »traditionellen« Heilern vor allem zum Heilen von Kranken dienten, erklärten Katholiken nun zu diabolischen Artefakten, die zerstört werden mussten. Sie wurden vor der Kirche wie in einem Museum der Schande als satanische »Fetische« ausgestellt und verbrannt.[21] Sie bewiesen den Triumph der Katholiken über das Böse und wurden gerne Ungläubigen wie mir gezeigt. Doch da die Existenz der bösen Mächte im ikonoklastischen Akt bestätigt wurde, war die Befreiung von ihnen nur von kurzer Dauer. Alle wussten: Das Böse würde wiederkommen.

17

Zusammen mit Jacinta und Teddy begann ich, Hexen und Kannibalen in Tooro zu erforschen. Dies stellte sich als äußerst schwierig heraus. Denn der Kannibale, den ich verstehen wollte, entwischte uns immer wieder. Glaubte ich ihn gefasst und begriffen zu haben, entzog er sich. Er war überall und nirgends, befand sich stets im nächsten Dorf. Nicht nur für mich, auch für meine katholischen Freunde besaß er die Eigenschaft des Flüchtigen und des schwer Fassbaren. Darin waren wir uns einig. Er war nicht zu greifen, und doch erregte er die Bewohner Tooros in einer Weise, die ich schwerlich nachvollziehen konnte.

Eines Tages kam Jacinta mit der guten Nachricht, sie habe einen Kannibalen gefunden, der bereit sei, mir ein Interview zu geben. Aber kurz vor dem verabredeten Tag sagte er ab. Er führe jetzt ein christliches Leben und wolle nicht über seine Taten sprechen, die Erinnerung daran sei zu schmerzhaft, ließ er uns wissen. Ich bin in Tooro also nie einem Kannibalen begegnet, der von sich gesagt hätte, er sei einer.[22]

Während uns der Kannibale einerseits entwischte, gewann er in den Berichten und Erzählungen zunehmend eine barocke Gestalt, differenzierte sich aus und expandierte in immer neue soziale Räume. In lokalen Medien, Zeitungen und dem Radio, aber auch mündlich verbreitete und wiederholte er sich in immer neuen Variationen. Geschichten kursierten – wie im Kongo – von rollenden, hüpfenden oder zitternden Särgen, die der Kannibale in Bewegung setzte, um den darin liegenden Leichnam zu sich nach Hause zu holen. Teddy berichtete von einem Begräbnis, das in einem Tumult endete, weil der Sarg gewackelt hatte und alle Anwesenden in Panik die Flucht ergriffen.

Auf diese Weise gewann der Kannibale an Realität und nahm eine mehr oder weniger feste Gestalt an. Er hexte zwar wie ein Hexer oder eine Hexe, lebte aber, anders als der klassische Hexer, nicht allein, sondern in kleinen kannibalischen Geheimgesellschaften. Wie der Hexer suchte er sich seine Opfer unter Leuten, die ihm nicht gut waren, mit denen er im Streit lag, die er hasste oder auf die er neidisch war. Er verspeiste aber auch Fremde. Hatte er einen Verwandten getötet, durfte er ihn nicht selbst essen, sondern musste ihn seinen kannibalischen Kollegen übergeben, die wiederum ihn, wenn sie selbst einen Verwandten getötet hatten, im Tausch mit Fleisch versorgten. Das Verbot, Verwandte zu essen, korrespondierte also dem Inzestverbot, Exokannibalismus der Exogamie. Man durfte nur essen, wen man auch heiraten konnte. Ich hörte von einem Kannibalen, der grauenhafte Zahnschmerzen bekam, weil er aus Versehen am Mahl eines entfernten Verwandten teilgenommen hatte.

Ich hatte mir den Kannibalen in Tooro als eine Art Libertin vorgestellt, als jemand, der sich die Freiheit nimmt, alle gesellschaftlichen Regeln zu brechen und zu kannibalisieren, wen und was er begehrt. Doch er war, wie ich feststellen musste, in einem mörderischen Tauschsystem gefangen. Denn die besondere Form des Kannibalismus – des Exokannibalismus – erzeugte eine Asymmetrie, eine Fleischesschuld. Ein Kannibale, der den Verwandten eines anderen Kannibalen verspeist hatte, verschuldete sich. Über kurz oder lang musste er die Schuld begleichen und seinerseits einen Verwandten für das gemeinsame Bankett liefern. Konnte er seine Fleischesschuld nicht begleichen, wurde er selbst gefressen. Die

Kannibalen in Tooro waren also keine fröhlichen Menschenfresser, sondern Getriebene in einem paranoischen System, das keinen Ausstieg erlaubte. Die Teilnehmenden waren gezwungen, das »System« kontinuierlich zu »füttern«. Es war, als ob das kannibalische System nicht nur eine Verkehrung und Pervertierung der sozialen Regeln der Gastfreundschaft und des gemeinsamen Mahles vor Augen führte. Auch das Prinzip der Reziprozität, das Ethnologen (auch mich) immer wieder begeistert hat, weil es Gesellschaftlichkeit (ohne einen Staat) herstellt, wird hier in letzter Konsequenz als tödlich dargestellt.

Obwohl die Figur des kannibalischen Hexers bereits in vorkolonialer Zeit existierte, passte sie sich den modernen Zeiten an und nutzte ihre Technologien. Der Kannibale fuhr mit dem Auto oder dem Flugzeug; manchmal besorgte er sich eine Fotografie des Opfers und verhexte die abgebildete Person, sodass sie krank wurde und starb.

Der Kannibale in Tooro tötete, wie bereits erwähnt, zweimal. Das erste Mal tötete er sein Opfer durch Verhexen. Dann, nach der Beerdigung, blies er auf einer Trillerpfeife oder einer Bambusflöte, ein starker Wind kam auf, und der Leichnam erhob sich aus dem Grab. Er auferstand wie Jesus nach der Grablegung und lief direkt zum Kannibalen, holte Wasser, sammelte Feuerholz, breitete Bananenblätter auf dem Boden aus und schärfte das Messer. Er legte sich nieder, und der Kannibale zerlegte ihn in gut portionierte Stücke und kochte sie im Topf. Die Kannibalen in Tooro waren zivilisierte Kannibalen, sie aßen ihr Opfer nicht roh, sondern kochten es im Kochtopf. Nach getaner Arbeit rief der Kannibale die anderen Kannibalen zu Tisch, und gemeinsam nahmen sie das Mahl ein.

Tatsächlich war der Kannibale bereits eine literarische Figur. In den 1970er-Jahren, im Rahmen eines »Oral History Project« an der Makerere-Universität, hatten Peter Mulindwa und Asaba Ruyonga, zwei Ethnologen aus Tooro, in Kijura zum Thema Kannibalismus geforscht und darüber ihre Magisterarbeiten geschrieben. Aus den Schriften geht hervor, dass die Kannibalen damals schon das christliche Abendmahl und die Auferstehung auf »verkehrte« Weise feierten. Doch war die Anzahl von Kannibalen damals beschränkt und auf Kijura begrenzt. In den anderen Regionen von Tooro gab es Hexen, aber keine Kannibalen. Erst in den 1990er-Jahren verbreiteten sich Kannibalen auch in anderen Gegenden und wurden epidemisch. Und überall, wo die GUM ihre Kannibalenjagden durchführten, staunten die Einwohner über die Anzahl von Kannibalen, die die Mitglieder der Gilde entdeckten. Eine Frau sagte zu mir, sie hätte nicht gewusst, wie viele Kannibalen in ihrem Dorf lebten; sie sei dankbar für die Aufklärung.

Der Text von Ruyonga beeindruckte mich besonders, weil er die Kannibalen von Kijura nicht nur verdammte. Er nahm eine radikal kulturrelativistische Position ein und verteidigte die kannibalischen Praktiken als Teil der eigenen Kultur. Denn zum Totenkult in Kijura gehörte – wie bei der Eucharistie – das respektvolle Essen der eigenen Toten. Nicht aus Hunger, Gier oder Appetit, sondern aus Liebe und Verpflichtung gegenüber den Verstorbenen verleibten sich die Lebenden – wie die vorkolonialen Könige – ein Stückchen der Toten ein. Dieser Akt garantierte nicht nur die Einheit der Lebenden mit den Toten und beschützte die Lebenden vor der Rache der Toten, sondern war auch eingebunden in eine Kosmologie, in einen Zyklus physischer Reproduktion. Nekrophagie transformierte die Toten in Lebende und umgekehrt und machte damit den Tod reversibel.

Die positiven Aspekte des Kannibalismus konnte ich in den 1990er-Jahren und danach nicht mehr finden. Sie waren verschwunden. Vor allem die Christianisierung der Hexerei hatte alle vorherigen Ambivalenzen, das Oszillieren zwischen Gut und Böse und Heilen und Schaden, ausgelöscht. Auch die früheren Formen der Kommunion zwischen Lebenden und Toten waren weitgehend vergessen worden.

Wie bereits erwähnt, stellte ich fest, dass die Herzstücke der christlichen Lehre in die bereits existierende Figur des Kannibalen eingegangen waren: das Abendmahl und die Auferstehung. Der Kannibale war hybrid, er setzte sich aus miteinander verflochtenen, sich jeweils im Anderen spiegelnden Bildern zusammen, die Europäer und Afrikaner sich wechselseitig zugewiesen hatten. So wie christliche Missionare im 19. und frühen 20. Jahrhundert die lokalen Religionen diabolisiert und satanisiert hatten, so verkehrten »pagane« rituelle Experten im Gegenzug zentrale Aspekte des Christentums und integrierten sie in ihren Hexereidiskurs. Vielleicht ahnten manchmal beide, dass sie trotz ihrer Opposition etwas gemein hatten, etwas teilten, nämlich die Figur des Kannibalen.

18

Während ich in den Tugenbergen die Chance bekam, mich vom Affen in eine soziale Person zu verwandeln, also in Ritualen aufsteigen durfte, erlebte ich in Tooro eher einen Abstieg. Nachdem ich mich als Ungläubige zu erkennen gegeben hatte und damit auf die falsche Seite geraten war, bewegte ich mich in einer unsicheren Zone.

An einem Wochenende unternahmen Jacinta, Teddy und ich einen gemeinsamen Ausflug an einen weiter nördlich gelegenen See. Es war sehr warm; das Wasser war angenehm kühl, und im See konnte man schwimmen. Ich hatte einen Badeanzug dabei, sprang hinein, schwamm und sah vom Wasser aus, dass Jacinta und Teddy mich beobachteten. Als ich aus dem See stieg, erzählten sie mir von einer weißen Frau, die zu den Bacwesi gehöre, sich im Wasser aufhalte und Menschen verhexe. Sie lachten; sie sagten nicht, dass ich eine solche Frau sei, noch, dass ich es nicht sei. Es blieb offen. Und ich fragte lieber nicht nach.

Wie mir Yosoni erzählt hatte, waren die Bacwesi die ersten Fremden, die vor vielen Jahrhunderten mit ihren Rindern nach Tooro gekommen waren. Sie eroberten das Königtum und nahmen es in Besitz. Sie waren weiß, hatten die Farbe, die mit dem Tod assoziiert wird, und gründeten eine neue Dynastie. Doch nach einigen schweren Katastrophen verschwanden sie wieder, kehrten aber als Geister zurück. In bis heute existierenden Besessenheitskulten verkörpern sie sich in Geistmedien, die früher für Gesundheit und Wohlergehen ihrer Anhänger sorgten, heute aber von vielen Christen als satanisch abgelehnt werden.

Ich hatte bereits zahlreiche Geschichten von »satanischen« Europäern gehört, die, wenn sie sich nahe am oder im Wasser aufhielten, alle möglichen Gestalten annehmen konnten. Im Wasser existierte eine Art satanischer Unterwelt: Wer sich dort aufhielt, wurde reich, musste aber als Gegenleistung seine Liebsten opfern, das eigene Kind, die Mutter, den Bruder.

Eine Möglichkeit, meine Satanisierung und meinen sozialen Abstieg rückgängig zu machen, wäre meine Konversion zum Katholizismus gewesen. In der Geschichte der Ethnologie gibt es eine erstaunliche Anzahl von Konversionen. Viele meiner Kollegen haben sich im Lauf ihrer Forschung bekehren lassen, weniger von Christen als vielmehr von »traditionellen« Heilern und Priestern, die sie in eine ihnen fremde Welt der Geister, Zauberer und Hexen einführten.[23] Unter Ethnologen galt die Teilnahme an einer Initiation als Beweis, dass man von den Ethnografierten akzeptiert wurde und in der Lage war, exklusives, ja geheimes Wissen zu erlangen.[24] Eric de Rosny, Wim van Binsbergen, Paul Stoller und viele andere ließen sich initiieren. Auch Roy Willis, ein englischer Ethnologe, der bei Evans-Pritchard in Oxford studierte, sich für den westlichen Okkultismus interessierte, 1953 eine Nahtod-Erfahrung machte und mit verschiedenen bewusstseinsverändernden Drogen experimentierte, durchlief in Sambia in den 1990er-Jahren eine Initiation in den Beruf des Heilers und

Zauberers.[25] Sowohl in Schottland als auch in Sambia gelang es ihm, so schreibt er, Kranke zu heilen. Er schildert auch seine Visionen und Auditionen sowie seine eigenen Erfahrungen von Geistbesessenheit. Tatsächlich bewegte er sich in den 1990er-Jahren in einem Umfeld in Sambia, das dem meinen in Tooro sehr ähnelt. Auch in Sambia waren Aids und damit der Tod epidemisch, Hexerei war allgegenwärtig, und es tauchten auch Kannibalen auf, die ihre Opfer fraßen oder sie nach der Auferstehung zur Sklavenarbeit zwangen. Um die Krise zu beenden, forderten viele Leute ein Revival der verbotenen Kamcape-Bewegung, einer »traditionellen« Anti-Hexerei-Bewegung, die wie die katholische GUM in Tooro Hexen identifizierte und heilte oder tötete. Willis berichtet, dass immer wieder einzelne Personen gelyncht wurden. Erstaunlicherweise stellten die Gewalttätigkeit und der potenzielle Tod, die mit der Benennung von Hexen einhergehen, kein Problem für ihn dar.

Aber ich wollte nicht katholisch werden und Kannibalen jagen. Ich wollte einer religiösen und politischen Institution wie der katholischen Kirche, die bereits in Europa in der frühen Neuzeit den Tod vieler Menschen zu verantworten hatte und nun in Tooro Personen ermächtigte, andere, die eher zu den Ohnmächtigen gehörten, mit dem Namen der Hexe und des Kannibalen zu versehen, nicht angehören. Ich konnte und wollte mich einer fremden Initiation in den Katholizismus nicht unterziehen. Und damit verspielte ich, so sehe ich es heute, die Möglichkeit einer Feldforschung, die die Ethnografierten und die Ethnografin in einem gemeinsamen Projekt vereint hätte.

19

Ich wollte keine Mrs Stevenson werden, genauer gesagt, ich wollte den Preis nicht zahlen, den Mrs Stevenson zahlte, um Menschenleben zu retten. Mrs Matilda Coxe Stevenson war die Autorin eines

Textes, auf den sich Claude Lévi-Strauss in seinem berühmten Aufsatz »Der Zauberer und seine Magie« wesentlich stützt. Sie arbeitete als Ethnologin bei den Zuni-Indianern und veröffentlichte 1902 ihre Arbeit. Sie war auch die Ehefrau des Leiters der Expedition, die vom Bureau of American Ethnology organisiert worden war. Sich auf die »bewundernswerte Forscherin Mrs Stevenson« beziehend, berichtet Lévi-Strauss im oben genannten Text von einem jungen Indianer, der angeklagt wird, ein Mädchen verhext zu haben. Nach einigen vergeblichen Versuchen, auf seiner Unschuld zu bestehen, gesteht er die Tat und schmückt sie dann in einer Weise aus, die seine Zuhörer verzaubert. Er erzählt, was von ihm erwartet wird: Er bestätigt die Realität von Hexen und wird damit, so Lévi-Strauss, zum Heiler der Gesellschaft. Er, der eigentlich Unschuldige, fasst in Worte, was an diffusen Ängsten und Befürchtungen vorher präsent, aber nicht artikuliert werden konnte.

Doch wie James Siegel[26] gezeigt hat, unterschlägt Lévi-Strauss in seinem Text die Rolle, die Mrs Stevenson in dem Verfahren spielte. Er unterschlägt, dass der Junge, als Zauberer entlarvt, getötet worden wäre, hätte Mrs Stevenson nicht eingegriffen. Um das Leben des Jungen zu retten, spielte Mrs Stevenson nun ihrerseits einen Zauberer, der den Jungen behandelt und »an ihm herumdoktert«. Sie erklärte den Kriegern, die ihn töten wollten, dass er nach dieser Behandlung seine diabolische Kunst nie mehr werde ausführen können und es deshalb nicht nötig sei, ihn zu hängen. Sie war, schreibt Siegel, bekannt für ihre Interventionen und rief die Polizei, wenn eine Hexe oder ein Zauberer hingerichtet werden sollte. Mrs Stevenson rettete Menschenleben, und sie bestätigte gleichzeitig ein System, das kaum zu kontrollieren oder zu beenden war. Denn wurde ein Hexer getötet, rückten andere nach.

Auch die Mitglieder der Gilde und andere Katholiken erwarteten von identifizierten Hexen nicht, dass sie sich verteidigten und die Anklage anzweifelten. Im Gegenteil, auch in Tooro war es ihre Pflicht, die Anklage und die Realität von Hexen zu bestätigen. Durch diese Komplizenschaft mit den Anklägern verwandelte sich der Beschuldigte zu einem Helfer der Anklage, der die Kohärenz und Logik der Hexerei bestätigte und dafür sorgte, dass die unbestimmten Ängste in der Gemeinschaft den Namen einer Hexe (oder eines Kannibalen) erhielten und mit der Benennung nun auch »behandelt« werden konnten. Durch das Geständnis verwandelte sich die Hexe in einen Heiler einer zerrissenen Gemeinschaft, bezahlte aber diese Verwandlung oft genug mit ihrem Tod.

Auch wenn ich Lévi-Strauss in Teilen folgen und den angeklagten Hexer oder Kannibalen als Heiler der Gesellschaft anerkennen kann, so war es in Tooro nicht eine einzelne Person, die der Hexerei angeklagt wurde, sondern es waren zahlreiche Frauen und Männer. Außerdem blieben sie meist trotz ritueller Reinigung stigmatisiert. Sie gerieten – bei einem neuen Todesfall – wieder in Gefahr, gelyncht zu werden. Mir scheint, dass der Terror der Hexenjäger hier zugunsten einer funktionalistischen Verschiebung und Verkehrung zur Heilung der Gesellschaft entschärft wird. Denn, wie auch Siegel gezeigt hat, garantiert die Benennung einer Hexe nicht Sicherheit, Ordnung und das Ende von Verdächtigungen und Anklagen.

Ich habe in Tooro nur eine einzige Frau getroffen, die sich unter dem Druck der GUM weigerte zu gestehen. Sie war in ihrem Dorf der Hexerei angeklagt und der Polizei übergeben worden. Aber weil die Polizei keine Beweise hatte, ließ sie die Frau frei und schickte sie in ihr Dorf zurück. Sie fürchtete jedoch, von den verzweifelten Dörflern gelyncht zu werden, und versuchte, in anderen Orten Fuß zu fassen. Doch überall schickte man sie weg. Sie flüchtete nach Fort Portal und ließ sich neben der Hauptstraße vor der Stanbic Bank nieder, die von zwei Polizisten bewacht wurde. Dort traf ich sie. Sie zeigte mir ihre Halskette mit einem Kreuz und sagte, sie stünde unter dem Schutz von Jesus und Maria. Sie sei keine Kannibalin; sie sei eine gute Katholikin. Ihre Weigerung zu gestehen bezahlte sie mit einem hohen Preis. Verbannt aus ihrem Dorf lebte sie am Straßenrand als sichtbares Monument ihrer Ausschließung, ihres sozialen Todes. Als ich mit Kasaija über die Frau sprach, erklärte er sie für verrückt. Ihre standhafte Weigerung ließ ihn nicht an ihrer Schuld zweifeln. Die Unschuld einer Hexe oder eines Kannibalen war im System der GUM nicht vorgesehen.

Obwohl auch in Europa Hexerei betrieben wurde und wird, und zwar nicht nur von »zurückgebliebenen Bauern« auf dem Land, sondern auch von in London lebenden Männern und Frauen der Mittelklasse,[27] hat die Mehrheit der Bevölkerung seit der Aufklärung aufgehört, bestimmte Fragen zu stellen. Während in Europa diejenigen, die Hexerei praktizieren, marginal bleiben und nicht von machtvollen Institutionen unterstützt werden, bestehen die meisten Menschen in Uganda und anderen Regionen auf einer Erklärung dessen, was wir Zufall nennen. In Tooro half ihnen die machtvolle Institution der katholischen Kirche dabei.

Ich komme zu Mrs Stevenson zurück. Sie konvertierte zu einer Zauberin und machte sich die Logik der Hexerei zu eigen. Dadurch war sie in der Lage, auch dank ihrer machtvollen Position, Menschenleben zu retten. Glücklicherweise brachten mich meine katholischen Freunde nicht in eine vergleichbare Situation. Aber dafür, dass ich nicht konvertierte und nicht wie Mrs Stevenson das »System« bestätigte, zahlte auch ich, wie noch zu zeigen sein wird, einen hohen Preis.

Um Verbündete für meine Position zu finden, sprach ich mit verschiedenen »traditionellen« Heilern, die ein äußerst kritisches Verhältnis zur GUM hatten und deren Praktiken strikt ablehnten. Sie erklärten mir, dass die Mitglieder der Gilde sie nicht nur als Kannibalen verfolgten, obwohl sie unschuldig seien, sondern dass sie auch Beweise fälschten. Tatsächlich war es der Gilde gelungen, einige Heiler anzuklagen und ins Gefängnis zu bringen. Diese beharrten jedoch darauf, dass ihre Arbeit nur im Heilen und nicht im Töten bestehe. Sie wiesen auf die vielen Toten hin, die in der

Leichenhalle lagen; wenn sie Kannibalen wären, hätten sie dort genug zu essen gefunden. Sie verneinten nicht die Realität von Kannibalen; sie drehten das Argument bloß um und gaben es an die Gilde zurück. Nicht sie, sondern die Mitglieder der Gilde seien Kannibalen. Warum, so fragten sie, verschwänden so viele Leute gerade zu Weihnachten? Wie alle wüssten, seien Kannibalen gerade zu Weihnachten, dem wichtigsten christlichen Fest, besonders hungrig.

20

Die Debatte um die »Realität« und vor allem die Benennung von konkreten Hexen und Kannibalen, die ich mit Jacinta, Teddy und anderen führte, war nur eines meiner Probleme in Tooro. Ich sah mich auch vor die Schwierigkeit gestellt, die Jacinta, Teddy und andere Katholiken nicht teilten, nämlich mit meiner Forschung über Hexen und Kannibalen ein koloniales Stereotyp wieder aufleben zu lassen und in einen mehr oder weniger finsteren kolonialen Diskurs zurückzufallen. In Fort Portal hatte sich eine offizielle kritische Haltung zum Kolonialismus nicht durchgesetzt. Ungebrochen trug die Stadt den Namen von Sir Gerald Portal, der sich für die Errichtung des britischen Protektorats in Uganda eingesetzt hatte. Obwohl er selbst nie einen Fuß in die nach ihm benannte Stadt gesetzt hatte, wurde ihm dort um das Jahr 2000 ein Denkmal errichtet. Auch war eine Hauptstraße nach Captain Lugard benannt, dem Leiter der Imperial British East Africa Company, der Fort Portal und das Königtum (das zweite Mal) gegründet hatte.

Die Ethnologie wird gemeinhin als eine Wissenschaft angesehen, die eine Vorliebe für Unterschiede hegt. Ich entschied mich jedoch, eine Ethnografie des Kannibalismus zu versuchen, die weniger nach Differenzen als vielmehr nach Gemeinsamkeiten fragt: Was teilen »wir« und »sie«, was ist uns gemein? Dieser

Ansatz erschien mir umso wichtiger, da, wie bereits erwähnt, »wir« und »sie« schon lange keine klar voneinander getrennten Entitäten mehr sind; selbst da, wo »wir« und »sie« sich in radikaler Opposition zueinander definieren, sind »wir« und »sie« schon seit langer Zeit miteinander verflochten und beziehen uns (un-)willentlich wechselseitig aufeinander.

Ich stellte fest, dass die Figur des Kannibalen nicht nur ein westliches Phantasma war, um Afrikaner zu »verandern«, sondern dass auch Afrikaner sie als Figur der Alterität eingesetzt hatten, um Europäer und andere Fremde auszugrenzen. Bereits im 19. Jahrhundert waren die Beziehungen von Ethnografie, Alterität, Hexerei und Kannibalismus zwischen Afrikanern und Europäern komplex, verflochten, instabil und dynamisch. Alle Beteiligten setzten die Figur des Kannibalen auch strategisch ein. Um Europäer und Araber vom weiteren Eindringen ins zentrale Afrika abzuhalten, schürten Afrikaner wilde Gerüchte über grausame Kannibalen, die insbesondere das Fleisch von Europäern schätzten. Portugiesische, englische oder französische Kaufleute und Sklavenhändler verbreiteten ihrerseits ebenso wilde Geschichten, dass die je anderen Kannibalen seien, um der Konkurrenz im Handel (auch mit Sklaven) zu schaden. Die fantastischen, grausamen und gewalttätigen Erzählungen, die Kolonisateure und Kolonialisierte sich wechselseitig erzählten, erzeugten sehr reale Effekte.

Wie Michael Taussig[28] und Allen F. Roberts[29] gezeigt haben, spielte Mimesis in den Begegnungen und Interaktionen zwischen Europäern, Arabern und Afrikanern in der zweiten Hälfte des 19. Jahrhunderts und danach eine zentrale Rolle. Die Bilder, die sie sich wechselseitig voneinander machten, führten zu seltsamen Abhängigkeiten und Spiegelungen. Besonders das nachgerade obsessive Interesse von Europäern an der Figur des Kannibalen erzeugte mimetische Antworten, afrikanische Kannibalen, die Kannibalen karikierten, die Zähne zeigten, sich die Finger leckten, in den Arm bissen und »Fleisch, Fleisch« riefen, wenn sie einen

Europäer entdeckten. Einige europäische Reisende und Missionare reagierten wiederum auf die Bedrohung durch vermeintliche Kannibalen, indem sie ihrerseits den Kannibalen spielten, um Angst und Schrecken zu verbreiten. Der deutsche Forscher Georg Schweinfurth zum Beispiel sammelte die abgeschlagenen Köpfe von Afrikanern nach einem Kampf ein und kochte sie in einem großen Topf, um die gereinigten Schädel dann an naturhistorische Museen in Deutschland zu verkaufen. Das westliche Stereotyp von afrikanischen Kannibalen, die weiße Männer, vor allem Missionare, im Kochtopf kochen, erscheint hier als die verkehrte Praxis westlicher Naturwissenschaftler, die ihre eigenen Handlungen in Bildern des Anderen spiegeln.

Ich beschloss also, eine Geschichte des Kannibalen in seinen (post-)kolonialen transkulturellen Verwicklungen, Verflechtungen und Spiegelungen zu schreiben und meine Person dabei nicht auszuschließen.

21

Um das koloniale Bild des Kannibalen ein Stück weit zu entkolonialisieren, bot sich als zentrale Figur der Vermittlung die Eucharistie an. Denn in der Eucharistie ist das Kannibalische gut aufgehoben. Obwohl es transzendiert und erhöht wird, bleibt ein ungebändigter wilder Rest. Immerhin wird der Sohn Gottes roh, nicht gekocht verzehrt.

Die Eucharistie ist eine positive Form des Kannibalismus, eine Kommunion mit einem Toten und damit eine Form des Liebeskannibalismus, die auch in Tooro im bereits erwähnten Kijura, im Kongo und vielen anderen Regionen wie zum Beispiel in Südamerika zu finden war.[30] Im vorkolonialen Tooro wurde der Leichnam des Königs[31] mumifiziert und sanft über einem kleinen Feuer getrocknet. Die abgesonderten Flüssigkeiten nahm sein Nachfolger vermischt mit anderen Stoffen im Ritual der Inthronisation zu sich, das »Essen des Königs« genannt wurde. Die körperliche Substanz und die Macht des Vorgängers wurden auf diese Weise übertragen und im Leib des neuen Königs verankert. Eine Kommunion fand statt, in der der alte und der neue König körperlich eins wurden. Die Übergabe der königlichen Macht erfolgte also vor allem in Form der Einverleibung des Vorgängers und weniger als Übernahme eines Amtes.

Im (christlichen) Westen hat die Eucharistie die Form der Theophagie, des Essens des christlichen Gottes, angenommen. Ursprünglich das Dankgebet vor dem Abendmahl, dann aber dieses selbst, ist die Eucharistie eine höchst widersprüchliche und paradoxe Konstruktion. Sie ist Opfer und proklamiert gleichzeitig das Ende des Opfers. In Brot und Wein ist der Erlöser wortwörtlich präsent, doch sind Worte und Handlungen des Priesters nötig, um die Präsenz zu erzeugen. Trotz der realen Gegenwart von Gottes Sohn in der Hostie, die den Gläubigen zu essen gegeben wird, wird der kannibalische Akt negiert. Es ist die Transsubstantiation, eine magische Handlung, die die reale Präsenz von Fleisch und Blut garantiert, sie aber gleichzeitig zu einem unblutigen, symbolischen Akt erklärt.

Tatsächlich lieferte das Abendmahl für eine lange Zeit das religiöse Substrat der Menschenfresserei. Was die frühen europäischen Reisenden in Amerika oder Afrika im Kannibalismus der Kannibalen sahen, war denn auch, wie Frank Lestringant gezeigt hat, das mehr oder weniger verzerrte Bild der Eucharistie.[32] Es war das (katholische) Abendmahl, das bis ins 18. Jahrhundert den Kannibalen als den Anderen zugleich unannehmbar und doch auch verständlich machte.

Von Anfang an gehörte in Europa der Vorwurf des Kannibalismus zur Geschichte der Auslegung der Eucharistie. Bereits die ersten Christen wurden von ihren Gegnern der Menschenfresserei bezichtigt, und die Kirche selbst beschuldigte ihrerseits Ketzer des Kannibalismus. Während der Reformation griffen Protestanten den Vorwurf des Kannibalismus auf und richteten ihn gegen Katholiken, die im Gegensatz zu den Calvinisten auf der Realpräsenz des Sohnes in der Hostie im Augenblick der Transsubstantiation bestanden. Aus der Perspektive der Protestanten waren Katholiken »Primitive«, die am kannibalischen Akt festhielten, statt ihn zu sublimieren.

Im 19. Jahrhundert, im Zeitalter von Imperialismus und Kolonialismus, verschwand das Eigene weitgehend im Anderen. Selbst (oder gerade) katholische Missionare erkannten im vermeintlichen Kannibalismus der Afrikaner das eigene Abendmahl nicht mehr. Stattdessen wurde der Kannibale zum Inbegriff des »Wilden« und radikal Anderen, kehrte aber – wie der Fetisch – als eine Figur der Kritik an der eigenen Kultur nach Europa zurück. In der Kulturtheorie eines Sigmund Freud – und vorher schon in den Texten von englischen Ethnologen wie William Robertson Smith oder James Frazer, auf die Freud sich bezog – setzt ein kannibalischer Akt den Anfang der Kultur. In *Totem und Tabu* töten die Söhne den Vater und essen ihn auf. Bei Freud ist das Essen des Vaters ein negativer, aggressiver Akt, durch den die Söhne schuldig werden und das Gesetz des Vaters internalisieren. In Tooro dagegen war die rituelle Einverleibung des Vaters eine positive Handlung, eine Kommunion, die den toten mit dem lebenden König vereinte.

Die positivsten und heiligsten wie auch die abscheulichsten und tabuisierten Aspekte des Essens und der Nahrung sind in der Eucharistie angelegt, und diese Transgressionen verleihen ihr offensichtlich so viel Macht.

22

Mein Versuch, die Eucharistie als Vermittlungsfigur in unsere Debatte einzuführen, gefiel meinen katholischen Freunden gar nicht. Sie hatten ihre eigenen Vorstellungen vom Abendmahl. Wie ich im Archiv der Comboni-Missionare im Vatikan in Rom herausfand, hatten diese, als sie gegen Ende des 19. Jahrhundert Tooro besuchten, die Eucharistie zu einem Mahl der Erinnerung »rationalisiert« und das anstößige kannibalische Moment weitgehend ausgeschlossen. Das rituelle Essen von Jesu Fleisch war kein Skandalon. Im Gegenteil, die Hostie erlangte den Status eines reinigenden Heilmittels, das Moral mit Macht verband. Hinter dem Rücken der Missionare transformierten Katholiken sie jedoch in eine Medizin, die Schutz vor Hexen und Kannibalen gewährte. Wie Rubongoya mir erklärte, wurde das Abendmahl zu einem Ordal, an dem nur teilnahm, wer »rein« und nicht in irgendwelche Praktiken der Hexerei verwickelt war. Nahm ein Verwandter oder Nachbar die Hostie zu sich, dann galt er als unschuldig; fehlte er dagegen bei der Kommunion, dann machte er sich verdächtig. Vor diesem Hintergrund ist zu verstehen, dass Mitglieder der Gilde identifizierten Kannibalen nach dem Geständnis und ihrer Heilung das Abendmahl gewährten. Es bestätigte und garantierte noch einmal mehr ihre wiedererlangte »Reinheit«.

Mein kannibalisches Interesse am Abendmahl konnten meine katholischen Freunde nicht teilen. Stattdessen fragte mich Kasaija eines Tages, ob es in Europa nicht auch Kannibalen gäbe. Ich erwiderte, dass es während der Kriege und in Hunger- und Notzeiten sehr wohl zu Kannibalismus gekommen sei, dass Kannibalen aber meines Wissens nie massenhaft aufgetreten seien. Dr. Bimji mischte sich ein und erkundigte sich, ob nicht doch Kannibalen im Schwarzwald lebten, er hätte davon gehört. Ich verneinte und erinnere mich, dass beide Blicke tauschten und mich skeptisch anschauten.

Im Dezember 2002 - ich war gerade wieder in Deutschland - erschien der »Kannibale von Rotenburg« auf der Bühne der internationalen Massenmedien. Er kam zwar nicht aus dem Schwarzwald, sondern aus Hessen, aber hier war er, der sehr reale deutsche Kannibale, und mit ihm tummelten sich weitere

800 Kannibalen im Internet. Ein Polizeibeamter, der das Internet nach Kinderpornografie durchsuchte, traf zufällig auf die merkwürdige Anzeige eines Mannes, der nach jemandem suchte, der sich von ihm schlachten und essen ließe. Als die Polizei das Haus des Mannes in Rotenburg durchsuchte, fand sie Teile eines menschlichen Körpers, eingepackt in blaue Plastiktüten, im Kühlschrank und vergraben im Garten, außerdem ein Video, das die Tötung und Kannibalisierung des Opfers zeigte. Der Kannibale von Rotenburg, ein 41 Jahre alter Computerspezialist, gestand, einen 42 Jahre alten Mann aus Berlin auf dessen Verlangen hin getötet und vor laufender Kamera teilweise gegessen zu haben. Beide Männer hatten eine Art Kommunion, ein geteiltes Mahl, das sie wie beim Abendmahl vereinigt hätte, verabredet. Doch die geplante Kommunion gelang nicht, weil das Opfer zu früh ohnmächtig wurde und seinen Part nicht mehr spielen konnte. Obwohl es in Deutschland und Uganda kein Gesetz gibt, das Kannibalismus verbietet – der kannibalische Akt ist offensichtlich so unerhört und unwahrscheinlich, dass ein Gesetz dagegen nicht geschrieben wurde –, wurde der Kannibale von Rotenburg (im zweiten Prozess) wegen Mordes zu lebenslanger Haft verurteilt.

Im April 2004 erhielt ich einen Brief aus Fort Portal. Kasaija schickte mir einen Zeitungsausschnitt aus einer ugandischen Zeitschrift, der den Kannibalen von Rotenburg zum Thema hatte. Der Clip bestand aus einer Collage, die Fotos der berühmtesten Kannibalen aus der ganzen Welt zeigte. Neben das Foto des lächelnden deutschen Kannibalen aus Rotenburg, der seine Zähne zeigte, war das seines Opfers montiert, das sehr viel ernster dreinschaute. Abgebildet waren auch zwei berühmte Kannibalen aus Fidschi, der eine zusammen mit einem Missionar, den er später verspeist hatte; sowie zwei Kannibalen aus Uganda, eine kannibalische Hexe aus Buganda und ein nackter »Night-dancer«, der auch in Tooro sein Unwesen treibt und Leichen essen soll. Höflich schrieb Kasaija, er schicke mir diesen Clip mit den Fotos und der entsprechenden

Information in der Hoffnung, dass sie mir helfen mögen, mein Buch zu schreiben. Offensichtlich nahm Kasaija seinen Part in der Herstellung einer Ethnografie sehr ernst. Er kooperierte und korrigierte mich. Denn der Kannibale von Rotenburg bestätigte, was ich verleugnet hatte, was aber Kasaija, Dr. Bimji und viele andere in Uganda längst wussten: die globale Verbreitung von Kannibalen. Nicht durch eine abstrakte und paradoxe Konstruktion wie das Abendmahl, sondern durch den Hinweis auf einen sehr realen Kannibalen in Deutschland ließ Kasaija mich wissen, dass er und Dr. Bimji recht hatten, dass es nicht nur in Tooro, sondern auch in Deutschland (reale) Kannibalen gab. Damit versuchte auch er – genau wie ich, nur anders –, die Kluft zwischen unseren gegensätzlichen Positionen zu schließen.

Ich muss noch erwähnen, dass auch das Thema der Hexerei im Fall des Kannibalen von Rotenburg in den Medien auftauchte. Die Mutter des Kannibalen, so schrieben Reporter der Sensationspresse, sei eine Hexe gewesen, die ihren Sohn zum Kannibalismus getrieben habe.

23

Eines Morgens im Oktober 2005 fand ich vor dem Eingang zu meinem Haus in Tooro ein seltsames Gebilde: Aus Steinen und den roten Blüten einer Pflanze mit Namen Amaranga hatte jemand einen kleinen Berg, ein unübersehbares Hindernis, mitten auf dem Weg errichtet. Von zwei »traditionellen« Heilern hatte ich gelernt, dass diese Blütenblätter zum Zweck der Hexerei verwendet werden. Wer auch immer die Blütenblätter hingelegt hatte, konnte also davon ausgehen, dass ich diesen kleinen Berg sehr wohl als Attacke erkennen würde. Offensichtlich versuchte jemand, mich zu verhexen. Er oder sie hatte keine unsichtbaren Geister geschickt, sondern mir einen sehr materiellen Beweis für den

Angriff geliefert. Ohne zu überlegen, stieß ich mit dem Fuß ein paar Mal gegen den kleinen Berg und zerstörte ihn. Ich antwortete also mit einem Ikonoklasmus, der, wie mir später bewusst wurde, sehr wohl die Macht dieser Steinchen und roten Blütenblätter anerkannte. Dabei ging ich nicht davon aus, dass der Steinhaufen in der Lage wäre, mir zu schaden. (Aber warum hatte ich ihn dann zerstört?) Es war eher die Annahme, dass jemand mir feindlich gesonnen war, die mich traf und erschreckte. Auf diese Weise übersetzte ich den magischen Akt, der mir Schaden zufügen sollte, auf eine psychologische Ebene. Die Psychologisierung entmächtigte den Steinhaufen und erlaubte mir, eine gewisse Distanz und die eigene Handlungsmacht wiederherzustellen.

Sehr schnell fiel mir ein traditioneller Heiler als möglicher Übeltäter ein, mit dem wir uns verzankt hatten. Wie die Hexen jagenden Mitglieder der GUM verdächtigte ich also sofort einen traditionellen Heiler, mir schaden zu wollen. Wie schuldig oder unschuldig war ich? Ein kleiner (?) symbolischer (?) Angriff reichte aus, um mich aus der Fassung zu bringen und die Leerstelle, etwas, was ich nicht wusste, mit einer Person zu füllen. Ich merkte, dass ich in die Logik der Hexerei eingetreten und wie in einer Falle gefangen war. Es blieb mir nur die Möglichkeit, die Relativität, Zirkularität und Unzuverlässigkeit meiner Begriffe und Konzepte anzuerkennen und ernst zu nehmen.[33] Die Unterscheidungen, mit denen ich dachte und arbeitete, verfehlten offensichtlich in der Textur der Ereignisse und Erzählungen ihre Aufgabe.

Ich fürchte, dass auch ich wie andere Europäer während meines Aufenthalts in Tooro von einigen Katholiken für eine Kannibalin gehalten wurde. Bereits in den Tugenbergen war ich mit mir selbst als Kannibalin konfrontiert worden, dort aber eher als Witz, als Kinderschreck. In Fort Portal war es eine andere, eher bedrohliche Zuschreibung. Auch war ich nicht die erste Ethnologin, die in Tooro verdächtigt wurde, eine Kannibalin zu sein. Wie Teddy mir erzählte, arbeitete Ende der 1980er-Jahre ein US-amerikanischer

Kollege ebenfalls über die katholische Kirche in Tooro.[34] Ich hatte ihn in Kampala kennengelernt, als ich noch in Norduganda über die Holy-Spirit-Bewegung der Alice Lakwena arbeitete. Teddy erzählte, dass er zum Abschluss seiner Forschung und als Geste des Dankes ein großes Fest im Dorf seines Forschungsassistenten ausrichtete. Das Fest war ein voller Erfolg; es gab Essen und Trinken im Überfluss, und alle waren zufrieden. Zwei Jahre später, der Kollege war längst wieder in die USA zurückgekehrt, verschwanden drei Kinder aus dem Dorf und wurden nie wieder gesehen. Daraufhin klagten die Dorfbewohner den Forschungsassistenten an, die Kinder gestohlen und dem Ethnologen zum Fressen übergeben zu haben. Sie nahmen ihn für einen Komplizen und Gehilfen des Amerikaners, der als Kannibale mit Fleisch versorgt werden musste.[35]

Ich hatte offensichtlich großes Glück, dass in der Zeit meiner Forschung in Tooro niemand aus unserem näheren Bekanntenkreis ernsthaft erkrankte, verschwand oder starb. Da es nicht zu einer direkten Anklage kam, bewegte ich mich in der unbestimmten Zwischenzone des Verdachts.

Teddy erzählte mir auch, dass nicht nur Europäer verdächtigt würden, Kannibalen zu sein, sondern auch Afrikaner, die mit ihnen zusammenarbeiteten (wie bereits im Fall des amerikanischen Kollegen). Ich hatte sie gebeten, eine Verabredung mit einer frommen Katholikin zu treffen, doch diese wollte uns nicht sehen und ließ sich von ihrem Ehemann verleugnen. Teddy berichtete, dass er höchst unhöflich zu ihr gewesen sei und sie als meine »Agentin« beschimpfte, die mich mit anderen Leuten bekannt mache, um sich zu bereichern. Weil Jacinta und sie mit mir kollaborierten und Geld verdienten, richte sich Wut, Angst und Neid gegen sie beide, sagte sie. Mein Schatten als Kannibalin fiel also auch auf meine Mitarbeiterinnen.

Ich hatte nicht daran gedacht, dass die Zusammenarbeit mit mir sie gefährden könnte. Im Gegenteil, ich war froh darüber, dass ich sie anständig bezahlen konnte. Aber Geld hatte gerade unter radikalen Christen eine amoralische Konnotation gewonnen. Geschichten von satanischem Geld kursierten, das seine Besitzer verführte, für die Erfüllung ihrer Wünsche alles zu tun, sogar zu töten.

Bereits der englische Ethnologe Evans-Pritchard berichtet in seinem berühmten Buch *Hexerei, Magie und Orakel bei den Zande* von 1937, dass, wenn er sich jemandem gegenüber besonders freundlich und großzügig zeigte, diese Person fürchtete, Neid hervorzurufen und verhext zu werden. Bis heute weiß ich nicht, ob Neid aufkam, weil Reichtum oder Wohlergehen einer Person immer auf Kosten von anderen erfolgt? Weil es nur unverdienter Reichtum sein konnte, Geld, das von außen kam, von einer Fremden? Oder weil die Regel der Reziprozität verletzt wurde? Meine Arbeit, der Tausch ihrer Worte und ihres Wissens gegen Geld, war offensichtlich in den Augen vieler Leute ein ungleicher Tausch. Wie schon in den Tugenbergen gab es auch hier den Verdacht, dass ich mit dem Verkauf ihres Wissens ungeahnte Reichtümer erwerben würde, während sie leer ausgingen.

Im Rückblick erscheint mir meine Arbeit unter Katholiken in Tooro als die komplizierteste und schwierigste all meiner Forschungen. Im Verlauf meines Aufenthalts näherten sich mein Selbstbild und das Fremdbild, das sie von mir hatten, nicht an. Im Gegenteil, die Kluft wurde größer. Die Namen, die sie mir gaben, wurden immer negativer und endeten im Verdacht, das zu sein, was sie am meisten bekämpften: eine Kannibalin. Gehörte ich als Affe noch in die Kosmologie der Tugenberge, wenn auch als randständiges Wesen, das aber domestiziert werden konnte, so befand ich mich als Kannibalin unter Katholiken in einem weitaus ferneren und bedrohlichen Abseits. Was die Annäherung an die Subjekte meiner Forschung und das Schaffen eines gemeinsamen Projekts angeht, bin ich in Tooro gescheitert.

24

Ich habe das Buch *Resurrecting Cannibals: The Catholic Church, Witch-Hunts and the Production of Pagans in Western Uganda*, das 2011 aus der Arbeit in Tooro entstand, nicht an den Vatikan geschickt. Doch ein freundlicher Kollege, der in Rom lebt und die Bibliothek des Vatikans benutzt, berichtete mir vor Kurzem, dass es dort vorhanden sei.

Nachdem ich einige Aufsätze über die katholische Kirche und ihre Hexenjagden in Tooro veröffentlicht hatte, besuchte mich ein katholischer Priester aus Uganda, der in Baden-Württemberg eine Diözese leitete. Er hatte die Texte, die ich bereits vor dem Buch publiziert hatte, aufmerksam gelesen. Wir unterhielten uns lange. Vielleicht hat er dem Vatikan Bericht über meine Arbeit erstattet. Denn nach der Publikation des Buches wurde der fanatische Priester aus Texas, der die Hexenjagden in Tooro angeführt hatte, zurück in die USA geschickt. Den charismatischen Bischof, der während der Predigt Hexen und Kannibalen identifiziert hatte, ersetzte man durch einen gemäßigten. Und die Mitglieder der GUM führten zwar weiterhin Hexenjagden durch, aber sie benannten keine Hexen oder Kannibalen mehr. Sie reinigten den Ort, ohne einen Namen zu nennen, verwischten die Spuren, denen sie vorher nachgegangen waren, und schufen einen auch für mich annehmbaren Kompromiss: Sie gaben Hexen und Kannibalen eine Realität, die nun aber auf eine diffuse Kraft reduziert war und nicht mehr personalisiert wurde. Sie fanden einen Weg, die Existenz des Bösen zu bestätigen, es zu behandeln und zu heilen, ohne dass ein Name fiel.

Als ich 2005 meine Forschung in Tooro beendete, begannen die Regierung und verschiedene NGOs, antiretrovirale Medikamente zugänglich zu machen. Damit konnte Aids zwar nicht geheilt, aber die Lebenserwartung beträchtlich verlängert werden.

Das Verhalten der westlichen Pharmaindustrie, die sich weigerte, die Medikamente billig nach Afrika zu verkaufen, und die zentrale Rolle Südafrikas im Kampf um Generika, wurden auch in Tooro genau zur Kenntnis genommen, bewiesen sie doch, dass das Leben von Afrikanern auf dem Weltmarkt weniger wert war als das von Europäern. Erst nachdem sich die neuen Medikamente als wirksam erwiesen und Kranke, die »slim« waren, wieder zu Kräften kamen, wurde das Medikament angenommen. Die Todesrate sank, und die Mitglieder der GUM mussten feststellen, dass auch die Anzahl von Hexen und Kannibalen abnahm. Sie führten das allerdings vor allem auf ihre erfolgreichen Hexen- und Kannibalenjagden zurück.

Seit 2005 bin ich nicht mehr in Tooro gewesen. Aber meine Freunde dort bestätigten, dass die katastrophalen Verhältnisse, die ich hier beschrieben habe, insbesondere die epidemische Verbreitung von Aids, Hexen und Kannibalen, ihren Schrecken weitgehend verloren haben.

GETEILTE FOTOGRAFIE

Fotografische Praktiken an der ostafrikanischen Küste

1993–2011

...nicht der Mensch tritt in seiner Fotografie heraus, sondern die Summe dessen, was von ihm abzuziehen ist. Sie vernichtet ihn, indem sie ihn abbildet, und fiele er mit ihr zusammen, so wäre er nicht vorhanden.

Siegfried Kracauer[1]

1

Anfang der 1980er-Jahre entdeckte ich auf dem Weg in die Tugenberge in Nakuru, der Hauptstadt des Nakuru Countys, ein Fotostudio mit dem Namen »Berlin Studio«. Ich betrat den dunklen Verkaufsraum und blickte auf zahlreiche Porträts, Werbeplakate, Zeitungsausschnitte, gerahmte Tafeln mit frommen Sprüchen sowie Farbdrucke von Jesus und der Jungfrau auf der Wand gegenüber. Auch lebensgroße blonde Pin-up-Mädchen aus Pappe in knappen Badeanzügen und roten Stöckelschuhen, die Reklame für Kodak und Agfa machten, standen in einer Ecke. Wie ich später erfuhr, ließen sich Kunden gern zusammen mit ihnen – als ihren westlichen Anderen – fotografieren. Am Verkaufstisch vor einer großen Kasse stand Mr Kamau, der freundliche Eigentümer. Ich grüßte ihn höflich und erklärte, dass ich aus Berlin komme und nur zu gern wisse, wieso das Studio diesen Namen trage. Lächelnd erzählte er mir, dass er einige Jahre in Ostberlin verbracht habe, um Fotografie zu studieren, und weil er diese Zeit sehr genossen und in bester Erinnerung hatte, habe er dem Studio den Namen »Berlin Studio« gegeben. Der Name stand für eine glückliche Zeit. Aus einer Schublade holte er Farbfotos hervor, die ihn in Ostberlin zeigten, im Kreis von Genossinnen im Wohnzimmer, Bier trinkend, alle in bester Laune. Er war, wie sich später herausstellte, überzeugter Kommunist. Dass ich aus derselben Stadt kam, obwohl aus der falschen (kapitalistischen) Hälfte, verband uns. Als ich ihm, nachdem wir uns besser kannten, von der 68er-Bewegung in Westberlin erzählte, festigte das unsere Freundschaft. Ich besuchte ihn regelmäßig, brachte ihm Materialien, die er brauchte, aus Westberlin mit, und er schenkte mir Studio-Fotos, die ersten meiner zukünftigen Sammlung.

Seit etwa 1890 entstanden in Kenia Fotostudios als Teil einer hybriden afrikanischen Moderne. Die ersten wurden an der Küste von indischen Fotografen aus Goa gegründet. In Indien hatte sich die Fotografie als Porträtkunst – aber auch als ethnografische Fotografie im Rahmen staatlicher Politik sowie als Ergänzung der Hofkunst – fast zeitgleich mit Europa etabliert. Seit Jahrhunderten trieben indische Kaufleute an der ostafrikanischen Küste Handel. Für den Bau der Eisenbahn gegen Ende des 19. Jahrhunderts waren sie von den Briten vermehrt nach Kenia geholt worden. Sie bildeten eine Art Mittelschicht und brachten ihre eigenen fotografischen Traditionen mit, die vor allem an der ostafrikanischen Küste die fotografischen Konventionen und Stile bis heute beeinflussen. In ihren und den etwas später von Europäern errichteten Studios arbeiteten aber auch Afrikaner und erlernten schnell das Know-how. Höchst mobile Fotografen brachten dann das neue Medium von der Küste ins Hinterland. In postkolonialer Zeit gab es in Kenia kaum eine Stadt, die nicht wenigstens ein oder sogar mehrere Studios ihr Eigen nannte.

Gegen den kolonialen und anthropologischen Blick inszenierten sich in den Studios zuerst Angehörige der Elite und ab 1950 auch Mitglieder der anderen Schichten so, wie sie gesehen werden wollten. Die Studios wurden zu Wunschmaschinen, die weniger das idiosynkratische Individuum als vielmehr das Idealbild der sozialen Person abzubilden suchten. Mithilfe von Montagetechniken, Retusche und gemalten Kulissen einer besseren und reicheren modernen Welt erschufen die Fotografen einen illusionären Raum, der jedoch durch das Realitätsversprechen des Mediums Fotografie zugleich auch Wahrheit beanspruchte. Die Studios waren Orte, die moderne Bilderwelten recycelten und in Bildern ermöglichten, an einer globalisierten Welt und dem entsprechenden Lifestyle teilzuhaben. Die fotografischen Porträts hielten weniger ein vergangenes »So ist es gewesen« à la Roland Barthes fest; sie wiesen vielmehr auf eine Zukunft als Versprechen hin, das sich (vielleicht) erfüllen würde.

Wie in Europa so erzeugte die Fotografie in vielen Teilen Afrikas eine Ikonomanie, eine Bildersucht, vor allem nach Selbstbildern, nach Porträts. Obwohl es im vorkolonialen Afrika bereits eine lange komplexe Tradition der Porträtkunst gab, eröffnete die Fotografie doch ein neues Feld. Denn Fotos erlaubten nicht nur das eigene Selbst (und das von anderen) in zahlreichen Variationen zu speichern und zu objektivieren, sondern erzeugten auch eine neue »Technik des Selbst« (Foucault), die es ermöglichte, sich in einer vorher unbekannten Weise als ästhetisches Subjekt zu erfahren und damit zu subjektivieren. Sich wiederholt im Bild zu betrachten und daran anzupassen – das ließ ein Feedback entstehen, eine endlose Kette von Nachahmungen der Nachahmung. Fotoporträts förderten die Entdeckung und Kultivierung des Selbst als einer Vielheit und erschufen so eine neue Art der Selbstvergewisserung. Sie veränderten auch die Ökonomie des Erinnerns und die Konstruktion von (Auto-)Biografien.

Nach dieser ersten Begegnung mit Mr Kamau achtete ich, wo auch immer ich mich aufhielt, auf Fotostudios; und wenn es sich einrichten ließ, besuchte ich sie und unterhielt mich mit Fotografen und Kunden. Aber erst Anfang der 1990er-Jahre, als meine Arbeit in Norduganda beendet war, begann ich, über fotografische Praktiken und ihre Geschichte in Ostafrika, vor allem in der Küstenregion, systematischer zu arbeiten.[2]

Von der Arbeit mit Bildern, die nicht ich, sondern andere, professionelle Fotografen in Kenia aufgenommen hatten, erhoffte ich mir, der Kritik an der Repräsentation der Anderen im Medium der Schrift wenigstens teilweise etwas entgegensetzen zu können. Denn die Fotoporträts waren unhintergehbar ein Medium der Selbstdarstellung der Ethnografierten, über das ich mit ihnen – Fotografen, Kunden und Betrachter – sprechen konnte. Die Fotos gaben, um mit Clifford Geertz zu sprechen, nicht nur Einblick in lokale Formen der Repräsentation, sondern lieferten auch die erste Interpretation, während ich nur ihre Interpretation interpretierte.[3] Obwohl ich letztlich Autorin blieb, stellten die abgebildeten Porträts, die meinen späteren Text begleiten sollten, eine Art Korrektiv zu meinen

Interpretationen (der zweiten Ordnung) her. Die Bilder besaßen das Potenzial, meinem Text immer wieder in den Rücken zu fallen. Ich setzte auf ihre semantische Instabilität und Kraft, eine unerschöpfliche Ressource zu bilden, die lokale wie westliche Betrachter zu immer neuen Interpretationen anregen würde.

Es gab noch einen anderen Grund für mein besonderes Interesse am analogen fotografischen Medium. Wie die Namen, die mir gegeben wurden, so erzeugt auch die Fotografie Doppelgänger, die eine andere Qualität haben als ein flüchtiges Spiegelbild. Der fotografische Akt verwandelt ein Subjekt in ein Objekt. Er ist, wie Roland Barthes formuliert hat, »das Auftreten meiner selbst als eines anderen«[4]. Der fotografische Akt wiederholt also in gewisser Weise metaphorisch, was ich während meiner Feldforschung in den Tugenbergen und in Uganda erfahren hatte: zum Objekt der anderen werden, ihnen ausgeliefert sein und sich in merkwürdige Doppelgänger zu vervielfachen, in denen ich mich manchmal nur schwerlich erkannte.

Dazu kommt, dass auch der Entwicklungsprozess eines analogen Fotos dem klassischen Modell der Rites de Passage entspricht, wie mir ein Fotograf in Mombasa erklärte, der seinem ambulanten Fotostudio den Namen »Photo Doctor« gegeben hatte. Er sah sich als Arzt und Heiler des fotografischen Bildes. Ohne van Gennep gelesen zu haben, nahm er das fotografische Negativ wörtlich als *negativ*, als schwach, krank und verwundbar, das er behandeln müsse, damit es gesund und ein Positiv werde, sagte er lächelnd. Das Negativ, ein transparentes Doppel, dessen Information erkennbar, aber in den Schwarz-Weiß-Werten verkehrt ist, erschien ihm als liminal, als die verwundbare Seite eines Bildes, das Möglichkeiten barg, die abgebildete Person sowohl zu schädigen als auch zu heilen.[5] Nicht nur der fotografische Akt, sondern auch der chemische Entwicklungsprozess lieferten Bilder für rituelle Übergänge, die in gewisser Weise meine eigene Liminalität während der Feldforschung in ein anderes Medium übersetzten.

2

Ethnologie und Fotografie haben eine lange gemeinsame Geschichte. Bereits in der zweiten Hälfte des 19. Jahrhunderts war die Fotografie in eine Vielzahl von Praktiken und Diskursen eingebunden, die das neue Medium in verschiedene Bereiche der Wissenschaft, Kunst und populären Kultur integrierten. Während die neue Technik einerseits eine Allianz mit Staat und Wissenschaft zur Produktion von Dokumenten und Beweismitteln einging, also Zwecken der Objektivierung und Wahrheitsfindung diente, wurde sie andererseits auf Jahrmärkten sowie in bestimmten wissenschaftlichen Kreisen zur Erzeugung von Illusionen, Wundern und »Materialisierungen« des Unsichtbaren benutzt – wie zum Beispiel in der Geisterfotografie. Die Fotografie trug also wesentlich zur Entstehung einer modernen, positivistischen »Kultur des Realismus« bei, während sie gleichzeitig auch die andere Seite, Magie, Illusion und Fantastik, stärkte.

Beide Aspekte verschränkten sich auf vielfältige Weise, als die Fotografie in die sich herausbildenden Praktiken der ethnografischen Feldforschung integriert wurde. Wie Christopher Pinney[6] und Elizabeth Edwards[7] gezeigt haben, lassen sich die Entstehung der Ethnologie als wissenschaftliche Disziplin, die Kolonialisierung von Afrika und die Verbreitung des Mediums Fotografie als parallele und miteinander verflochtene Geschichten erzählen.

In Afrika setzten Reisende, Forscher, Missionare und Verwaltungsbeamte im Verlauf der Kolonialzeit die Fotografie extensiv ein, um seine Bewohner – wie die Wahnsinnigen und Kriminellen in Europa – im fotografischen Bild zu klassifizieren, typisieren, imaginieren und zu beherrschen. Da sie der mündlichen Befragung misstrauten, weil sie die Frauen und Männer vor Ort für notorische Lügner hielten (oder weil sie die Sprache nicht verstanden), setzten sie auf Beobachtung und vor allem auf das technische

Auge der Kamera. Denn die Kamera als Medium automatischer Einschreibung versprach die Fehlerhaftigkeit des menschlichen Auges auszugleichen, sie schuf Distanz und schien die Fähigkeit zu besitzen, für die Wissenschaft »wahre« Bilder von Objekten, Personen und Landschaften zu erzeugen.

Dazu kam, dass die Fotografie aufgrund der ihr eigenen Kontingenz unendlich viele Details lieferte, die manchmal erst der Betrachter entdeckte und die auch heute noch (zum Beispiel auf historischen Fotos) das Ausgangsmaterial für ethnologisches (und historisches) Wissen bilden. Eine eher unsichere und manchmal auch beklemmende Geschichte der Fotografie bildete sich in ethnologischen Praktiken heraus; sie bestand aus einer Serie von interkulturellen Übergriffen, unterschiedlichen, zum Teil gewalttätigen Interaktionen und aus Experimenten, die die Potenziale der Evidenzerzeugung des Mediums zu erkunden suchten.

Nach einer Phase der naiven Technikbegeisterung der frühen Ethnologen folgte – mit der Gründung der klassischen modernen Ethnologie durch Bronisław Malinowski – eine Zeit der Ablehnung technischer Medien »im Feld«. Es entstand ein merkwürdiges Paradox: Obwohl auch Malinowski fotografierte, war es allein das (archaische) Notizbuch, das dem modernen Ethnografen als Medium der Aufzeichnung diente. Die Ethnologie stellte sich also bereits im Feld als Wissenschaft auf, die auf Schriftlichkeit und Text basiert. Offensichtlich erschien die Feldforschung als Flucht aus der modernen in eine andere, archaische Welt, in der technische Medien eigentlich keinen Platz hatten.[8]

Vor dem Hintergrund der klassischen Methode der »teilnehmenden Beobachtung« nahm der Ethnograf à la Malinowski einerseits am fremden Leben teil, andererseits aber entwickelte er ein ethnografisches Auge, das nach naturwissenschaftlichem Vorbild die zu Ethnografierenden distanziert wie in einem Laboratorium beobachtete. Tatsächlich wurde der Ethnograf nun selbst zu einer Art Kamera, die aufzeichnete, was sich vor ihm abspielte. Die

Fotografie als Objekt der Reflexion verschwand aus dem ethnografischen Projekt in dem Augenblick, als der Ethnograf den fotografischen Prozess zu simulieren begann und sich als mehr oder weniger neutrale Aufzeichnungsapparatur begriff.[9]

Trotzdem wurden zahlreiche Fotografien hergestellt. Sie dienten zum Beispiel Malinowski als visuelles Hilfsmittel zur Kontrolle beim Schreiben seiner Texte. Und in den Monografien erhielten die Bilder die Funktion, den Text zu illustrieren und den Beweis zu liefern, wie Clifford Geertz bemerkte, dass der Ethnologe auch wirklich vor Ort gewesen war.

Während die frühe anthropologische Fotografie ihre Subjekte zum Zweck anthropologischer Forschung und Messung oft nackt vor einem neutralen Hintergrund oder einer Rasterung darstellte und damit gewaltsam aus ihrem Umfeld riss und erniedrigte, versuchten Ethnologen wie Malinowski, sie in ihrem Lebensumfeld zu zeigen. Er und seine Nachfolger betrieben Schnappschussfotografie, die als authentischer galt als Bilder, auf denen die Dargestellten posierten. Gegen die Fotografie des kolonialen Staates, gegen die frühe Fotografie physischer Anthropologen und gegen die »gestellte« und künstliche Studiofotografie sollten nun die Ethnografierten in ihrer ganzen »Natürlichkeit« aufgenommen werden, als ob die Kamera nicht anwesend wäre. Das führte manchmal zu größten Absurditäten: Der Ethnologe und Fotograf Hugo Adolf Bernatzik zum Beispiel warf Knallkörper unter die Anwohner eines Dorfes, damit sie nicht in »Reih und Glied« posierten, sondern sich vor der Kamera »natürlich« verhielten.

Ein neuer Typus wissenschaftlicher Objektivität, der sich in gewisser Weise die Kamera zum Vorbild nahm, entstand; die vermittelnde Präsenz des Ethnografen sollte zum Verschwinden gebracht werden und stattdessen die Kamera als selbstaufzeichnendes Instrument den sich einmischenden und ermüdeten Beobachter ersetzen.[10] Die Anwesenheit des Ethnografen und des Fotografen wurde als Störung aufgefasst, die die Reinheit der dargestellten Kultur »beschmutzte« oder verzerrte und so die vermeintliche Objektivität der Forschung gefährdete. Damit die sich nicht verrate, wurden die Fotografierten aufgefordert, nicht in die Kamera zu blicken. Um die Wahrheit der Fotografie zu sichern, versuchte der Ethnograf, nicht dabei gesehen zu werden, wie er andere Menschen (durch die Kamera) beobachtete. Gregory Bateson zum Beispiel arbeitete auf Bali mit einer Kamera, die um die Ecke schoss. Während also Ethnograf und Fotograf versuchten, unsichtbar zu sein, wurde das, was sie sahen – die Subjekte ihrer Forschung –, in Text und Bild umfassend sichtbar gemacht.

Spätestens in den 1980er-Jahren, als die ethnografische Autorität der klassischen Ethnologen einer radikalen Kritik unterzogen wurde, wurden auch die Medien, die zur Erforschung und Darstellung fremder Kulturen benutzt worden waren – darunter auch die selbstverständliche Schriftlichkeit –, auf ihre spezifische Medialität hin hinterfragt. Schon vorher hatte sich die Visuelle Anthropologie etabliert und in ihrem Rahmen den Zusammenhang von Überwachung, Kontrolle, kolonialer Herrschaft und anthropologischer Fotografie kritisch herausgearbeitet. Vor allem ethnografischen Filmemachern wie Jean Rouch oder David MacDougall war es gelungen, das Medium Film in neuer Weise in die Forschung einzubeziehen und für Experimente im Bereich des transkulturellen Feedbacks einzusetzen. Rouch und MacDougall versuchten nicht zu verschwinden; im Gegenteil, sie setzten die Kamera bewusst ein, um Ereignisse zu provozieren, die ohne ihre Anwesenheit nicht stattgefunden hätten.

3

Es ist skandalös, dass westliche Ethnologen und Kunsthistoriker erst zu Beginn der 1990er-Jahre zur Kenntnis nahmen, dass Afrikaner nicht nur fotografiert worden waren, sondern bereits seit etwa

1860 in Fotostudios in West-, Ost- und Südafrika gearbeitet und ihre eigenen hybriden Praktiken und ästhetischen Traditionen erschaffen hatten.[11] Erst im Mai 1991 zeigte Susan Vogel in der Ausstellung *Africa Explores* im New Yorker Center for African Arts einige Studiofotos von Seydou Këita.[12] Darauf folgte 1996 die Ausstellung *In/sight: African Photographers, 1940 to the Present* im Guggenheim Museum, kuratiert von Okwui Enwezor, sowie die Publikation des Werks von Seydou Këita und Malick Sidibé durch André Magnin. 1998 organisierten Tobias Wendl, Kerstin Pinther, Henrike Grohs und ich die Ausstellung *Snap me one. Studiofotografen in Afrika* in München und Amsterdam. Teile davon wurden in Berlin, London, Paris, Bamako und 2010 in Tokio gezeigt. Weitere Ausstellungen und Publikationen über Fotografen in Afrika folgten. Um 2000 fand bei Sotheby's die erste Kunstauktion statt, in der Fotos von Seydou Këita und Malick Sidibé erfolgreich versteigert wurden. Dieses Ereignis markierte den Eintritt afrikanischer Studiofotografien in den westlichen Kunstmarkt. Etwa zur gleichen Zeit begannen Kunsthändler – vor allem aus Italien und Frankreich –, die Fotoarchive verschiedener Fotografen überall in Afrika aufzukaufen.

Wie konnte es dazu kommen, dass afrikanische Fotografen und ihre Bilder im Westen so lange nicht zur Kenntnis genommen wurden? Tatsächlich bildeten die Menschen in Afrika vor allem den Gegenstand westlicher Fotografie. Als »Wilde« und »Primitive« lieferten sie die Matrix für ein Afrika, das, wie V. Y. Mudimbe schrieb, vor allem durch Devianz gekennzeichnet war.[13] Erst das Zugeständnis einer Moderne auch in Afrika ermöglichte den Blick auf den lokalen Umgang mit technischen Medien.

Es ist kein Zufall, dass die »Entdeckung« afrikanischer Fotografen mit der Herausbildung einer neuen Disziplin, der Medienanthropologie, einherging. Spätestens seit den 1980er-Jahren haben Ethnologen zunehmend feststellen müssen, dass sie sich nicht mehr allein im Besitz von technischen Medien wie Kamera, Tonbandgerät oder (später) Computer befanden, sondern dass mittlerweile auch die Ethnografierten dieselben Apparate zu eigenen Zwecken nutzten. Überall auf der Welt wird nun fotografiert, gefilmt und gesendet; vielfache mediale Übersetzungen finden statt. Diese Omnipräsenz von Medien und Medienpraktiken stellt die Subjekte unserer Forschung wie uns selbst vor die Aufgabe, in medial hergestellten Räumen, Zeiten und Relationen zu leben. Anwesenheit, Abwesenheit, situative Nähe und Distanz werden soziotechnisch organisiert, aber vor dem Hintergrund unterschiedlicher Mediengeschichten und kultureller Praktiken auf verschiedene Art konstituiert und reflektiert.

Es ging uns – der ersten Generation von Medienethnologen – vor allem darum, einen möglichst offenen Medienbegriff zu etablieren, der nicht nur Massenmedien, sondern auch den menschlichen Körper als Medium mit einschließt, um transkulturelle Mediengeschichten erzählen zu können, die zum Beispiel Geistmedien mit einbeziehen.

Die Herausbildung der Medienanthropologie brachte eine (weitere) Kränkung westlicher Handlungsmacht mit sich. Die seit dem 17. Jahrhundert vorgenommene harte Trennung von Mensch und Ding wurde infrage gestellt. Eingebunden in Netzwerke von Dingen und technischen Apparaten erschienen nun Frauen und Männer – auch Wissenschaftler – als diejenigen, die die Handlungsmacht der technischen Medien eher erlitten und ihnen ausgeliefert waren. Technische Medien bestimmten, was als »Realität« zu gelten hatte; sie prägten wesentlich die Sinne und Subjektivität. Und obwohl gerade technische Medien als Extensionen und Intensivierung menschlicher Fähigkeiten gefeiert wurden und somit vorgeben konnten, auch weiterhin den Fortschritt des Westens zu garantieren, erwiesen sie sich als höchst ambivalente Mittel und Mittler, die ihre eigenen, manchmal schwer kontrollierbaren Wege gingen. Wieder mussten Ethnologen sich bescheiden; sie mussten anerkennen, dass sie des Öfteren nichts anderes waren als ein Glied, eine Station, in einer langen Kette medialer Übertragungen.

4

Im Rahmen der neuen Medienanthropologie bildete sich auch eine internationale Anthropologie fotografischer Praktiken heraus, die nicht nur Afrika, sondern auch Asien und Südamerika mit einschloss. Tatsächlich versuchten wir die Geschichte der Fotografie, so wie der Westen sie bisher erzählt hatte, zu dezentrieren. Wir suchten nach anderen transkulturellen Mediengeschichten, die sich weniger auf Malerei wie im Westen als vielmehr auf Textilien, Geister oder Skulpturen bezogen; wir interessierten uns für lokale Praktiken, transkulturelle Interaktionen, die Zirkulation unterschiedlich verteilter Handlungsmacht und die Beziehung des Mediums Fotografie zu Materialität, den Sinnen und verschiedenen Konzepten von Wahrheit. Dadurch wollten wir mehr über das Verhältnis von mechanischer Einschreibung, Begehren und Macht herausfinden. Wir stellten fest, dass die analoge Fotografie als Apparatur, als Akt und als Objekt kein unschuldiges oder neutrales Unternehmen ist. In die technische Apparatur ist einerseits ein westliches visuelles Regime eingeschrieben, nämlich die Zentralperspektive, durch die eine spezifische Subjektposition produziert und das Bild mathematisiert und verräumlicht wird. Bricht man jedoch, wie einige Wissenschaftshistoriker vorschlagen, das scheinbar einmalige Ereignis der »Erfindung« der Fotografie in viele kleinere Fertigkeiten auf, ergibt sich ein anderes Bild.[14] Fotografie stellt sich dann als ein wahrhaft globales Medium heraus, nicht nur, weil es von Anfang an nationale und kulturelle Grenzen überschritten hat, sondern weil auch der technische Apparat aufgrund von Austausch und Entlehnung zwischen verschiedenen Kulturen entstand. So war die Camera obscura, ein *immutable mobile* (Bruno Latour) und das Herzstück der späteren fotografischen Kamera, bereits im alten China bekannt. Über den arabischen Gelehrten Alhazen gelangte die »dunkle Kammer« nach Europa, wo sie dann zur Herstellung perspektivischer Bilder zuerst in der Malerei und später in der Fotokamera benutzt wurde. Vor dem Hintergrund verstärkter Globalisierung kehrte auch die Kamera an die verschiedenen Orte ihrer Entstehung zurück. Damit verfestigte sie, wie Hans Belting gezeigt hat, die Vorherrschaft der Zentralperspektive.[15] Doch fanden gerade populäre Fotografen in Ostafrika (und anderswo) immer wieder Mittel und Wege, diese Vorherrschaft infrage zu stellen, dem Bild die räumliche Tiefe zu nehmen und es in eine Fläche zu verwandeln. Auch gelang es ihnen, die Hegemonie des Visuellen, zu der die Fotografie wesentlich beitrug, immer wieder aufzubrechen. Sie gaben den stummen Fotos nicht nur eine Stimme, sondern auch einen Duft, feierten ihre Farben und ihre Taktilität, und manchmal erweckten sie die auf dem Foto erstarrten Abgebildeten wieder zum Leben.

5

Ich beschloss, die kenianische Küste zum Ort meiner Forschung zu machen. Ich hatte sie bereits 1975, bevor ich in den Tugenbergen zu arbeiten begann, mit Mann und Kind besucht. Als unbedarfte Touristen genossen wir die »pleasures of sun, sand and sea«, den Palmenstrand, das Meer und die Szenerien wie aus *Tausendundeine Nacht* in den Städten so sehr, dass wir auch später immer wieder zur Erholung dorthin zurückkehrten.

Seit Jahrhunderten ist die ostafrikanische Küste in ein kosmopolitisches Netz von Handelsbeziehungen eingebunden, das den Indischen Ozean umfasst und Arabien, Persien, China sowie Indien einschließt. Gleichzeitig war die Küste auch Umschlagplatz für den Handel mit dem afrikanischen Hinterland. Aufgrund dieser privilegierten Lage bildete sich in den Küstenstädten schon früh eine kosmopolitische Moderne heraus.

Bereits in den 1930er-Jahren, also noch während der Kolonialzeit, wurden vor allem Mombasa, Malindi und Lamu zu einem Ferienparadies für weiße Siedler, meist Farmer aus dem Hochland. So wie sie dort die ansässige afrikanische Bevölkerung brutal verdrängten und sich ihr Land aneigneten, so besetzten sie nun den Strand, das Meer und einige Gebäude in der Altstadt. Als in den 1960er-Jahren neue Verkehrstechnologien in Form von Großraumflugzeugen den Massentourismus auch nach Kenia brachten und neue Kommunikationsmedien die Mobilität von Menschen, Waren, Bildern und Informationen intensivierten, wurde der exklusive Siedlertourismus vom westlichen Massentourismus mit riesigen Hotelanlagen und *tourist resorts* abgelöst. Der florierende Tourismus zog auch zahlreiche Arbeitsmigranten aus Westkenia und der Zentralprovinz an, die an der Küste in den Hotels arbeiteten, als touristische Führer tätig waren, als *sugar mummies, beach boys* oder *sugar boys* sexuelle Dienste anboten (es war noch in der Zeit vor Aids) oder Souvenirs produzierten und verkauften. Sie nahmen auf vielfältige Weise am touristischen Geschäft teil und trugen nicht wenig dazu bei, die von Europäern erwünschten Exotismen und Stereotype zu (re-)produzieren. So gab es zum Beispiel Gruppen von »wilden« Maasai, die häufig nicht einmal die Sprache der Maasai sprechen konnten, sich aber als tapfere Maasai-Krieger ausgaben, bewaffnet mit einem Speer, und in Hotels »traditionelle« Tänze aufführten und so das Klischee bedienten.

Gleichzeitig prägte das touristische Geschäft auch das Bild, das sich die lokale Bevölkerung von Europäern machte. Sie sahen in ihnen reiche, müßige Gäste, die sich häufig höchst unmoralisch verhielten, mehr oder weniger nackt umherliefen, sehr viel (völlig überflüssigen) Sport trieben, in Luxus lebten und permanent Feste feierten.

In seinem berühmten Roman *An der Biegung des großen Flusses* beschreibt V. S. Naipaul, wie Briefmarken, die die britische Verwaltung herstellte, dem Protagonisten die Augen für die Schönheit bestimmter Orte in Mombasa öffnen, die er täglich sah, aber noch nie als schön wahrgenommen hatte. Naipaul schreibt: »Die Marken sahen aus, als hätte ein Fremder gesagt: ›Das ist das, was an diesem Ort am eindrucksvollsten ist.‹«[16] Erst die Aneignung des fremden Blicks auf das eigene Alltägliche hob den Ort als besonders hervor und ließ ihn zum ästhetischen Objekt werden. In ähnlicher Weise, so erzählte mir später ein Fotograf, erkannten die alteingesessenen Bewohner der Stadt erst durch den fremden Blick der Touristen die Schönheit des Meeres, des Strands und der Palmen in Mombasa. Wurden in vorkolonialer Zeit Meer und Strand als eher gefährliche Orte gemieden, so wurden sie in postkolonialer Zeit nach dem Vorbild des hegemonialen westlichen Tourismus in Räume von Freizeit, Muße, Erholung und Spiel transformiert und ästhetisiert. Auch kenianische Touristen aus dem Hinterland entdeckten die Schönheit der Strände und des Meeres und eroberten sie sich zumindest teilweise zurück. Dort ließen sich auch mehr oder weniger mobile Fotografen nieder, um den Touristen ihre Dienste anzubieten.

Während meiner zahlreichen Aufenthalte an der Küste veränderten Ereignisse wie der Golfkrieg, die Bombardierung der amerikanischen Botschaft in Nairobi (und zeitgleich auch in Daressalam) im August 1998 und später dann der 11. September 2001 die lokalen und regionalen Verhältnisse tiefgreifend. Da die Küste seit dem 8. Jahrhundert islamisiert worden war und auch Versuche christlicher Missionare weitgehend gescheitert waren, während der portugiesischen und später britischen Kolonialzeit Muslime zum Christentum zu bekehren, verhärtete sich mit den beiden Golfkriegen die Opposition zwischen Christen im »Hinterland« und Muslimen an der Küste. Bereits vorher, in den 1980er-Jahren, hatten muslimische Hilfsorganisationen mit Geldern vor allem aus Saudi-Arabien neue Schulen, Moscheen und Krankenhäuser gebaut und einen textorientierten und eher puristischen Islam gepredigt, der viele der einheimischen Traditionen als unislamisch ablehnte. Gegen den Westen und die eher christlich orientierte Zentralregierung versuchten reformierte Muslime, die die Vorstellung von Religion als etwas Privatem ablehnten, Politik zu betreiben und den öffentlichen Raum zu besetzen. Sie unterwarfen sich einem disziplinären Regime, übernahmen (westliches) Wissen und technische Medien und forderten gleichzeitig die Durchsetzung »wahrer« muslimischer Traditionen wie die Trennung der Geschlechter und das Tragen des Schleiers in der Öffentlichkeit.

Während der Golfkriege stellte sich die Mehrheit der Muslime auf die Seite des Irak, während die meisten christlichen Arbeitsmigranten mit den USA sympathisierten. Die kenianische Küste, weit entfernt von den USA, Irak und Iran, wurde trotzdem in den Krieg hineingezogen. Nach der Bombardierung der amerikanischen Botschaft und nach dem 11. September 2001 mussten vor allem Muslime der Altstadt in Mombasa erleben, was es heißt, Ziel amerikanischer und kenianischer Sicherheitsmaßnahmen und brutaler Suchaktionen nach Terroristen zu sein. Muslime wurden des Terrors verdächtigt, stigmatisiert wie nie zuvor und weitgehend totaler Überwachung unterworfen. Der globale Konflikt schrieb sich auf gewalttätige Weise in die nationale, regionale und lokale Politik in Kenia ein.

6

Hatte Malinowski noch verfügt, dass der Ethnologe »allein unter Wilden« zu leben habe und möglichst wenig Kontakt zu anderen (kolonialen) Europäern haben sollte, so zeigte sein posthum veröffentlichtes Tagebuch[17] die Folgen dieser heroischen Pose. Er litt an Einsamkeit und tröstete sich mit schwülen Romanen; er begehrte die jungen »nackten« Frauen, konnte dieses Begehren aber nicht zulassen und verfiel in ziemlich üble rassistische Beschimpfungen. Das Tagebuch, das 1967 erschien, gehörte zur Pflichtlektüre am Berliner Institut. Die Konsequenz, die wir daraus zogen, war, besser nicht den einsamen Helden zu spielen.

Auch ich war froh, meinen Sohn mit in die Tugenberge nehmen zu können und von meinem Mann und Freundinnen besucht zu werden. Es war wichtig, den Bewohnern von Bartabwa zu zeigen, dass ich nicht von zu Hause verbannt worden war, sondern Familie, Verwandte und Freunde hatte. Nur die Feldforschungen in den Kriegsgebieten in Uganda führte ich alleine durch. Ich wollte niemand in Gefahr bringen. Zur ethnografischen Arbeit an der kenianischen Ostküste dagegen begleitete mich zum ersten Mal eine jüngere Kollegin und Freundin. Henrike Grohs hatte Anfang der 1990er-Jahre ihren Magister in Ethnologie bestanden und war unschlüssig, ob sie noch promovieren oder lieber in die unakademische Praxis springen sollte. Als ich ihr vorschlug, mit nach Kenia zu kommen, sagte sie sofort zu, weil ihr dies die Möglichkeit gab, Zeit zu gewinnen und ihre Neigung für die ethnografische Forschung einer weiteren Prüfung zu unterziehen. Henrike Grohs hat mir, wie ich noch zeigen werde, auf unschätzbare Weise bei der ethnografischen Arbeit zur Seite gestanden. Sie verstand es wie kaum jemand sonst, durch ihre liebenswürdige, kluge und aufmerksame Art, die verschiedensten Menschen für sich einzunehmen; wo sie hinkam, war sie beliebt und die Türen öffneten sich. Nach unserer gemeinsamen Arbeit entschied sie sich jedoch gegen die Wissenschaft und für die Arbeit im Kulturbetrieb. Sie wollte nicht schreibend und lesend einen Teil ihres Lebens einsam am Schreibtisch verbringen.[18]

Während ich vorher vor allem an einem festen Ort – in Bartabwa, Gulu oder Fort Portal – gearbeitet hatte, forschten wir nun »multi-lokal« in den Städten Mombasa, Malindi und Lamu (und später auch im englischen Birmingham)[19] mit verschiedenen Fotografen und ihren Kunden zusammen zur Produktion, Zirkulation und Konsumption fotografischer Bilder. Wir suchten nach neuen Möglichkeiten einer »geteilten« ethnografischen Forschung und experimentierten mit vielen verschiedenen Methoden. Neben meiner bereits erwähnten Sammeltätigkeit praktizierten wir teilnehmende Beobachtung, nahmen an Fototerminen in Studios und an Festen teil, vor allem Hochzeiten. Wir führten mehr oder weniger strukturierte Gespräche mit Fotografen und ihren Kunden, besuchten offizielle (nationale) und private Archive und diskutierten ausgewählte Fotos und Fotoalben mit verschiedenen Leuten. Dabei stellten wir fest, dass Fotos – wie Prousts »Madeleine« – Erinnerungen wachrufen und erstaunliche Erzählungen hervorbringen können.

Diese medienanthropologische Forschung verlangte nicht nur eine kritische Reflexion der Grenzen herkömmlicher sowie Experimente mit neuen ethnografischen Methoden, sondern lud auch dazu ein, das technische Medium, das es zu erforschen galt, selbst in den Forschungsprozess einzubeziehen und als Instrument zur Produktion von Wissen einzusetzen. Und wieder wurde der Forschungsprozess – wie bei den anderen Forschungen – weitgehend von lokalen Akteuren bestimmt und verlief überhaupt nicht nach Plan und auch nicht ohne Konflikte.

Wir begannen damit, vor allem in Mombasa verschiedene Fotostudios zu besuchen. Die meisten gehörten Indern, die in der zweiten oder dritten Generation in Kenia lebten. Der Kontakt mit den Fotografen und Studiobesitzern verlief immer auf die gleiche Weise. Wir betraten das Studio als Kunden und ließen uns fotografieren, das heißt, wir lieferten uns dem Fotografen aus und unterwarfen uns einem fremden visuellen Regime. Der Akt des Fotografiert-Werdens war der allgemein akzeptierte Beginn einer sozialen (und kommerziellen) Beziehung. Im Verlauf der langen Forschung an der Küste forderten mich immer wieder Fotografen auf, mich – manchmal gemeinsam mit ihnen – fotografieren zu lassen. Sie insistierten auf diesem Akt der fotografischen Inbesitznahme.

Beinahe wäre deshalb dieses Kapitel ein ethnografischer Fotoroman geworden. Es hätte eine Serie von Fotos mit Henrike und mir in verschiedenen Studios und Situationen gezeigt. Doch die Fotos waren - anders als die Namen, die mir in den früheren Forschungen gegeben worden waren - nicht eigentlich fremde Gegenbilder. Während die Namen fiktive, fremde Räume öffneten und ein beachtliches Potenzial zur Beunruhigung bargen, verbanden sich die Fotos eher mit der Enttäuschung, die oft mit Sichtbarkeit einhergeht. Sie wären den Lesern dieses Buchs, die die Umstände der Entstehung der Bilder nicht kennen, vor allem touristisch und entsprechend oberflächlich und banal erschienen. Ich hätte die einzelnen Fotos mit ausführlichen Texten versehen müssen, um etwas von den Bedingungen der Aufnahme, der Atmosphäre des Austausches und den manchmal ernsthaften, oft aber auch witzigen Interaktionen zwischen den Beteiligten wiederzugeben. Doch ich entschied mich für den Entzug der Fotos, für die Schrift und damit für die Macht.[20]

Wir wurden fast immer frontal zur Kamera aufgenommen, den Blick direkt auf das Objektiv gerichtet. Das entspräche den Regeln der Höflichkeit, erklärte ein Fotograf. Man nähere sich einer anderen Person (oder der Kamera) immer von vorne und nicht von der Seite (im Profil). Das Licht wurde so gesetzt, dass die abgebildete Person keinen Schatten warf. Im fertigen Schwarz-Weiß-Foto erschienen wir dann manchmal wie Gespenster, überbelichtet, mit Gesichtern, in denen nur die Augen und der Umriss zu sehen waren. Einige der indischen Fotografen boten an, die fertigen Fotos zu kolorieren. Der Fotograf Salyani erklärte, dass die Farben uns die auf den Schwarz-Weiß-Fotos verloren gegangene Vitalität zurückgäben, uns wieder lebendig machten.

Während es einerseits klare Normen und Regeln gab, diente das Studio andererseits als eine Art Labor für visuelle Experimente. Hier spielten Fotografen und ihre Kunden mit neuen sozialen Rollen, Identitäten und fremden Bildern von Männlichkeit und Weiblichkeit. Im Studio verwandelten sie sich in den Gentleman, die Lady, die Hausfrau, das romantische Liebespaar, zitierten

Film-Stills, indem sie zum Beispiel Humphrey Bogart oder Helden aus Western- und Kung-Fu-Filmen imitierten. Doch seit den 1980er-Jahren, so stellten wir fest, rückte der Westen als Lieferant für Vorbilder zunehmend in den Hintergrund und das indische Bollywood-Kino, ägyptische Soaps und die Mode aus Dubai übernahmen diese Aufgabe. Vor dem Hintergrund der Ölkrise und des neuen Reichtums arabischer Staaten verlor der Westen zunehmend seine hegemoniale Macht.

Und auch wir versuchten in den Studios nachzuahmen, was wir aus dem lokalen Repertoire an Posen und Verkleidungen kennengelernt hatten. Das Studio wurde zu einer Bühne, auf der auch wir, zusammen mit dem Fotografen, mit (manchmal gar nicht so) fremden Konventionen spielten und uns unter großem Gelächter verwandelten: in Frau mit Hütchen, in VIP mit Mikrofon, auf einem Flugplatz stehend, vor einem Wandteppich mit springenden Pferden, vor einer Alpenlandschaft sitzend oder unsere Köpfe montiert in eine Karte Afrikas.

Auf den so erzeugten Fotos erkenne ich Henrike und mich ohne Schwierigkeiten. Die fotografische Aufnahme als mimetische Annäherung führte selten zu einer Verfremdung; sie erschuf kaum Phantome wie die mir gegebenen Namen. Das technische Medium der Fotografie sorgte für Inskriptionen, die es erlaubten, uns auch verkleidet und in fremden Milieus wiederzuerkennen.

7

So verflochten die transkulturelle Geschichte der Küste verlaufen ist, so komplex war auch die Geschichte ethnografischer Forscher und ihrer lokalen Gesprächspartner. Anders als in den Tugenbergen traten wir an der ostafrikanischen Küste in die Fußstapfen einer beachtlichen Anzahl von westlichen Ethnologen, Linguisten, Historikern und Archäologen, die vor uns da gewesen waren. Als wir Anfang der 1990er-Jahre dort zu arbeiten begannen, begegneten wir ständig Kollegen. Es war fast so wie in dem Ethnologenwitz über die typische Familie der Navajo-Indianer, zu der nicht nur Vater, Mutter, Kinder und vielleicht noch der Mutterbruder, sondern auch ein Ethnologe gehört.

Da sich viele der Wissenschaftler untereinander kannten und zum Teil auch befreundet waren, hatte sich ein internationales Netzwerk aus einheimischen und westlichen Gelehrten herausgebildet, in das auch wir gerieten. So vermittelte mir der befreundete englische Ethnologe John Middleton den Archäologen und Historiker Athman Omar Lali aus Mombasa. Bevor Middleton, wie bereits erwähnt, in Norduganda forschte, hatte er im Zweiten Weltkrieg als Soldat die Küste besucht und daraufhin begonnen, dort ethnografisch zu arbeiten. Athman Omar Lali arbeitete damals als sein Forschungsassistent, studierte dann in Yale (wo Middleton bis zu seinem Lebensende Professor war) und wurde zum Archäologen ausgebildet. Eine Zeit lang war er Direktor des Nationalen Museums in Mombasa; in seinem schönen Haus in der Altstadt trafen sich regelmäßig Ethnologie- und Linguistikstudenten aus Yale. Hier wohnten auch Henrike und ich, wenn das Haus nicht von anderen Ethnologen besetzt war. Athman Omar Lali half uns großzügig mit Rat und Tat und führte uns in seine Familie ein.

Middleton hatte mir auch Sheik Ahmed Nabhany empfohlen, der als *der* Experte für »Swahili Culture« galt. Nabhany war sehr beschäftigt, nachdem die UNESCO die Altstadt Mombasas als Weltkulturerbe anerkannt hatte; viel Geld floss in die Stadt. Wir versuchten etliche Male vergeblich, ihn zu treffen. Als er uns endlich empfing, überreichte er mir seine Visitenkarte, auf der er sich als »Kiswahili Consultant« bezeichnete, zuständig für Sprache, Literatur, Geschichte, Poesie und Kultur. Die Begegnung verlief nicht glücklich. Er fand unser Forschungsthema »populäre Fotografie«[21] unangemessen, obwohl oder gerade weil, wie wir später herausfanden, eine seiner Töchter als Fotografin und

Videoproduzentin arbeitete. Fotografie gehörte nicht in den hehren Kanon seiner Vorstellung von Kultur. Außerdem forderte er für seine Hilfe eine so unverschämt hohe Geldsumme, dass wir auf eine weitere Zusammenarbeit verzichten mussten.

Doch nicht nur ehemalige Forschungsassistenten und Kulturexperten wurden »weitergegeben«, auch zuverlässige Taxifahrer. So verdankte ich der amerikanischen Linguistin Ann Biersteker, ebenfalls aus Yale, die Vermittlung von Mr Kazungu, einem überaus freundlichen, klugen und hilfsbereiten Fahrer, der sie in Mombasa und Umgebung herumgefahren hatte und das später auch äußerst zuverlässig für uns tat. Athman Omar Lali, Sheik Nabhany und Kazungu waren mit den Idiosynkrasien und Ticks westlicher Forscher und Forscherinnen bereits bestens vertraut; sie wussten, was auf sie zukam, wenn sie sich auf die (gar nicht so) Fremden einließen und mit ihnen kooperierten. Und umgekehrt fiel ein bisschen der Strahlkraft von John Middletons Aura auch auf uns, wenn wir uns auf ihn berufen konnten und sich die Türen weit öffneten.

Die zahlreichen Texte und Monografien, die Ethnologen, Historiker, Archäologen und Linguisten über die Küste geschrieben hatten, standen in öffentlichen Bibliotheken sowohl in Mombasa als auch in Lamu zur Verfügung und wurden von interessierten Bewohnern der Küste rezipiert. Diese Leser waren manchmal äußerst kritisch. John Middleton erzählte mir, dass der ägyptische Ethnologe Abdul Hamid El-Zein, der in Lamu geforscht und 1974 das Buch *The Sacred Meadows* veröffentlicht hatte, von den Sharifen der dortigen Reiyadah-Moschee verflucht worden war. Sie waren mit dem Text ganz und gar nicht einverstanden; El-Zein starb 14 Tage später in Chicago.

Im Gegensatz zu Mombasa, einer kosmopolitischen, offenen Stadt, galt Lamu auf der gleichnamigen Insel im Norden (hier hatte El-Zein gearbeitet) als eher konservativ und verschlossen. Die aristokratische Elite versuchte gegen Ende des 19. Jahrhunderts nicht nur, Fremde aus ihrer Stadt fernzuhalten, sondern auch an ihren »Traditionen« festzuhalten. Beides misslang. Lamu wurde Zentrum einer neuen Moschee mit Namen Reiyadah, »heilige Wiese«,[22] deren Gründer Habib Saleh sich für die Freilassung der Sklaven einsetzte und ein berühmtes Kolleg für islamische Theologie aufbaute mit einer jährlich stattfindenden Maulidi-Feier, die Tausende Muslime aus der ganzen Welt nach Lamu brachte.

Im Oktober 1996 reisten Henrike und ich zusammen mit Muzna Mohammed Said Ali, einer Urenkelin des Gründers der Reiyadah-Moschee, nach Lamu. Dort wollten wir Nadjati Ali treffen, eine junge Frau aus einer aristokratischen Familie, die bereits mit der französischen Ethnologin Françoise Le Guennec-Coppens, der Amerikanerin Linda Giles und der Finnin Minou Fuglesang zusammengearbeitet hatte. Als wir zum verabredeten Termin das Haus betraten, begrüßte uns Nadjatis Mutter nicht. Auch später richtete sie nicht ein Wort an uns; es war, als wären wir nicht anwesend. Nadjati, die für Kenya Airways arbeitete, erklärte uns, sie habe leider keine Zeit. Sie gab uns einen Termin am Nachmittag, eine halbe Stunde. Um die uns unverständliche Unhöflichkeit, ja Feindschaft, zu verstehen, fragte ich nachmittags vorsichtig nach. Es stellte sich heraus, dass Minou Fuglesangs 1994 erschienenes Buch *Veils and Videos. Female Youth Culture on the Kenyan Coast* große Aufregung und Ablehnung hervorgerufen hatte. Fuglesang hatte vor allem mit Nadjatis Schwester zusammengearbeitet. Sie habe, so wurde uns berichtet, unwahre Dinge über die Frauen in Lamu geschrieben. Später erzählte uns Muzna, dass Fuglesang für eine Spionin gehalten wurde; sie habe in ihre Schuhe ein winziges Mikrofon eingebaut, um heimlich die informellen Gespräche unter den jungen Frauen aufzunehmen. Sie habe das Vertrauen der Frauen missbraucht und sie betrogen.

In ihrem Buch hatte Fuglesang das Leben junger Frauen, ihre individuellen Wünsche und Träume, auf eine – aus meiner Sicht – höchst liebenswürdige und sympathische Weise beschrieben. Es ging um ihre Vorstellungen von romantischer Liebe, die in Bollywood-Videos, die die jungen Frauen mit Begeisterung anschauten, in immer neuen Variationen mit viel Herz und Schmerz, Gesang und Tanz propagiert wurden. Gegen die von den Eltern arrangierte Ehe brachten die jungen Frauen die Liebesheirat ins Spiel und stellten damit die überkommenen Autoritäten infrage.

Zum Schutz der Frauen hatte Fuglesang ihre Namen anonymisiert. Das war offensichtlich nicht genug, denn einige Frauen behaupteten, sich und andere im Text wiederzuerkennen. Dieses Wiedererkennen war schmerzlich, beschämend und verstörend, weil ihre Darstellung viel zu viel Privates und Persönliches enthüllte, das eigentlich verborgen hätte bleiben müssen.

Erstaunlich war, dass keine der Frauen, mit denen wir sprachen, das Buch gelesen hatte. Sie kannten es vom Hörensagen und hatten ihr harsches Urteil von anderen übernommen, ohne es zu überprüfen.

Fuglesang hatte als vorsichtige Feministin mit besten Absichten vor allem mit Mädchen und jungen Frauen gearbeitet, um ihnen eine Stimme zu geben und um auch ihre Sicht in den wissenschaftlichen Diskurs einzubringen. Dieser Versuch war gründlich gescheitert, zumindest aus der Perspektive der ethnografierten Frauen. Alle Frauen, die in irgendeiner Weise mit ihr zusammengearbeitet hatten, weigerten sich, mit uns zu sprechen; wir sollten keine Gelegenheit bekommen, Lügen über sie zu schreiben. Sie schwiegen, und wir mussten daraufhin hauptsächlich mit Männern sprechen, die bereitwillig auf unsere Fragen antworteten.

Sehr viel später meinte eine Frau in Mombasa, die ursprünglich aus Lamu kam, dass das Ganze vielleicht eine Intrige der Männer gewesen sei, die sich von Fuglesangs Forschung ausgeschlossen sahen (auch von den finanziellen Vorteilen, die eine Forschung mit sich brachte) und mit ihrem Manöver dafür gesorgt hatten, dass sie wieder im Mittelpunkt ethnografischer Arbeit standen.

Die Anwesenheit und Forschungen anderer Ethnologinnen hatten also konkrete Auswirkungen auf unsere. Sie eröffneten oder verschlossen den Zugang zu bestimmten Frauen und Männern als Gesprächspartner. Und sie bargen auch ein enormes epistemologisches Problem, das ich bereits angesprochen habe. Nicht nur die Bewohner der Küste waren unsere Anderen, sondern in ihren Reden tauchten in der einen oder anderen Weise auch die vielen Kollegen auf, die vor uns ethnografisch oder historisch an der Küste gearbeitet hatten. Ihre Präsenz hatte Spuren auch bei den Erforschten hinterlassen. Wir mussten uns fragen, ob wir in dem, was unsere Gesprächspartner vor Ort sagten, nicht auch oder vor allem unseren Kollegen begegneten. Nicht nur die Ethnologin und das Thema ethnografischer Arbeit verändern sich im Lauf der Forschung; auch die lokalen Gesprächspartner verwandeln sich in den Interaktionen mit Ethnologen. Sie lernen dazu, nehmen auf oder lehnen ab; sie interpretieren und transformieren das Gehörte und Gesehene und spielen es zurück und setzen damit eine Rekursivität in Gang, die die Ethnologin reflektieren muss.

Ich nahm zur Kenntnis, dass es bereits eine lange Geschichte von Interaktionen zwischen immer schon hybriden lokalen und eher globalen diskursiven Traditionen gab, ein sehr langes Gespräch zwischen Ethnologen und ihren Partnern »im Feld«, das nicht unbedingt auf einem inhaltlichen Konsens beruhte, sondern vielmehr darauf, dass der Dialog fortgesetzt wurde.

8

Wie wir im Verlauf der Forschung feststellten, gab es an der Küste, vor allem unter Muslimen, eine visuelle Ordnung, die Wahrheit nicht unbedingt mit Sichtbarkeit verband. Während im Westen die Produktion von Wissen meistens mit dem Blick und bildgebenden Verfahren der Sichtbarmachung – wie Fotografie und

Film – verknüpft war, zogen die Bewohner der Küste in bestimmten Situationen Opazität der Transparenz vor und zeigten gerne, dass sie etwas nicht zeigten. Tatsächlich blieb an der ostafrikanischen Küste insbesondere unter Muslimen bis heute ein visuelles Regime bestimmend, das Bildern eher misstraut. Vor dem Hintergrund eines (reformierten) islamischen Revivals wurde auch das sogenannte islamische Bilderverbot aktualisiert. Heftige Debatten über moderne visuelle Medien fanden statt, auch darüber, was Filme, Videos und Fotos zu sehen geben sollten und was nicht. Obwohl die Fotografie als globales Medium nach anfänglichem Widerstand auch an der ostafrikanischen Küste in zahlreiche Bereiche des Alltagslebens und der Festkultur integriert wurde, haben sich doch auch ikonoklastische Räume herausgebildet, in denen die Anwesenheit der Kamera mehr oder weniger explizit untersagt war. Entsprechend interessierte uns, wie Produzenten und Konsumenten von Fotografien ikonoklastische Räume schufen und die Produktion und Zirkulation von Bildern zu kontrollieren suchten. Als nicht vorhersehbarer Gegenstand der Forschung bildete sich etwas heraus, das ich später als »Ästhetik des visuellen Entzugs« bezeichnet habe: vielfältige lokale Versuche, paradoxerweise im visuellen Medium der Fotografie, mit höchst unterschiedlichen Mitteln fotografische Sichtbarkeit zu unterlaufen.

Viele meiner Kollegen, die in Afrika oder anderswo über fotografische Praktiken gearbeitet haben, betätigten sich auch im Feld als Fotografen. Sie setzten die Kameraperformanz als kleines wissenschaftliches Ritual ein, stellten sich aber auch in den Dienst der Subjekte ihrer Forschung, indem sie auf deren Wunsch Rituale und Feste fotografierten. Ich dagegen entschied mich, »im Feld« nicht selbst zu fotografieren und stattdessen vor allem Fotografien zu kaufen oder mir schenken zu lassen, die von lokalen Fotografen hergestellt worden waren. Vor dem Hintergrund der gewaltsamen kolonialen Fotografie und in Opposition zu den zahlreichen westlichen Touristen, die hemmungslos und dreist Frauen und

Männer an der Küste fotografieren, ohne um Erlaubnis zu fragen, ließ ich meine Kamera lieber zu Hause.

Mein Versuch, durch *Nicht*-Fotografieren Schwierigkeiten zu vermeiden, eröffnete jedoch nur ein anderes Konfliktfeld. Weil ich selbst nicht fotografierte, war ich auf den Erwerb bereits vorhandener Bilder für mein Archiv angewiesen und schloss damit an die problematische Geschichte des ethnografischen Sammelns an. Diese ist eng verwoben mit der Vorgeschichte der klassischen Ethnologie, einer Geschichte kolonialer Expeditionen, des ungleichen Tauschs, des Raubs und des Diebstahls.

Da es in Mombasa oder Lamu keinen eigentlichen Markt für fotografische Porträts gab – wie bei uns auf Flohmärkten oder in speziellen Geschäften –, versuchte ich, in verschiedenen Studios Fotos zu kaufen. Ich stellte sehr bald fest, dass meine Sammeltätigkeit, mein Wunsch, Porträts zu kaufen, nicht immer auf Wohlwollen stieß, sondern durchaus Misstrauen hervorrief und offensichtlich mit lokalen Konventionen nicht unbedingt vereinbar war. Tatsächlich, so brachte ich nach einiger Zeit in Erfahrung, wurden mir in etlichen Studios Fotos verkauft, die bestellt, aber nicht abgeholt worden waren. In Kenia zahlt der Kunde nach dem Fototermin den halben Preis des Fotos an und tilgt den Rest bei Abholung. Da viele Leute den Akt des Fotografierens an sich schon genießen, weil er etwas als Ereignis markiert und aufwertet, kommt es relativ häufig vor, dass die fertigen Bilder nicht abgeholt werden. Studiobesitzer und Fotografen verlieren somit Geld – bei einem sowieso reichlich knapp kalkulierten Geschäft – und verfügen über ein ganzes Arsenal von Strafen für säumige Kunden. Ein Studiobesitzer erzählte mir, dass er nicht abgeholte Fotos als Vergeltungsmaßnahme in seinem Schaufenster ausstelle. Es sei (manchmal) wirksam, sagte er, ein Kunde habe zum Beispiel erfahren, dass sein Foto im Schaufenster stehe, und sei zu ihm geeilt, um es abzuholen und zu bezahlen. Ein anderer Fotograf steigerte die Bestrafung noch, indem er die Fotos säumiger Kunden nicht nur ins Schaufenster, sondern auch noch auf den Kopf stellte, eine ziemlich eindeutige Geste der Vergeltung. Und ein weiterer Fotograf stellte die Fotos, auf einem Schild befestigt, in den Regen.

Obwohl das Studio ein eher öffentlicher Raum ist, galten die Fotos als privat und ihre Zurschaustellung im Fenster oder draußen sichtbar für alle Passanten war eine eklatante Verletzung ihrer Privatheit.[23] Offensichtlich sind fotografische Porträts trotz der Kommerzialisierung ihrer Produktion nicht eigentlich für den Weiterverkauf bestimmt. Fotoporträts sind zwar Waren, aber werden – wenn sie einmal da sind – weitgehend aus der kommerziellen Zirkulation herausgenommen und stattdessen in einen Gabentausch unter mehr oder weniger Vertrauten integriert.

Der Verkauf von nicht abgeholten Fotos an Fremde wie mich gehörte also in das Arsenal der Strafen für säumige Kunden. Er verband sich außerdem mit der Möglichkeit, das verlorene Geld wiederzubekommen. Gleichzeitig stellte der Verkauf aber auch eine doppelte Verletzung, einen doppelten Vertrauensbruch dar, weil das für die eher private Konsumption bestimmte Bild nun als Ware verkauft wurde und außerdem auch noch an eine Fremde.

Nicht abgeholte Fotos bildeten also einen nicht unwesentlichen Anteil meines Archivs und damit den Gegenstand meiner Forschung. Es bestätigte sich hier James Cliffords These, dass sich die Ethnografierten durch die Version von Kultur, die sie der Ethnografin zur Verfügung stellen – in diesem Fall die Auswahl von Fotos –, in die Forschung einschreiben.

9

Bereits in den 1940er-Jahren hatte sich der koloniale Staat die neue Technik der Reproduktion zunutze gemacht, um seine Untertanen effektiver zu identifizieren, zu überwachen und zu kontrollieren. Brauchte jemand einen Reisepass, Ausweis oder Führerschein, dann musste er sich ein Identitätsfoto, ein Doppel seiner Person aus Papier, besorgen. Damit sollte er beweisen, wer er war. Die Herstellung eines Passfotos war für viele Kenianer auf dem Land die erste Begegnung mit der (kolonialen) Kamera. Sie folgte den Erfordernissen des Staates und verzichtete völlig auf die sozialen Charakteristika der dargestellten Person. Auf das Gesicht reduziert, frontal, vor einem neutralen Hintergrund schuf der vom Staat bestellte Fotograf ein vom Sozialen weitgehend befreites Bild als Stellvertreter einer Person. Damit eröffnete er ein neues diskursives Feld und schuf eine Praxis der Identifizierung von fotografischem Porträt und Subjekt »im Wahren«. Während Personen in den Fotos zuerst für den Staat erkennbar und identifizierbar wurden, wurden sie es dann auch für sich selbst und für andere. Schon bald fanden Fotoporträts Eingang in Praktiken des Liebeszaubers. Nutzten Heiler und Zauberer vorher Haar, einen Namen, Körperflüssigkeiten oder auch einen Fußabdruck, um eine Person metonymisch darzustellen und magisch zu »behandeln«, so fanden ab den 1950er-Jahren auch fotografische Porträts Eingang in lokale Praktiken des Heilens und Schadens.

Wie bereits Walter Benjamin bemerkte, kann die exakteste Technik ihren Hervorbringungen einen magischen Wert geben. Denn Fotoporträts besitzen, wie auch Christian Metz und Roland Barthes gezeigt haben, Eigenschaften, die sie als besonders geeignet erscheinen lassen, als »Fetisch« zu dienen. Die kleine Größe und Handlichkeit, die die Ausübung von Herrschaft über das Bild erleichtern, sowie die Indexikalität begründen ihre magische Macht. Tatsächlich teilen viele Menschen überall auf der Welt – unter ihnen auch westliche Fototheoretiker – die Überzeugung, dass dem fotografischen Porträt besondere magische und unheimliche Qualitäten eignen.

Es ist das Negativ, das wesentlich die (analoge) Fotografie ausmacht. Es ist singulär und ein Unikat; es bildet, wie bereits erwähnt, als transparentes und verkehrtes Doppel eine Art liminales Zwischenstadium. Während Fotografen aus der indischen Diaspora, die sich als Künstler sahen, die Negative der Fotos von Kunden in eigenen Archiven aufbewahrten, verzichteten die meisten anderen Fotografen – darunter auch viele Straßenfotografen – darauf; sie gaben ihren Kunden aus Platzgründen und Problemen bei der Konservierung nicht nur den Abzug, sondern ebenfalls das Negativ mit nach Hause. Wie ein Fotograf mir erklärte, wollten sie aber auch nicht in Verdacht kommen, sollte einem Kunden ein Unglück zustoßen.

Wenn Fotografen in Kenia mir als einer Fremden also nicht abgeholte Fotos verkauften, lieferten sie mir die darauf Abgebildeten in gewisser Weise aus, insbesondere dann, wenn sie mir auch das Negativ gaben. Das Misstrauen, dem ich begegnete, und das Unbehagen, das sich bei mir einstellte, hatte offensichtlich mit dem lokalen Verständnis des Verhältnisses von Bild und Person zu tun. Negativ und Abzug gehörten den Fotografierten.[24]

Während fotografische Porträts wie der Schatten als Teil oder Extension der fotografierten Person angesehen wurden, wird die Autorschaft des Fotografen nicht stark gemacht. Der Fotograf ist vor allem ein Techniker, der einen Dienst leistet, indem er auf den Knopf drückt und die automatische Inskription auslöst und zusammen mit dem Kunden das Foto schafft. Auch in Europa gehörten fotografische Porträts anfangs den Fotografierten. Erst als sich Fotografen als Künstler definierten und als Autoren akzeptiert wurden, konnten sie durchsetzen, dass das Bild ihnen und nicht den Fotografierten gehörte. Doch bleibt das Verhältnis von Person und Bild und das Recht am fotografischen Porträt weiterhin strittig, wie Gerichtsprozesse immer wieder zeigen.

In Kenia haben mir die meisten Fotografen nur dann Fotos verkauft, wenn wir uns besser kannten, wenn aus mir, der Fremden, eine Bekannte oder Freundin geworden war. Oft verkauften sie mir erst dann Fotos, wenn sie auch mich fotografiert hatten, wir also durch einen Austausch von Bildern aneinander gebunden waren.

Fotografien bezeugen also nicht nur die Anwesenheit eines Abwesenden (»die Person ist einmal da gewesen« à la Roland Barthes), sondern vor allem die Existenz sozialer Beziehungen zwischen dem Fotografen, den Abgebildeten und dem Besitzer der Fotografie.

Während meiner verschiedenen Forschungen in Afrika wurde ich immer wieder aufgefordert, mich mit Freunden und Gesprächspartnern zusammen fotografieren zu lassen. Es war, als ob dadurch eine Art sozialer Vertrag abgeschlossen und besiegelt würde. Meine Zustimmung zu einer Fotografie war auch eine Zustimmung zum Sichtbarmachen der sozialen Beziehung. Eine Ablehnung dagegen hätte zu einer Störung und vielleicht auch zum Ende der Verbindung geführt.

10

Bereits 1996 lernten wir Maina Hatchison kennen, einen Straßenfotografen, der uns über viele Jahre bei der Forschung begleitete. Nach einer gescheiterten Karriere als Pilot hatte Maina seine Heimat, die Zentralprovinz, verlassen und arbeitete seit Beginn der 1990er-Jahre als Straßenfotograf in Mombasa. Er hatte einen festen Standplatz im touristischen Zentrum der Altstadt, in der Nähe des portugiesischen Forts. Hierher kam er regelmäßig nachmittags; und hier lernten wir ihn auch kennen. Er war klug und belesen, hatte einige Kurse über Fotografie bei Kodak absolviert und interessierte sich sehr für unsere Arbeit. Ich konnte mit jeder Frage zu ihm kommen; gelang es ihm nicht, sie gleich zu beantworten, dann ließ sie ihn nicht los, er kreiste sie ein und kam immer wieder darauf zurück. Wir wurden gute Freunde. Ich kann im Folgenden nur andeuten, wie sehr er mir geholfen hat und wie sehr ich in seiner Schuld stehe.

Bei meinem letzten Aufenthalt 2011 an der Küste erzählte mir Maina Hatchinson, nachdem wir fünfzehn Jahre miteinander gearbeitet hatten, dass er eine ganze Serie von Fotos über unsere Zusammenarbeit hergestellt habe. Er hatte eine visuelle Geschichte unserer ethnografischen Arbeit erschaffen: Er fotografierte die Geschenke, die wir ihm gaben, auch die Übergabe selbst. Trafen wir neue Gesprächspartner, dann fotografierte er uns im Gespräch. Er hatte, ohne dass ich es bewusst zur Kenntnis genommen hätte, über viele Jahre hinweg eine fotografische Dokumentation des Forschungsprozesses hergestellt und gab mir so ein Beispiel für die hochgradig reflexive und originelle Weise, mit dem Medium der Fotografie umzugehen. Er hatte aus unserer gemeinsamen Arbeit sein eigenes Projekt gemacht.

Maina hatte uns nicht fotografiert, um Kritik am ethnografischen Handwerk zu üben oder um verborgene Aspekte der Ethnografinnen zu enthüllen. Seine Fotos erfüllten einen anderen Zweck. Sie dienten vor allem der Kommunikation und füllten den Raum, der zwischen uns lag. Er hatte zurückfotografiert und war so zu einem Meta-Ethnografen geworden. Er erzeugte ein transkulturelles Feedback, das unsere Perspektive verkehrte und uns zum Objekt seiner Bilder machte. Wir fanden uns in fragile Akte der Reziprozität verwickelt, des Nehmens und Gebens von Bildern; und gerade dadurch erlaubte uns Maina Einsichten in die Schwierigkeiten, die sich aus lokalen Konventionen und ethnografischer Forschung ergaben.

Von einigen Aufnahmen gab er mir Abzüge, aber behielt je eine Kopie und vor allem das Negativ. Wie er mir erklärte, dienten ihm Fotos (und Negative) auch als eine Art Pfand. Das Foto als Teil meiner Person, als eine Extension von mir, verlieh ihm Macht und eine gewisse Absicherung einer anfangs noch weitgehend fremden Person gegenüber. Wenn ich mich in Deutschland aufhielt, konnte er auf die Beziehung mit mir durch die Fotos verweisen. Sie machten die Existenz unserer Freundschaft sichtbar und beglaubigten sie. Im Zentrum der interkulturellen Konflikte, der Konflikte zwischen ethnografischen Methoden und lokalen

Medienpraktiken, stand also nicht so sehr die Interpretation dessen, was die Fotos zeigten, sondern vielmehr die Interaktionen und sozialen Beziehungen zwischen Fotograf, fotografierter Person, Käufer und Betrachter. In die Fotos eingeschrieben waren die Spuren von Begegnungen und Freundschaften, aber auch von Verrat und Abbruch der Beziehung. Das Lesen dieser Spuren eröffnete einen politischen Raum, in dem Anspruch auf das erhoben wird, was Ariella Azoulay[25] den »civil contract of photography« nennt: Fotografien in ihrer Eigenschaft nicht so sehr als ästhetische Objekte, sondern als politisches Instrument, das alle Personen, die an der Produktion, Zirkulation und Konsumption einer Fotografie teilhaben (inklusive des Ethnografen und aller Betrachter), in einem Vertrag bindet. Auf diese Weise fungieren Fotografien auch als ein Tribunal, das Verletzungen des Vertrags sichtbar macht.

11

Als wir im Sommer 1993 zu Beginn unserer Forschung Nairobi, Mombasa und Lamu besuchten, stellten wir fest, dass die Zeit der Fotostudios zu Ende ging. Die technische Revolution der 1980er-Jahre, als nicht nur die Farbfotografie, sondern auch neue Maschinen für die Entwicklung und Reproduktion Afrika erreichten, führte zu einer nachhaltigen Krise. Eine Anzahl von Studios musste schließen oder wurde durch Automaten wie »Photo-me« ersetzt. Die überlebenden Studios spezialisierten sich auf Entwicklung und Abzug oder das Herstellen von Passfotos, auf die Reproduktion alter Fotos und deren Kolorierung oder die neuartige Produktion von Videos. Die (noch analogen) Fotokameras waren bereits so einfach zu handhaben und billig, dass nun auch Angehörige der Mittelschicht eine Kamera besitzen und Bilder nehmen konnten. Die von Walter Benjamin schon 1936 emphatisch erhobene Forderung, dass jeder heutige Mensch im Zeitalter der technischen Reproduzierbarkeit einen Anspruch habe, gefilmt oder fotografiert zu werden, schien sich auch in Kenia zu erfüllen.

Vor diesem Hintergrund beschlossen wir, das Forschungsfeld zu erweitern und sogenannte ambulante oder Straßenfotografen in die Arbeit einzubeziehen. Denn aufgrund der Krise der Fotostudios versuchten zahlreiche junge Männer sowie einige wenige junge Frauen, als mobile Straßenfotografen - ohne die für ein Studio notwendige größere Investition - Geld zu verdienen. Sie hielten sich meist in kleineren Gruppen an mehr oder weniger touristischen Orten auf und fotografierten vor allem afrikanische Touristen. Sie fotografierten aber auch Leute aus der Nachbarschaft, Frauen, die sich mit einer neuen Frisur, einem neuen Kleid oder einem neuen Liebhaber ablichten lassen wollten; oder sie wurden zu Festen, Hochzeiten oder Geburtstagen ins Haus von Kunden eingeladen.

Sie fotografierten mit einfachen Kleinbildkameras, fast immer mit Blitzlicht, und brachten die Filme zum Entwickeln und Abziehen zu einem Labor, meist von Kodak, mit dem sie verbindlich zusammenarbeiteten und entsprechende Vergünstigungen bekamen, dafür aber auch verpflichtet waren, mit Kodakfilmen zu fotografieren. Viele sahen die Arbeit als ambulante Fotografen als Möglichkeit, ausreichend Geld zu verdienen, um später ein eigenes Studio aufzubauen.

Auf einem ausgedehnten Spaziergang in Mombasa »entdeckte« Henrike Grohs 1996 eine Gruppe von jungen Fotografen, die sich »Likoni-Ferry-Fotografen« nannten. Sie hatten ursprünglich als ambulante Fotografen gearbeitet, besetzten aber Anfang der 1990er-Jahre ein Stück Land an der Anlegestelle der Fähre, die die Altstadt von Mombasa mit dem Festland verbindet, und bauten hier direkt am Ufer auf einer steilen felsigen Anhöhe mobile Studios auf. Hier arbeiteten sie mehr oder weniger illegal als Squatter, denn das Grundstück gehörte der Stadt. Dieser illegale Status trug, wie ich meine, wesentlich zur Herausbildung der besonderen

Ästhetik der Studios bei. Während andere Straßenfotografen, die an öffentlichen Plätzen arbeiteten, von staatlicher Seite rigide daran gehindert wurden, diese Orte kreativ zu verändern, weil, wie ein Straßenfotograf erklärte, die Orte »natürlich« zu bleiben hätten, waren die Likoni-Fotografen Restriktionen und Sanktionen von staatlicher Seite so nicht ausgesetzt. Obwohl sie immer wieder in ihrer Existenz bedroht wurden und die gewalttätige Vertreibung fürchteten, waren sie in der künstlerischen Gestaltung ihrer Studios »frei«. Innerhalb des kenianischen postkolonialen Staates konnten sie einen Ort besetzen, der sich paradoxerweise staatlicher Ordnungsmacht entzog.

Sie begannen mit wenigen Requisiten, einem Stuhl oder Sofa, Plastikblumen sowie einer gemalten Kulisse als Hintergrund, und bauten, weil das Geschäft florierte, nach und nach ihre Studios auf, die ohne Elektrizität, entsprechende Lampen und fließendes Wasser auskommen mussten. Sie nannten sich deshalb auch *jua kali*, das heißt auf Swahili »heiße oder scharfe Sonne« und bezeichnet Leute, die im sogenannten informellen Sektor arbeiten.

Die Likoni-Fotografen, ihre Studios und Fotos bildeten eine einzigartige lokale Entwicklung, die sich unterschiedlichster globaler Elemente bediente. In ihren Studios arrangierten sie gemalte Kulissen, Sofas, Wandbehänge aus der Türkei, Stofftiere, Schrifttafeln, Plastikblumen und Girlanden »made in China« zu Installationen, die immer wieder neue Bilder eines modernen festlichen Heims in der Fremde entwarfen. Wie in der amerikanischen Pop-Art erzeugten sie Serien bunter Assemblagen, kosmopolitische Dekors einer afrikanischen Moderne, die sich bewusst von eigenen Traditionen absetzten. Ihr hybrider Charakter überstieg das Bild einzelner Kulturen sowie den Gegensatz von Heim und Exil. In ihren Studios erschufen sie eine globalisierte Welt. Hier konnten Frauen und Männer wie westliche Touristen Wildparks besuchen, mit dem Flugzeug oder dem Luxusdampfer reisen, zur Kaaba in Mekka pilgern oder sich wie VIPs mit einem Mikrofon interviewen lassen. Wie Sammy Njuguna vom Sammy Big Seven Studio uns erklärte, sollten die Fotos, die sie in den Studios herstellten, nicht nur eine festliche Atmosphäre schaffen, sondern die Fotos selbst waren Teil der Festlichkeit. »We crown the celebration with a photo«, sagte er. Vor dem Hintergrund von Armut, Elend, finanziellen Schwierigkeiten, Exil und Diskriminierung, die die Fotografen als Arbeitsmigranten und Fremde an der Küste erlitten, dienten die Studios als eine Art Wunschmaschine, die Visionen eines besseren Lebens produzierte.

Fast alle Fotografen kamen aus der Zentralprovinz oder aus dem Westen Kenias. Wie wir waren auch sie Fremde in Mombasa; und Fremde, andere Arbeitsmigranten und Touristen, bildeten die Mehrheit ihrer Kundschaft. So wie Ethnologen mit ihren Texten und Fotos zu beweisen suchen, dass sie wirklich vor Ort gewesen sind, so nutzten Touristen und Arbeitsmigranten die Fotos der Likoni-Fotografen als Beweis, dass sie »da« gewesen waren, und schickten sie nach Hause. Die Fotografie ist heute integraler Bestandteil des lokalen afrikanischen Tourismus, und die Likoni-Fotografen profitierten davon und trugen nicht unwesentlich dazu bei, die Konventionen dieses Tourismus zu prägen und sie gleichzeitig zu verändern.

In ihren Studios reproduzierten sie den touristischen Blick von Fremden auf bestimmte Orte, auf den Strand, auf das von den Portugiesen erbaute Fort Jesus aus dem 16. Jahrhundert, und andere Plätze, die den Status einer Sehenswürdigkeit erlangt hatten. In den Bildern, die sie in ihren Studios entwarfen, spiegelten sie uns den touristischen Blick zurück.

Zum Likoni-Areal gehörte auch eine Taxi- und Busstation. Hier begann oder endete für viele Frauen und Männer eine Reise. Wie für Ethnologen so stellte die Reise auch für sie den Eintritt in eine Phase der Liminalität, der Unsicherheit, des Verlassens des alltäglichen Lebens dar. Viele von ihnen nahmen den Beginn oder das Ende der Reise zum Anlass, sich in einem der Studios fotografieren zu lassen. Sie präsentierten sich der Kamera mit Koffer oder anderem Gepäck und hielten so auf fast rituelle Weise den Augenblick des Überganges fest, der sie in die Fremde führte oder zurückkehren ließ. Lange bevor Selfies populär wurden, nutzten sie die Fotografie, um ihr Leben und seine Umbrüche festzuhalten und zu dokumentieren.

Über mehrere Jahre besuchten wir die Likoni-Fotografen regelmäßig. Einige von ihnen wurden unsere Freunde. Auch hier übernahmen wir die Rolle von Kunden, die besonders wissbegierig waren und unablässig alle möglichen Fragen stellten. Es war ein großes Vergnügen, mit ihnen zusammenzuarbeiten, denn sie waren stolz auf ihre Arbeit und redeten gerne darüber. Unser Interesse an ihrer Arbeit lobte und bestärkte sie in ihrem Tun.

1998 zeigten wir eine Anzahl Fotos der Likoni-Fotografen mit ihrer Erlaubnis in verschiedenen Ausstellungen in München, Berlin und Amsterdam (und sehr viel später auch in Tokio) und veröffentlichten sie auch im dazugehörigen Katalog. Die Ausstellungen waren sehr erfolgreich; die Kunstwelt wurde aufmerksam, und 2001 lud das Kunstfestival Steirischer Herbst drei Likoni-Fotografen nach Graz ein.

12

Wie schon Dan Mudoola und Mike Ocan aus Uganda, so besuchten nun auch die drei Kenianer Europa. Nur wenige Wochen nach dem 11. September 2001 reisten die Fotografen Bonifaz Wandera und Sammy Njuguna sowie der Maler Samuel Chakua Masada aus Mombasa zum Steirischen Herbst nach Graz in Österreich. Der Aufenthalt in Graz war nicht nur ihr erster Besuch in Europa, sondern auch ihre erste Begegnung mit der westlichen Kunstszene.

Der Steirische Herbst, 1968 gegründet, gilt als eines der avantgardistischsten Kunstfestivals in Europa, notorisch bekannt für seine Skandale und vor allem für die Versuche, Theater, Malerei, Film, Fotografie, Tanz, Musik und Architektur mit neuen Medien und theoretischen Debatten zu verbinden.

Die Kuratoren des Festivals forderten die drei Kenianer auf, ein Studio im »Likoni-Stil« aufzubauen und dem Publikum ihre Dienste als Fotografen anzubieten. Sie produzierten auf diese Weise einen vieldeutigen Raum, in dem eher die Produktion von Fotografien, der performative Akt des Bildernehmens, ausgestellt wurde als die Fotografien selbst. In diesem Raum wurde den Fotos der Likoni-Fotografen, obwohl sie Teil des Kunstfestivals waren, nicht eindeutig der Status von Kunstwerken gegeben. Stattdessen konnten sie vom Publikum als Waren »wie in einem afrikanischen Fotostudio« gekauft werden. Obgleich Teil des Kunstausstellung wurden sie gleichzeitig doch ausgeschlossen und ihr Status auf diese Weise problematisiert.

Da der 11. September, der die drei Kenianer tief erschüttert hatte,[26] nur wenige Wochen zurücklag, entschlossen sie sich, dieses Ereignis zum Thema ihres Studios in Graz zu machen. Sammy Njuguna erzählte mir, dass ihm auf dem Flug (!) die Idee kam, die Zerstörung des World Trade Centers darzustellen. Als dann Masada die Kulisse für den Hintergrund malte, griff er auf Bilder zurück, die von den Massenmedien vom 11. September bereits endlos (re-)produziert worden waren. Doch distanzierte er sich vom fotografischen »Realismus«, indem er eine narrative Struktur ins Bild setzte, die sowohl die Ankunft der beiden Flugzeuge als auch die bereits brennenden Twin Towers zeigte. Er transformierte somit die Chronologie des Ereignisses in Gleichzeitigkeit und zerstörte dadurch die Einheit von fotografischem Raum und Zeit.

Das gemalte Bild diente im Studio als Hintergrund, Kulisse und gleichzeitig als eine Art Fenster, das einen Blick auf die brennenden Twin Towers und die beiden ankommenden Flugzeuge erlaubte, während der Vorraum in ein Wohnzimmer mit Sofa verwandelt wurde. In ihrem Studio boten die Fotografen dem westlichen Publikum einen Raum an, der es ermöglichte, den 11. September im Wohnzimmer als Spektakel für den privaten Konsum zu erleben.

Um eine festliche Atmosphäre im »Likoni-Stil« zu schaffen, dekorierten sie Hintergrund und Vorraum des Studios mit Blumen und Gemüse, vor allem Mohrrüben aus Plastik, Weihnachtsbaumschmuck und einem Stofflöwen, der unterhalb des Sofas lag. Über dem Hintergrundbild mit den brennenden Twin Towers hing ein großes Schild mit der Aufschrift »God bless America«, das die Muster der Stars and Stripes aufnahm, verziert mit roten Rosen, ebenfalls aus Plastik.

Kaum war der Aufbau des Studios beendet, als der Direktor des Festivals erschien. Er befürchtete, die Installation könnte als antiamerikanische Geste verstanden werden. Doch die Likoni-Fotografen versicherten ihm ihre politisch durchaus korrekte Einstellung und ihre uneingeschränkte Unterstützung der USA. Sammy Njuguna konnte überzeugend erklären, dass das Schild »God bless America« die Message des Studios sei, und den Direktor so von Zensurmaßnahmen abhalten.

Die Likoni-Fotografen und ihr Studio wurden ein großer Erfolg. Die Besucher standen Schlange, um in verschiedenen Posen und Arrangements vor den brennenden Twin Towers fotografiert zu werden. Nicht nur die Fotos, sondern auch Masadas gemalter Hintergrund waren gefragt, sodass er immer wieder neue Bilder vom in Flammen stehenden WTC malte, um die Kauflust, insbesondere eines italienischen Galeristen, zu befriedigen.

Die Gründe für den Erfolg der Likoni-Fotografen sind höchst ambivalent und überschreiten ihre eigenen Intentionen, Motive und die Bedeutungen, die sie ihrer Installation gaben. Viele Besucher nahmen das Studio für einen Ort, der die Katastrophe vom 11. September in populäre Unterhaltung und eine Art von Katastrophentourismus verwandelte. Sie partizipierten damit nicht nur an dem Ikonoklasmus und der traumatischen Macht, die sich mit der Zerstörung des WTC verband, sondern auch an den Prozessen der Kommerzialisierung und Trivialisierung des 11. September, die überall in der Welt stattfanden – auch in den USA. Tatsächlich erlaubte das Fotostudio seinen Besuchern auf spielerische und politisch (in-)korrekte Weise, im geschützten Raum der Kunst verschiedene Positionen zu dem Ereignis, »das die Welt veränderte«, auszuprobieren und im Foto zu fixieren. Es erlaubte ihnen, sich performativ als fotografiertes Subjekt in eine Beziehung zu dem Ereignis zu bringen und durch die Fotos am »Krieg der Bilder« teilzuhaben. Auf diese Weise stellte das Studio wichtige Fragen nach dem (künstlerischen) Umgang mit Katastrophen, ihrer Gewalt, Kommerzialisierung und Transformation in verschiedenen Medien. Künstler und Besucher wurden mit ihren Reaktionen auf den im Studio aktualisierten 11. September konfrontiert und mussten sich fragen, inwieweit sie zu Komplizen geworden waren.

Dabei entglitt den Likoni-Fotografen die Deutungsmacht, die sie im Schild »God bless America« fest verankert meinten. Ich bin nicht sicher, ob sie es bemerkt haben, denn sie nahmen Europa als Teil des Westens und damit als pro-USA wahr, ohne die starken USA-kritischen Stimmen gerade im künstlerischen Milieu zu kennen.

Es gelang ihnen, durch den Verkauf der Fotos und der gemalten Bilder so viel Geld zu verdienen, dass sie nicht nur neue digitale Fotoapparate, sondern auch Videokameras kaufen und so in Kenia ihr Geschäft erweitern und verbessern konnten. Als ich Mombasa 2005 wieder besuchte, erzählten mir Sammy Njuguna, Wandera und Masada von ihrer Reise nach Europa. Wie Henrike Grohs mir bereits berichtet hatte, genossen die drei ihren Aufenthalt in der Kunstwelt sehr. Masada erklärte, seine Bilder seien in Graz zum ersten Mal wirklich anerkannt und gelobt worden, und begann daraufhin, sich als Künstler auch in Mombasa neu zu erfinden; er malte Sandbilder und organisierte 2011 eine erfolgreiche Ausstellung seiner Arbeiten. Auch Sammy sah sich nach dem Aufenthalt in Graz als Künstler, und wie Masada begann er, seine Fotos zu signieren. Doch seine Kunden waren irritiert, sodass er nach einigen Monaten wieder damit aufhörte. Stattdessen stempelte er seine Fotos mit Namen, Adresse und Telefonnummer. Der Versuch, nach westlichem Vorbild Autorschaft im Bereich der populären Fotografie zu etablieren, schlug fehl. Wenn Autorschaft, wie Michel de Certeau schreibt, vor allem heißt, zu vergessen, was man anderen schuldet, dann versuchten Sammy und andere Likoni-Fotografen weniger sich selbst als Autoren als vielmehr ihr soziales Netzwerk und damit ihre Abhängigkeit von anderen zum Ausdruck zu bringen.

13

Die Forschung über fotografische Praktiken an der ostafrikanischen Küste war die einzige, die mir, soweit ich weiß, keine negativen Namen einbrachte. Ich war weder Affe noch Spion, satanischer Geist oder Kannibale. Die Likoni-Fotografen, wie andere Studiofotografen auch, nannten uns bei unseren Vornamen und umgekehrt, und wir pflegten ein freundschaftliches Verhältnis.

Für die Bildrechte an den Ausstellungen in Europa und dem Katalog hatten wir Geld bekommen, das wir 2002 an die Likoni-Fotografen (und auch andere Studiobesitzer, deren Fotos in Ausstellung und Katalog zu sehen waren) verteilten. Wir brachten ihnen auch den Ausstellungskatalog *ABBILD* vom Steirischen Herbst mit, der auch ihre Fotos enthielt.

Wir verabredeten uns, um die Übergabe des Katalogs gebührend mit Softdrinks und Keksen zu feiern. Ich hielt sogar eine kleine Rede, obwohl ich das eigentlich eher vermeide, und würdigte ihre Arbeit, lobte unsere gute Zusammenarbeit und dankte ihnen. Dann überreichten wir ihnen den Katalog, in dem ihre Fotos neben Bildern von Louise Bourgeois, Hans-Peter Feldmann,

Martin Kippenberger, Gerhard Richter, Cindy Sherman und anderen abgebildet waren. Ich muss gestehen, dass ich den Katalog bis dahin nur oberflächlich durchgeblättert hatte; ich schaute lediglich nach, welche Fotos der Likoni-Fotografen wo und wie platziert worden waren. Ich kannte die Namen und einzelne Werke der meisten im Katalog aufgeführten Künstler, hatte aber genauso wenig wie Henrike wahrgenommen, dass dort eine ganze Reihe von verstörenden Porträts versammelt waren, die sich kritisch mit der Geschichte westlicher Porträtkunst auseinandersetzten. Ja, ich hatte diese Bilder gar nicht als besonders anstößig empfunden, sondern sie selbstverständlich im System Kunst verortet, das wesentlich auf Schock und Provokation basiert.

Nach der feierlichen Übergabe, als die Fotografen begannen, den Katalog durchzublättern, verlor sich die fröhliche Stimmung; sie verstummten. Einige der Fotos blockierten buchstäblich ihre Übersetzung in Sprache. Der Katalog, unsere Gabe, erwies sich als Gift. Die Fotografen waren zutiefst erschüttert, vor allem über die zahlreichen Darstellungen nackter Männer mit körperlichen Behinderungen, die Artur Żmijewski in Posen fotografiert hatte, bei denen die fehlenden Gliedmaßen - Beine und Arme - durch die einer zweiten nackten Person ersetzt waren. Dabei hatte er auch Posen gewählt, die auf zweideutige Weise auf Homosexualität hinwiesen. Auch die gemalten Selbstbildnisse von Xie Nanxing, einem chinesischen Künstler, der seinen gefolterten und kastrierten Leib mit Blutspuren auf entblößten Körperteilen zeigte, verstörten die Fotografen sehr. Die Bilder überschritten bei Weitem die Grenzen des von ihnen sozial und kulturell Akzeptierten; sie waren ein Tabubruch, der sie verletzte.

Die meisten der Likoni-Fotografen waren radikale Christen, die, wie auch viele Katholiken in Tooro, Homosexualität strikt ablehnten. Vor dem Hintergrund der enormen sozialen Bedeutung von Kleidung für die Bestimmung von Rang, Status und Identität erschien die (versehrte) Nacktheit der dargestellten Männer als Angriff auf ihre soziale Person und Männlichkeit. Es entbehrt nicht der (verzweifelten) Ironie, dass im 19. Jahrhundert westliche Reisende und Missionare die »Nacktheit« von Afrikanern für ein Zeichen von Primitivität und Wildheit nahmen. Während der Kolonialzeit wandten Missionare und der koloniale Staat viel Zwang und Gewalt auf, um Afrikaner zu »zivilisieren« und ihnen beizubringen, ihre Nacktheit, die oft gar keine war, zu beenden und sich nach westlichem Vorbild in Kleider zu hüllen. Eine radikale Verkehrung findet statt, wenn heutzutage viele Afrikaner sich nicht nur als die besseren Christen sehen und großen Wert darauf legen, ihren Körper angemessen zu kleiden und zu bedecken, während Europäer Nacktheit und spärliche Bekleidung als ein Zeichen ihrer Freiheit interpretieren oder Nacktheit und Verletzungen männlicher Körper als Kritik an einem klassischen Ideal verstehen.

14

Als Arbeitsmigranten hatten die Likoni-Fotografen an der Küste und damit in der Fremde immer wieder Erniedrigung, Schmerz und Gewalt von Seiten der Polizei und 1997 von Milizen, die Jagd auf sie gemacht hatten, erleiden müssen. In ihren als Wunschmaschinen eingesetzten Studios wollten sie vor allem eine andere, bessere Welt zeigen und die Körper ihrer Kunden unversehrt, bekleidet und möglichst vorteilhaft ins Bild bringen. Unter populären Fotografen in Kenia gab es die Regel, unbedingt die ganze Person abzubilden. Wenn Teile des Körpers angeschnitten waren oder fehlten, dann hatte der Fotograf »das Bild getötet«, und die Kunden waren berechtigt, es nicht anzunehmen. Die Fotografen verliehen auch elegante Kleidungsstücke, Uhren, Schmuck oder ein Mobiltelefon, um die Fotografierten zu erhöhen, reicher und schöner erscheinen zu lassen. Die Zurschaustellung von Nacktheit und grausamen Verletzungen von Körper und Gesicht auf den Fotos im Katalog war das obszöne Gegenteil von allem, was die Likoni-Fotografen (und ihre Kunden) sich wünschten und darzustellen suchten. Ich möchte hervorheben, dass sie in ihren Bildern die Welt nicht einfach nur affirmativ reproduzierten. Im Gegenteil, auch sie waren kritisch: Sie kritisierten die lokalen Verhältnisse, in denen sie leben und arbeiten mussten, indem sie eine »heile schöne« Welt sichtbar machten, so wie sie sie sich wünschten, von der sie und ihre Kunden aber weitgehend ausgeschlossen waren. In der Differenz zwischen ihrem Begehren, das Ausdruck in den Fotos fand, und der Realität lag das kritische Potenzial.

Erst die abwehrende Reaktion der Fotografen ließ Henrike und mich den großen weißen Fleck erkennen, der uns nicht hatte realisieren lassen, wie unterschiedlich, ja radikal entgegengesetzt westliche Kunstwelt und populäre Fotografen an der Küste ihre jeweilige Porträtkunst verstanden. Tatsächlich hatten wir gejubelt, als der Direktor des Steirischen Herbstes die Likoni-Fotografen einlud. Ich sah darin eine Chance für sie, fremde fotografische Traditionen kennenzulernen, sich mit anderen Fotografen auszutauschen und vor allem auch Geld zu verdienen. Ich war mir sicher, dass sie mit ihren wunderbaren Assemblagen einer globalen Moderne Erfolg haben würden, was ja auch geschah. An die Folgen der Konfrontation ihrer Bilder mit den Porträts anderer Künstler hatte ich nicht gedacht.

Henrike und ich versuchten zu vermitteln, zu erklären, warum westliche Künstler auf ihren Bildern so sehr wüteten, verletzten und entkleideten und wen und was sie mit ihrer Kritik treffen wollten. Wir versuchten zu erläutern, dass die Kunst im Westen in einem Bereich stattfindet, der als relativ autonom gilt, und dass radikale Kritik am Bestehenden erwartet und belohnt wird. Aber es gelang uns nicht, die Fotografen zu überzeugen. Einige nickten höflich mit dem Kopf, doch ihre Ablehnung blieb erhalten.

15

Erst später beim Schreiben dieses Kapitels ist mir klar geworden, dass der Katalog, in den die Fotos der Likoni-Fotografen wie Fremdkörper hineingeraten waren, etwas zum Ausdruck brachte, was viele Leute an der Küste und in anderen Regionen Afrikas schon lange wussten: Europäer sind obszön und pervers. Wie Zoë Strother[27] gezeigt hat, wurden europäische Männer bereits im 19. Jahrhundert von afrikanischen Elfenbeinschnitzern zusammen mit Hunden und Affen als höchst amoralische Wesen dargestellt, die der Promiskuität zuneigten. Ich vermute, dass auch der Sextourismus seit den 1970er-Jahren das Bild von Europäern als sexbesessen, obszön und pervers verstärkt hat. Und in Zeiten von Aids und Aidsforschung erfuhr das Motiv des perversen Europäers erneute Aktualisierung. So wurde mir an der Küste wiederholt eine Geschichte erzählt, die den Ursprung von Aids auf perversen Sex zurückführt: Ein Europäer zwingt eine afrikanische Frau gegen Bezahlung, Sex mit einem Hund zu haben, während er zusieht. Aus dieser monströsen Vereinigung entsteht die tödliche Krankheit. Diese Geschichte, offensichtlich ein Wandermythos, begegnete mir auch in Uganda und in Teilen Westafrikas.

Wie schon bei der Figur des Affen und des Kannibalen, so handelt es sich auch beim perversen Europäer um eine Figur der wechselseitigen Zuschreibung. Nicht nur die Kolonisierten beschäftigten sich mit Sex, sexuellen Praktiken und der Potenz der Kolonisateure, die ihre Frauen »stahlen«, auch die Kolonisateure entwickelten ihre sexuellen Mythologien über den Anderen. Wie zum Beispiel Frantz Fanon gezeigt hat, »erhält der Neger in der Imagination der Europäer eine halluzinierende sexuelle Potenz«[28].

Trotz höchst unterschiedlicher Positionierung wird offensichtlich die Zuschreibung oder besser das Phantasma sexueller Macht und Potenz des je Anderen, wie die Figur des Affen oder

Kannibalen, von allen Beteiligten geteilt. Es ist, als ob die wechselseitigen Spiegelungen das Phantasma festigten und stärkten, als ob ein geheimes Band die Kontrahenten gerade in ihrer größten Gegensätzlichkeit und Feindschaft verbinden würde. Doch werden gleichzeitig auch die Differenzen deutlich, die wie im afrikanischen Aids-Mythos die unterschiedlichen – auch geschlechtsspezifischen – Machtpositionen klar zum Ausdruck bringen.

Die Likoni-Fotografen nahmen unseren Versuch, ihnen die rabiate Kritik westlicher Künstler plausibel zu machen, schweigend hin. Sie wiesen den Katalog auch nicht zurück, sondern berieten untereinander, wer das verfemte Buch aufbewahren sollte. Ich war mir damals nicht sicher, ob sie es behalten oder wegwerfen würden – erst später erfuhr ich, dass sie es aufbewahrt hatten. Aber mich hat ihr Blick auf einen Kunstbetrieb, der sich in der Überbietung von Tabubrüchen eingerichtet und den Schock kommerzialisiert hat, noch lange beschäftigt. Ich musste mich fragen, wie wir in unserer mondänen Kunstwelt dazu kommen konnten, solche Bilder freiwillig zu betrachten.[29]

Im November 2006 zwang die Verwaltung die Likoni-Fotografen, ihre Studios zu verlassen. »Development started«, erklärte Sammy Njuguna. Die Anlegestelle für die Fähre wurde technisch überholt und gründlich umgebaut, um dem zunehmenden Verkehr gerecht zu werden. Da sie ihre Studios nicht verlieren wollten, baten die Fotografen mich um Hilfe. Ich verfasste einen offiziellen Brief, in dem ich auf ihre besondere kulturelle Bedeutung verwies; ich erklärte, dass ihre Kunst auch in Europa bekannt, geschätzt und auf Ausstellungen gezeigt worden sei. 2005 besuchten wir zusammen einen hohen Beamten der Stadtverwaltung und nahmen zum Beweis für ihre internationale Berühmtheit auch den besagten Katalog mit. Der Beamte würdigte ihn keines Blickes. Aber den Fotografen wurde die Chance gegeben, für 12 000 Schillinge im Monat ein Studio zu mieten. Die Summe überstieg jedoch bei Weitem ihre finanziellen Möglichkeiten. Nur Wandera, der in Graz gewesen war, und ein anderer Fotograf, der als Prediger viel Geld verdiente, konnten sich ein neues Studio leisten. Die anderen wurden vertrieben und mussten wieder als Straßenfotografen arbeiten.

16

In der Einleitung dieses Buches habe ich das Genre der Autobiografie problematisiert. Es war Maina Hatchison, der mich auf eine neue Form der Biografie aufmerksam machte, die sich in einigen Regionen Kenias, vor allem in der Zentralprovinz, ausgebreitet hatte. Vor ein paar Jahren begannen meist christliche Familien nach einem Todesfall ihr privates Fotoarchiv zu nutzen, um die Lebensgeschichte des Verstorbenen in Fotografien darzustellen. Die Ansammlung und Durchdringung des individuellen Lebens mit technisch reproduzierbaren Bildern brachte einen neuen modernen Ahnenkult hervor.

In vorkolonialer Zeit versuchten die Lebenden, die Erinnerung an die Toten möglichst schnell auszulöschen. In Ritualen für die Ahnen wurde der Name des Vaters noch genannt, der Name des Großvaters jedoch bereits »vergessen«. Im Gegensatz dazu erzeugen die Fotos von Verstorbenen nun einen affektiven Raum, der Verlust und Abwesenheit in eine (christliche) Feier des Lebens und der Wiederauferstehung übersetzt. Die Erinnerung an die Vorfahren verblasst nicht mehr; und die Individualität der Toten wird nicht mehr aus dem sozialen Gedächtnis zugunsten abstrakter Ahnen ausgelöscht, die körper- und eigenschaftslos geworden sind. Die Toten sind nicht mehr unsichtbar, sondern sie erlangen in den Fotos visuelle Präsenz. Doch sind sie den Lebenden ausgeliefert, und diese bestimmen die Biografie des Ahnen für die Nachkommen.

Seit ihrer Erfindung kennzeichnet die Fotografie ein besonderes Verhältnis zum Tod und den Toten. Wie westliche

Fototheoretiker - zum Beispiel Siegfried Kracauer,[30] Susan Sontag[31] oder Roland Barthes[32] - betont haben, besitzt das Medium Fotografie eine seltsame Nähe zum Tod. So wie der tote Körper erstarrt und zu einem Bild wird, so erstarrt die fotografierte Person im fotografischen Akt; auf dem Bild wird sie zum leblosen Objekt. Sie verstummt und bewegt sich nicht mehr - auch in Afrika ein Zeichen des Todes.

Wie der Tod erzeugt auch die Fotografie einen radikalen Bruch oder Einschnitt in Raum und Zeit. Wie das Fallbeil der Guillotine, so zerschneidet der Verschluss der Kamera die Kontinuität der Zeit und friert sie in ein Hier und Jetzt ein.[33] Weil ein Toter und eine fotografierte Person Starrheit und Schweigen teilen, scheint es, als ob die Toten überall auf der Welt in der Fotografie ein etwas unheimliches Medium gefunden haben, das sie als tot darstellt und gleichzeitig ihre Wiederauferstehung feiert.

Ältere Frauen erzählten mir in Mombasa und Nairobi, dass in ihrer Jugend, wenn jemand gestorben war, die Angehörigen die Fotoporträts des Toten zerrissen oder verbrannten. Das Ende des Lebens wurde durch einen ikonoklastischen Akt markiert. Der Verstorbene verschwand und musste auch als Person und Individuum dem Vergessen anheimfallen; keine visuellen Darstellungen sollten an ihn erinnern. Der Tod war der Beginn eines Prozesses des Verblassens bis zum endgültigen Verschwinden. Nur im Namen und im Grab wurde der Tote erinnert.

Der Ikonoklasmus sei notwendig gewesen, so erklärten mir die Frauen, weil der Schmerz über den Verlust des Verstorbenen beim Anblick seines Porträts unerträglich wurde. Der Blick auf den im Foto Abgebildeten überwältigte die Trauernden und erregte in ihnen die starken Gefühle der Verzweiflung und Beraubung, die dem Prozess der langsamen und behutsamen Distanzierung vom Toten entgegenwirkten. Heute wird das Zerstören der Fotos als rückständig angesehen. Heute drehen die Lebenden die Fotos des Verstorbenen zur Wand oder lassen sie in einer Schublade verschwinden. Mit dem Ende der Trauerzeit verwandelt sich dann die Trauer in Erinnerung, und die Angehörigen beginnen vorsichtig, die Fotos des Verstorbenen wieder sichtbar zu machen und zu betrachten. Die Bilder werden jetzt als eine Art Schatz gesehen, der den Lebenden Trost spendet und ihnen erlaubt, die Verbindung mit den Toten aufrechtzuerhalten.

Maina Hatchison bat seinen älteren Bruder um Erlaubnis, mir eine Kopie der fotografischen Biografie seines 2011 verstorbenen Vaters zu überlassen. Dieser gab seine Zustimmung. Die Fotobiografie von Eston Ngure King'ru bestand aus vierzehn Fotos, die chronologisch über zwei Seiten angeordnet waren. Sein Leben wurde linear wie ein Schriftzug von links nach rechts organisiert und so mit einer klaren Richtung versehen. Jedes Foto hatte einen schmalen weißen Rahmen und war durch einen kleinen Zwischenraum vom nächsten getrennt, sodass jedes für sich stand und doch gleichzeitig auch Teil einer Serie war. Keines der Fotos war ein Schnappschuss, alle waren gestellt, und einige stammten aus Fotostudios. Es waren repräsentative Bilder, die Wert darauf legten, dass der Dargestellte würdevoll und mit Respekt, anständig gekleidet und mit gesammeltem Gesichtsausdruck im Bild erschien. Wie Maina mir erklärte, wurde der Schnappschuss lange Zeit abgelehnt, mit Diebstahl assoziiert, mit dem Raub eines Bildes ohne Erlaubnis der abgebildeten Person. Außerdem gab der Schnappschuss dem Zufall zu viel Raum; er widersprach dem Vergnügen, sich als Ideal und (mehr oder weniger) perfekte soziale Person zu präsentieren.

Alle Fotos waren nummeriert, und jeder Nummer war ein kurzer Text wie eine Fußnote zugeordnet, der Datum, Ort und Anlass der Aufnahme mitteilte. Das erste Foto zeigte die Eltern des Verstorbenen bereits im hohen Alter, das zweite zeigte ihn mit seiner Frau am Hochzeitstag. Nur auf einem Foto war Eston allein, auf allen anderen war er mit Familie, Freunden oder Arbeitskollegen zu sehen. Die vom ältesten Sohn zusammengestellte Biografie interessierte sich kaum für die Individualität des Vaters, stattdessen sehr für das Netz von Beziehungen, das er aufgebaut hatte. Sein Status bildete sich vor allem im Reichtum an Menschen ab, mit denen er verbunden war. Entsprechend zeigten ihn einige Fotos umgeben von so vielen dicht gedrängten Personen, dass sie den Rahmen des Bildes zu sprengen drohten. Nicht nur der Reichtum an Menschen, auch der an Tieren und Dingen wurde in zwei weiteren Fotos festgehalten. Auf einem Foto steht Eston hinter einer schönen dicken Kuh mit Kalb, auf einem anderen mit seiner Frau, seinem Bruder und der Schwägerin vor einem Auto; und ein weiteres Foto zeigt ihn vor seinem gepflegten Garten. Frau, Brüder, Kinder und andere Verwandte, Freunde und Kollegen, Auto, Vieh, Land und Pflanzen erscheinen in dieser Biografie als Extensionen seiner Person. Menschen, Tiere und Dinge verweisen aufeinander, erhöhen und loben sich wechselseitig in einer visuellen Poetik der sozialen Verbindungen.[34] Die Kinder, das Kalb und der Garten beweisen Fruchtbarkeit und Reproduktion. Das Leben des Verstorbenen wird als erfüllt und als Erfolgsgeschichte erzählt; Unglück, Leiden und Schmerz sind ausgespart. Die Biografie reicht über den Tod hinaus. Der Tod ist nicht das Ende, das Leben geht in den Nachkommen weiter. Und die Fotoporträts machen nicht nur Genealogien sichtbar, sondern sie feiern die Gemeinschaft der Großfamilie und vereinen die Lebenden mit dem Toten auf der Fläche des Bildes.

Während die Fotos auf der einen Seite die Solidarität und Verbundenheit von Verwandten, Freunden und Kollegen mit dem Toten aufzeigen, machen sie gleichzeitig auch, wie Maina mir erklärte, soziale Differenzen und Hierarchien sichtbar. Auf den Gruppenfotos stellen diejenigen, die sich in der Mitte des Bildes befinden, meist ältere Herren wie der Verstorbene, die Personen mit dem höchsten Status und der größten Macht dar, während zum Rand hin Prestige und Macht eher abnehmen. Tatsächlich können die Betrachter die Fotos wie eine soziale Karte lesen. Sie informiert über sich verändernde Machtpositionen, Abhängigkeiten und Hierarchien. Und manchmal, so Maina, kommt es deswegen zu Streitigkeiten und Konflikten. Denn die Fotos markieren auch eine Grenze, indem sie zeigen, wer nicht mit abgebildet, wer ausgeschlossen war.

Ausgeschlossen ist auch der Tod. Obwohl in Kenia Post-mortem-Fotografie praktiziert wird, sind es immer Fotos von (noch) Lebenden, die für die Biografien verwendet werden. Im Foto, das zu Lebzeiten entstand, werden Tote erinnert; der Tod ist präsent, ohne dass er sich im Bild zeigt.

Die Fotobiografien wurden als Teil des Begräbnisprogramms an alle Teilnehmer der Beerdigung verteilt. Sie waren eine Gabe, die die Erinnerung an den Toten und sein Leben lebendig halten soll. In den Fotos erleben die Toten deshalb nicht nur eine Auferstehung, sondern sie erhalten auch eine neue (begrenzte) Öffentlichkeit; sie werden in Wohnzimmern ausgestellt, an Wände gepinnt oder in persönlichen Archiven aufbewahrt, dort wartend, bis sie wieder (aus dem Archiv) befreit werden.

Wenngleich die Toten in diesem modernen Ahnenkult mithilfe der Fotografie eine Auferstehung erfahren und unsterblich werden, so reduziert sich die Fotobiografie doch auf das, was fotografierbar ist: auf die Oberfläche von Menschen, Tieren und Dingen. Während die Fotos den Toten einerseits eine Geschichte geben, erfährt die Vielfältigkeit und auch die Dramatik des Lebens eine Schrumpfung. Die Bilder festigen die Erinnerung bestimmter Ereignisse und blockieren gleichzeitig das Erinnern an andere.

17

Ich bin jetzt, während ich schreibe, 72 Jahre alt und damit nur wenige Jahre jünger als Mainas Vater, der 78 Jahre alt wurde. Die längste Zeit meines Lebens habe ich gelebt und nur noch eine kurze Zeitspanne liegt vor mir. Doch offensichtlich will ich, wie diese Autobiografie der Forschung zeigt, nicht warten, bis andere bestimmen, was mein Leben gewesen ist. Vor diesem Hintergrund ist meine Autobiografie das Gegenteil von Estons Fotobiografie, der seinem Sohn völlig ausgeliefert war. Auch nutzen wir beide verschiedene Medien; mein Medium ist die Schrift, Estons die Fotografie (mit Bildunterschriften). Und auch das Genre, in dem wir uns bewegen, ist ein je anderes. Biografie und Autobiografie sind nach Zweck und Form eigentlich deutlich geschieden. Während der Sohn die Lebensgeschichte des Vaters in Bildern erzählt, genieße ich das Privileg, die Erzählung meines Lebens als Ethnografin zunächst nicht aus der Hand geben zu müssen. Eine Version, eben die vorliegende, autorisiere ich. Was danach kommt, soll nicht mehr meine Sorge sein.

Während Estons Lebensgeschichte eine gradlinige Erfolgsgeschichte ist, ist die meine eher brüchig, schlägt immer wieder verschiedene, sich manchmal überkreuzende Richtungen ein; es gibt Rückfälle und Irrungen; Missverständnisse, Konflikte und Fehlleistungen stehen im Vordergrund, die bei Eston völlig ausgespart bleiben. Während er sein Leben gelebt hat, kann ich auf fast unverschämte Weise (so kommt es mir vor) mit dem Schreiben über meine verschiedenen Feldforschungen noch einmal viele Leben leben. Der Gegensatz zwischen Leben und Schreiben scheint aufgehoben, weil im Schreiben eine andere Lebendigkeit freigesetzt wird, die keinen Mangel produziert, sondern Fülle und Erfüllung im Vollzug.[35]

Obwohl alle Beschreibung auch Selbstbeschreibung ist, versuche ich doch, wie im ersten Kapitel angedeutet, das »Auto« in Autobiografie nicht stark zu machen, es eher in Abzug zu bringen. Denn es waren fremde Namen, die mir die Subjekte meiner Forschung gaben, die ich mir zu eigen machte und über die ich geschrieben habe, sodass am Ende nicht eine Person spricht, sondern eine Bewegung ausgelöst wird, die sehr deutliche Spuren der Anderen zurücklässt. Und damit nähere ich mich Estons Biografie wieder an. Seinen Biografen und mich vereint, dass wir beide versuchen, das Leben glaubhaft darzustellen. Estons Sohn mithilfe der objektivierenden Fotos, die bezeugen, dass es so gewesen ist; ich, indem ich mich zum Objekt der Subjekte meiner Forschung mache und ins Zentrum rücke, wie sie mich wahrgenommen haben. Wir beide stellen unsere »Ichs« durch fremde Augen dar. Wir interessieren uns nicht wirklich für Psychologie, für die Beichte und Innerlichkeit, dafür umso mehr für eine Poetik der sozialen Beziehungen und ihre Geschichten: Eston in den Fotos und in den Augen der Betrachter, ich in den Augen der Ethnografierten und Leser. Beide (Auto-)Biografien versuchen, die Protagonisten als von außen gesehen zu präsentieren und damit überflüssige Vertraulichkeiten zu vermeiden. Auch versuchen wir nicht, unseren »Ichs« sowie den je Anderen auf die Schliche zu kommen, mehr zu wissen, als wir und sie selbst von sich gewusst hätten. Uns treibt ein merkwürdiges Begehren nach Vervielfältigung, Selbstüberschreitung und Selbstnegation durch Mimesis an Andere.

So wie ich in dieser Autobiografie der ethnografischen Forschung ständig zwischen der Gegenwart des Schreibens und einer bestimmten Zeitspanne in der Vergangenheit hin und her springe, so ist auch Estons Fotobiografie ein Treffpunkt verschiedener Zeiten. Ein Wechselspiel, aber ein anderes, ist zwischen den Zeiten in der Fotobiografie Estons enthalten: die Fotos als ein erstarrter Augenblick in der Vergangenheit, der sich in der fortschreitenden Gegenwart (nach Kracauer) immer weiter entfernt und seine Bedeutung zunehmend verliert. Unsere beiden Versuche sind nicht unanfechtbar, sie stürzen uns in je andere epistemologische Schwierigkeiten. Wir wissen, dass eine (Auto-)Biografie niemals nur die Wiedereinsetzung einer Geschichte als vielmehr das Erzählen einer neuen Geschichte ist.

2015, meine Arbeit an der Küste war bereits lange beendet, schickte ich Maina Hatchison das Buch, in dem die Fotobiografie seines Vaters veröffentlicht worden war.[36] Eine Weile hörte ich nichts von ihm. Dann sandte er mir per E-Mail ein Foto, auf dem er das Buch in Händen hält und in die Kamera lächelt.

EPILOG

Rückkehr zum Affen

Der wahre Weg geht über ein Seil, das nicht in der Höhe gespannt ist, sondern knapp über dem Boden. Es scheint mehr bestimmt, stolpern zu machen, als begangen zu werden.

Franz Kafka[1]

1

Noch einmal will ich auf den Affen zurückkommen: auf den Affen als Kippfigur, als Trickster, Störenfried und Vermittler, als Figur, die Oppositionen schafft, ins Wanken bringt und auflöst. Die Rückkehr zum Affen ist jedoch zugleich eine Ablenkung hin zu einem besonderen Affen, und zwar zum akademischen Affen, so wie ihn Franz Kafka im »Bericht für eine Akademie« von 1917 auftreten ließ. Tatsächlich lieferte mir Kafkas Erzählung, einer der meistzitierten Texte des literarischen Affentums des 20. Jahrhunderts, eine Vorlage für eine Autobiografie, von der mich die Bewohner der Tugenberge wiederum weit entfernten. Kafkas Text über einen sehr menschlichen Affen, der auf der akademischen Bühne seine Geschichte erzählt, trug wesentlich dazu bei, dass der Affe zu meinem intellektuellen Totemtier wurde und ich meiner Benennung als Affe in den Tugenbergen so gründlich nachging.[2] Kafkas Text trug auch dazu bei, dass ich seinen Affen nachgeäfft und meinerseits versucht habe, auf der akademischen und literarischen Bühne einen Bericht über mein Affendasein (in den Tugenbergen) und seine Folgen zu schreiben.

Wie Germanisten herausgefunden haben,[3] ist Kafkas »Bericht für eine Akademie« eine Entgegnung auf die 1908 erschienene Autobiografie des Tierhändlers, Zirkusunternehmers und Hamburger Zoodirektors Carl Hagenbeck. Während Hagenbeck seine eher heroischen Abenteuer mit wilden, gefangenen und dressierten Tieren – auch vielen Affen – erzählt, verkehrt Kafka die Perspektive und lässt einen vermenschlichten Affen von seiner Gefangennahme und qualvollen Dressur berichten. Doch die Leistungen des Affen, seine Vermenschlichung in Form der Übernahme von Sprache (»Hallo!!«) und sein Verzicht auf jegliche Form von Eigensinn als Vorbedingung für die Anpassung an fremde Verhältnisse, dienen hier nicht der Darstellung von Evolution und Fortschritt und damit einer Erfolgsgeschichte. Stattdessen zeigt Kafka, welchen Preis der Affe zahlen muss, um menschlich zu werden, und führt gleichzeitig vor Augen, wie labil und zerbrechlich das mühsam erworbene Menschentum ist. Denn selbst seine menschlichen Lehrer sind nicht vor Rückfällen ins Affentum gefeit. So streicht einer sich bald, seinen Schüler imitierend, über den Bauch und grinst; ein anderer wird selbst so äffisch, dass er in eine Heilanstalt eingewiesen werden muss. (»Glücklicherweise kam er bald wieder hervor.«) In Kafkas Text kehren Menschen zum Affentum zurück, wenn sie sich als Trapezkünstler affenähnlich durch die Zirkuskuppel schwingen und dabei das Gelächter der Affen erregen, so wie auch die menschlichen Besucher im Varieté über den gelehrten Affen lachen. Wechselseitige Spiegelungen finden statt, und es bleibt offen, wer wen nachäfft und wer sich in welche Richtung auch immer hinauf- oder hinunterentwickelt.

2

Im Gegensatz zu mir mussten die Bewohner der Tugenberge nicht Kafka lesen, um mit ihrem Affen umzugehen. Sie gingen wie Darwin davon aus, dass Menschen und Affen gemeinsame Vorfahren besitzen. Zumindest in ihrer Version unserer »Klapperstorchgeschichte« steht ein wilder Affe am Anfang des Lebens, der domestiziert (und kastriert) werden muss. Er entspringt der Wildnis, dem Raum des Todes und der Erneuerung, in den die Ältesten in Ritualen immer wieder zurückkehrten. Diese Rituale erzeugten zwar eine Distanz, aber keine endgültige Entfernung vom Tier; sie garantierten – im Gegenteil – mit der wiederholten rituellen Rückkehr in die Wildnis, dass das Äffische nie ganz verloren ging. Ihr Affe war Gegensatz und Vermittler zugleich.

Doch war ihre Figur des Affen auch eingebunden in einen kolonialen Diskurs, in dem er zwischen Kolonisierten und

Kolonisateuren hin- und herspringend in immer wiederkehrenden Spiegelbildern mit neuen Differenzen reproduziert wurde. Zwischen Kolonisatoren und Kolonisierten herrschte trotz unterschiedlicher Positionen innerhalb des Machtgefüges keine absolute Trennung; es gab zahlreiche Zuträger, die lernten, auf verschiedenen Seiten sozialer Grenzen zu denken und zu handeln; und es gab »Kontaktzonen«, wechselseitigen Austausch und Spiegelungen von Figuren wie dem von beiden geteilten Affen (und Kannibalen). Schon um die Mitte des 19. Jahrhunderts erklärten afrikanische Begleiter dem Reisenden und Forscher Paul du Chaillu, der im Regenwald von Gabun einem Gorilla begegnet war, dass seine Verwandtschaft mit dem Riesenaffen enger sei als ihre.[4] Damit antworteten sie auf das rassistische Stereotyp, das ihnen als »missing link« zwischen Mensch und Tier von Europäern zugeschrieben worden war. Die Figur des Affen war also schon damals Resultat eines Herumwirbelns von Alteritäten, die die Grenze zwischen Selbst und Anderen durchbrochen hatten. Während der Kolonialzeit hätten Kolonisatoren und die von ihnen Kolonisierten manchmal die seltsame Symmetrie feststellen können, die sich zwischen ihnen herstellte, wenn sie sich wechselseitig Affe schimpften; sie hätten feststellen können, wie nah sie einander standen, gerade in Situationen radikaler Opposition und Feindschaft.[5]

3

Wie Hans-Joachim Zimmermann[6] gezeigt hat, hat der akademische Affe eine lange Geschichte. Sie geht zurück auf das Jahr 1613, als Cesare Ripa in Rom den akademischen Affen als Allegorie der Akademie, des Gelehrtentums und der Wissenschaft erfand. Die Figur des gelehrten Affen ist jedoch keine ausschließlich europäische Erfindung. Sie ist sehr viel älter, kommt aus Afrika und wird auf den Gott Thot im alten Ägypten zurückgeführt, den Gott der

Schreiber, personifiziert im heiligen Pavian (und im Ibis). Thot ist nicht nur der schriftkundige Gott der Weisheit, sondern hat auch die Sprache, die Hieroglyphen und die wissenschaftliche Literatur erschaffen. Im 17. Jahrhundert gelang es dem akademischen Affen, sich zum Motiv artistischer und poetischer Mimesis als Inbegriff schriftlicher Weisheit zu erheben. Die Übernahme des weisen Pavians ins christliche Abendland führte jedoch, so Zimmermann, zu einer Kollision mit den bereits vorhandenen, eher negativ konnotierten Affenbildern. Der akademische Affe blieb ein exotischer Einzelgänger. Im 18. Jahrhundert verschwanden seine positiven Züge aus der europäischen Tradition. Stattdessen wurden ihm nun wilde Natur, Imitation, Gier, Unvorsichtigkeit und Dummheit zugeschrieben.

Wie sehr das Akademische und Gelehrte des Affen (auch von ihm selbst!) verdrängt wurde, zeigt Darwin in *Die Abstammung des Menschen* von 1871. Er berichtet von einem Zoobesuch und seiner Begegnung mit einem Pavian, dem Nachfahren des ägyptischen Schreibers. Als der Wärter einen Text hervorzog und dem Affen vorlas, raste dieser so sehr vor Wut, dass er sich ins eigene Bein biss, bis Blut floss.[7] Während der Wärter – bewusst oder unbewusst – an die Tradition des akademischen Affen anknüpfte, indem er dem Pavian vorlas, hatte sich dieser so weit von seiner gelehrten Vergangenheit entfernt, dass ihm nur die blinde Wut blieb, die er gegen sich selbst richtete. Damit bewies er (für Darwin) einmal mehr die Kluft, die ihn als (gefangenes) Tier vom (lesenden) Menschen trennte.

Erst Kafkas Text brachte, wie Erhard Schüttpelz herausfand, den akademischen Affen als liminale Figur wieder in die Literatur zurück; als Nachfahre von Thot trat wieder ein aus Afrika stammender Affe vor eine Akademie und begründete im Sprechen seine eigenwillige Erfindungskraft, die ihm einen Ausweg eröffnete und ihn erneut zu einer vielschichtigen literarisch-philologischen Allegorie werden ließ.[8] Als ein befreiter, aber trotzdem ziemlich unfreier, nämlich zugerichteter und domestizierter Affe, erzählt er vor einer Akademie seine Geschichte, die auch die Geschichte einer aus der Not geborenen (ethnografischen) Beobachtung und Erforschung der ihn umgebenden Menschen ist.

Wie zahlreiche Kafka-Exegeten betont haben, ist in die Figur des akademischen Affen (wie in die des forschenden Hundes)[9] eine Kritik des wissenschaftlichen Denkens eingeschrieben. Dabei geht es weniger um eine Rehabilitierung von Mimesis im Zeitalter technischer Reproduzierbarkeit als vielmehr um die Enge und Grenzen wissenschaftlicher Erkenntnis. Kafkas Tierfiguren machen verzweifelte Anstrengungen, das, was ihnen widerfährt, durch Beobachtung und Forschung zu begreifen und einen rettenden Ausweg zu finden. Sie hoffen bis zum Schluss, dass sich bei richtigem Denken doch noch alles klären ließe, und müssen dann feststellen, wie ihnen jede feste Erkenntnis entgleitet. Eine Sicherheit für das um Kenntnis bemühte Subjekt gibt es nicht. Wie Kafka bemerkt, lässt sich das Lebendige nicht ausrechnen, und das Herausspringen aus der Totschlägerreihe gelingt nicht.

Seitdem haben Mitglieder der Akademie gern auf Kafkas Affen zur akademischen Selbstdarstellung zurückgegriffen; er gehört mittlerweile zur Folklore der Universitätskultur.[10]

4

Mit dem mir fremden Selbstbild als Affe (und Kannibale) konfrontiert, musste ich erkennen, dass das Leben als Ethnografin die Kategorien meines Denkens, mithilfe derer ich mich zu orientieren suchte, gewaltig störte. Wie Kafkas Affe sah ich mich vor die Schwierigkeiten gestellt, die auftreten, wenn die Ethnografin im Feld »ganz und gar unzutreffende Namen« erhält und versucht, fremde Normen zu übernehmen, einzuüben und zu befolgen, und daran mehr oder weniger scheitert. Wie Kafkas Affe erkenne ich als Mitglied der Akademie die Akte der eigenen und fremden Dressur und Unterwerfung wieder, die wissenschaftliche Institutionen nicht nur vom Wissenschaftler verlangen, sondern auch den Subjekten der Forschung antun. Wie Kafkas Affe führte ich ein Leben auf der Probebühne, das neben der Fremdbeobachtung eine ständige Selbstbeobachtung erforderlich machte und zu einer Vielzahl von Auftritten führte, die eher lächerlich und nur manchmal erfolgreich waren. Bei der Bewährungsprobe in der Fremde, die ohne Varieténummern offensichtlich nicht auskommt,[11] greifen Fremd- und Selbstzurichtung ineinander und bringen eine autobiografische Sprache hervor, die Selbstvergewisserung eher stört, Erschütterung erzeugt und kein Versprechen erfüllt. Dabei destabilisiert und verunsichert die Figur der Umkehrung nicht nur die Ethnografin, sondern auch das wissenschaftliche Unternehmen.

Auch Kafkas textuelles Verfahren arbeitet, wie Gerhard Neumann ausgeführt hat, vor allem mit Umkehrung und Ablenkung. Dadurch entzieht er Begriffe dem logischen Denken, ruft Unstimmigkeiten hervor und verwandelt Fixpunkte in Drehpunkte.[12] Kafkas Affe wendet Mimesis gegen das Milieu, das er imitiert; er zeigte auch mir einen Weg, mich innerhalb der Akademie von ihr zu distanzieren: der akademische Affe als subversive Verkehrung und Travestie der Wissenschafts- und Universitätskultur mit ihren manchmal erfreulichen und glücklichen, aber oft auch lächerlichen, qualvollen und gewalttätigen Formen intellektueller Selbst- und Fremderkenntnis – die ethnografische Feldforschung eingeschlossen.

Anmerkungen

EINFÜHRUNG

1 Franz Kafka, *Ein Bericht für eine Akademie*, Frankfurt/Main 1988, S. 10.

2 Die Bücher von Nigel Barley bilden eine Ausnahme, ebenso die Ethnografie Neapels von Ulrich van Loyen, *Neapels Unterwelt. Über die Möglichkeit einer Stadt*, Berlin 2018; und der Aufsatz von Shahnaz Nadjmabadi, »From ›Alien‹ to ›One of Us‹ and Back: Field Experiences in Iran«, in: *Iranian Studies*, 37/4 (2004), S. 603-612.

3 Philippe Lejeune, *Der autobiographische Pakt*, Frankfurt/Main 1994.

4 Pierre Bourdieu, »L'illusion biographique«, in: *Actes de la Recherche en Sciences Sociales*, 62/63 (1986), S. 69-72.

5 Richard Rottenburg, »Marginalität und der Blick aus der Ferne«, in: Heike Behrend (Hg.), *Geist, Bild und Narr. Zu einer Ethnologie kultureller Konversionen*, Berlin 2001, S. 37-44.

6 Michael Taussig, *Mimesis und Alterität. Eine eigenwillige Geschichte der Sinne*, Hamburg 1997, S. 167, 247 f.

7 Michael Harbsmeier, *Heimkehrrituale: Prolegomena zu einer Weltgeschichte des Reiseberichts als globaler literarischer Gattung*, unveröffentlichtes Manuskript, das mir der Autor freundlicherweise zur Verfügung stellte. S. a. Michael Harbsmeier, »Spontaneous Ethnographies. Towards a Social History of Traveller's Tales«, in: *MESS* (Mediterranean Ethnological Summer School 1994/95, Ljubljana 1995, S. 23-39.

8 Roy Wagner, *The Invention of Culture*, Chicago 1981.

9 Pierre Bourdieu, *Das Elend der Welt. Zeugnisse und Diagnosen alltäglichen Leidens an der Gesellschaft*, Konstanz 1997.

MENSCHWERDUNG EINES AFFEN

1 Elias Canetti, *Die gespaltene Zukunft*, München 1972, S. 97.

2 Claude Lévi-Strauss, *Traurige Tropen. Indianer in Brasilien*, Köln 1974, S. 13.

3 Arnold van Gennep, *Übergangsriten*, Frankfurt/Main 1999.

4 Roger Sanjek, »Fire, Loss, and the Sorcerer's Apprentice«, in: ders. (Hg.), *Fieldnotes. The Makings of Anthropology*, Ithaca und London 1990, S. 34–44; hier: S. 34 ff.

5 Marcel Griaule, *Masques Dogons*, Paris 1983, S. 585.

6 Julius Lips, *Der Weiße im Spiegel der Farbigen*, Leipzig 1983, S. 230.

7 »Was hast du gegessen?« ist die ebenfalls in Süditalien gestellte Frage, mit der man Verwandte und Freunde begrüßt und nach ihrem Wohlbefinden fragt, vgl. Ulrich van Loyen, *Neapels Unterwelt. Über die Möglichkeit einer Stadt*, Berlin 2018, S. 376, Fußnote 5.

8 Sybille Krämer, *Medium, Bote, Übertragung. Kleine Metaphysik der Medialität*, Frankfurt/Main 2008, S. 176.

9 Das waren Bonnie und David Kettel aus den USA; vgl. David Kettel, *Passing like Flowers. The Marriage Regulations of the Tugen of Kenya and their Implications for a Theory of Crow-Omaha*, Dissertation, University of Illinois, 1975.

10 Georg Gadamer, *Die Aktualität des Schönen*, Stuttgart 1977, S. 49.

11 Clifford Geertz, »Thinking as a Moral Act: Dimensions of Anthropological Fieldwork in the New States«, in: *Antioch Review*, 28/2 (1968), S. 139–158.

12 Offensichtlich kann nicht nur die abstrakte, sondern auch die soziale Zeit mörderisch sein.

13 Hille Sagel absolvierte das Studium der Malerei und arbeitete als freischaffende Kamerafrau. Von 1994 bis 2009 hatte sie eine Professur für Kamera an der Fachhochschule Dortmund.

14 Kathrin Tillmanns, *Medienästhetik des Schattens. Zur Neubestimmung des Mensch-Technik-Verhältnisses im digitalen Zeitalter*, Bielefeld 2017, S. 18.

15 Tillmanns, *Medienästhetik*, S. 19.

16 Édouard Glissant, *Poetics of Relation*, Michigan 1997, S. 111 ff., 189 ff.

17 James Frazer, *Der goldene Zweig*, Reinbek bei Hamburg 1989, S. 283.

18 Frazer, *Der goldene Zweig*, S. 283.

19 Zum Beispiel: Michael Harbsmeier, »Buch, Magie und koloniale Situation. Zur Anthropologie von Buch und Schrift«, in: Peter Ganz (Hg.), *Das Buch als magisches und als Repräsentationsobjekt*, Wiesbaden 1992, S. 3-24; Johannes Fabian, *Out of our Minds. Reason and Madness in the Exploration of Central Africa*, Berkeley 2000; Erhard Schüttpelz, *Die Moderne im Spiegel des Primitiven*, München 2005, S. 17 ff.

20 Roland Barthes, *Die helle Kammer. Bemerkungen zur Photographie*, Frankfurt/Main 1989.

21 Barthes, *Die helle Kammer*, S. 60.

22 Henry Louis Gates, *The Signifying Monkey: A Theory of African-American Literary Criticism*, Oxford 1989.

23 Michael Taussig, *Mimesis und Alterität*, 1997, S. 146.

AUFSTAND DER GEISTER

1 Friedrich Nietzsche, *Die Geburt der Tragödie*, in: ders., *Werke in sechs Bänden*, München, Wien 1980; Bd. 1, S. 25.

2 Stephan Palmié, *The Cooking of History. How Not to Study Afro-Cuban Religion*, Chicago 2013.

3 Stephen Tyler, *Das Unaussprechliche. Ethnographie, Diskurs und Rhetorik in der postmodernen Welt*, München 1991, S. 95.

4 Heike Behrend, Thomas Geider (Hg.), *Afrikaner schreiben zurück. Texte und Bilder afrikanischer Ethnographen*, Köln 1998.

5 Tyler, *Das Unaussprechliche*, S. 87.

6 Sie hieß Alice Auma, aber nannte sich Lakwena nach dem ersten Geist, der sie ergriff und die Bewegung anführte.

7 Holy Spirit Mobile Forces war die Eigenbezeichnung der Bewegung. In der Presse wurde sie verkürzt Holy-Spirit-Bewegung genannt. Ich verwende beide Bezeichnungen synonym.

8 Clifford Geertz, *Local Knowledge*, New York 1983.

9 Karl Löwith, *Weltgeschichte und Heilsgeschehen*, Stuttgart 1967.

10 Michael Young, *The Ethnography of Malinowski. The Trobriand Islands 1915–18*, London 1979, S. 15 f.; dazu auch Iris Därmann, *Fremde Monde der Vernunft. Die ethnologische Provokation der Philosophie*, München 2005, S. 46 ff.

11 Claude Lévi-Strauss, »Das Feld der Anthropologie«, in: *Strukturale Anthropologie II*, Frankfurt/Main 1992, S. 38.

12 Jeanne Favret-Saada, *Die Wörter, der Zauber, der Tod. Der Hexenglaube im Hainland von Westfrankreich*, Frankfurt/Main 1979.

13 Michel Foucault, *Der Wille zum Wissen*, Frankfurt/Main 1992, S. 107.

14 Fritz Kramer, *Schriften zur Ethnologie*, Frankfurt/Main 2005, S. 197.

15 Richard Rottenburg, »Marginalität und der Blick aus der Ferne«, in: Heike Behrend (Hg.), *Geist, Bild und Narr*, Berlin 2001, S. 37–44, hier: S. 42.

16 Nach dem Krieg führte Museveni ein basisdemokratisches System ein, die sogenannten Resistance Councils, die auf verschiedenen Ebenen agierten. Die Mitglieder wurden gewählt. Der RC1 bildete die unterste lokale Ebene und war auch für die Schlichtung von lokalen Streitigkeiten zuständig. Tatsächlich nahmen sich gerade die RC1-Inhaber oft das Recht, gegen die Vertreter der Staatsmacht vorzugehen, wie in dem hier geschilderten Fall.

17 Das Lukodi Community Museum soll an ein Massaker erinnern, das im Mai 2004 stattfand. Mitglieder der Lord's Resistance Army (LRA) unter der Führung von Commander Dominic Ongwen ermordeten 69 Personen. Ongwen wurde vom Internationalen Strafgerichtshof angeklagt, und wenn eine Sitzung stattfindet, wird sie in Lukodi übertragen.

18 Das Buch ist noch nicht veröffentlicht; es trägt den Titel *Tongues of Fire* und spielt auf das christliche Pfingstfest an, als der Geist Gottes über die Gläubigen kam und sich wie ein Feuer verbreitete. Ich danke Tyler Zoanni, der mich mit Doreen Baingana zusammenbrachte.

IM HERZEN DER POSTKOLONIE

1 Marcel Mauss, »Die Techniken des Körpers«, in: ders., *Soziologie und Anthropologie II*, München 1975, S. 199–222, hier: S. 199.

2 Johannes Fabian, *Time and the Other*, New York 1983.

3 Bruno Latour, *Wir sind nie modern gewesen. Versuch einer symmetrischen Anthropologie*, Frankfurt/Main 2008.

4 Es ist bedauerlich, dass diese Selbstkritik in der Öffentlichkeit heute fast vergessen ist und die heutigen Kritiker der Ethnologie nicht einmal merken, dass sie »offene Türen« eintreten, ja sich oft des kritischen Vokabulars bedienen, das Ethnologen bereits seit den 1980er-Jahren auf sich selbst angewendet haben.

5 Paulin Hountondji, *Afrikanische Philosophie. Mythos und Realität*, Berlin 1993.

6 Zum Beispiel: Jean und John Comaroff (Hg.), *Modernity and its Malcontents. Ritual and Power in Postcolonial Africa*, Chicago 1993.

7 1994 erhielt ich eine Professur am Institut für Afrikanistik der Universität zu Köln. Hier und an anderen Universitäten lehrte ich bis 2012; dann kehrte ich nach Berlin zurück.

8 Achille Mbembe, »Provisional Notes on the Postcolony«, in: *Africa*, 62/1 (1992), S. 3–37.

9 Peter Geschiere, *The Modernity of Witchcraft. Politics and the Occult in Postcolonial Africa*, Charlottesville und London 1997.

10 Ein Konzept, das ich von John Lonsdale übernommen habe; vgl. John Lonsdale, *Unhappy Valley*, London 1992.

11 Es ist gut möglich, dass die Geschichten sehr viel älter sind, aber in der Krise an Intensität gewannen. Ich danke Peter Geschiere für den Hinweis.

12 Birgit Meyer, *Sensational Movies. Video, Vision, and Christianity in Ghana*, Oakland 2015; Tobias Wendl (Hg.), *Africa Screams. Das Böse in Kino, Kunst und Kult*, Wuppertal 2004.

13 Während Papst Paul VI. 1972 Priestern bei der Ordination die Erlaubnis zum Exorzismus noch abgesprochen hatte, richtete Papst Benedikt XVI. 2006 einen neuen Schulungskurs für Exorzisten ein und forderte

für jede Diözese einen eigenen Exorzisten. Bereits 1999 wurde das alte Exorzistenritual von 1614 überarbeitet. Siehe auch Thomas Csordas, *The Sacred Self. A Cultural Phenomenology of Charismatic Healing*, Berkeley 1994.

14 Als die Briten Uganda 1894 zum Protektorat erklärten, bezog sich die Bezeichnung »Uganda«, die mit »Staat der Ganda« zu übersetzen ist, nur auf das Königtum Buganda. Erst etwas später wurden auch andere Königtümer wie Tooro und Bunyoro sowie weitere Regionen als Teil Ugandas mit eingeschlossen.

15 Wie Peter Geschiere mir mitteilte, erlangten vor Kurzem alle ugandischen Märtyrer - nicht nur die katholischen - nationale und internationale Aufmerksamkeit, als die ugandische Schwulenbewegung sie für sich vereinnahmte und als Ahnen zu feiern begann.

16 Kannibalen werden auf Lutooro als *abali abantu*, »Menschen, die Menschen essen«, bezeichnet. Wenn wir Englisch sprachen, benutzten meine Gesprächspartner das Wort »cannibal«.

17 John Roscoe, *The Bakitare or Banyoro*, Cambridge 1923.

18 Der Videofilm ist als DVD Teil des Buches geworden, das ich über die GUM geschrieben habe. Armin Linke hat das Video unter dem Titel *Satan Crucified* auch ins Internet gestellt.

19 Ich habe zu diesem Thema später einen Aufsatz geschrieben: Heike Behrend, »Spaces of Refusal: Photophobic Spirits and the Technical Medium of Photography«, in: Heike Behrend, Anja Dreschke, Martin Zillinger (Hg.), *Trance Mediums and New Media, Spirit Possession in the Age of Technical Reproduction*, New York 2015.

20 Tatsächlich sehen sich viele afrikanische Christen als die besseren und wahren Christen. Die Mitglieder einer afrikanischen Kirche in Köln, die Sarina Rahn erforschte, erklärten zum Beispiel, dass sie nach Deutschland gekommen seien, um - wie die westlichen Missionare in Afrika - die hier lebenden sündigen Männer und Frauen auf den rechten Weg zu bringen. Und auch Alice Lakwena hatte vor, die Bewohner Europas zu re-christianisieren.

21 Soweit ich weiß, wurden die Objekte wirklich verbrannt und nicht als »Fetische« auf dem Kunstmarkt verkauft.

22 Aber ich hörte sehr wohl Geschichten über Männer, die von sich behaupteten, Kannibalen zu sein, und mit ihrer angeblichen Macht protzten.

23 In der Ethnologie wird zwischen Hexerei und Zauberei unterschieden. Hexerei entsteht aus einer angeborenen oder erworbenen Kraft, die die Hexe zwingt, etwas Böses auch gegen ihren Willen zu tun. Sie ist deshalb für ihre Taten nicht verantwortlich. Der Zauberer dagegen ist jemand, der selbstverantwortlich bestimmte Substanzen oder Dinge manipuliert, um sein Ziel zu erreichen. In vielen Regionen Afrikas gilt diese Unterscheidung, in anderen nicht. In Tooro, wo Hexerei und Geistbesessenheit eine Fusion eingegangen sind, bezeichnet *kuroga* »Hexerei« und »Zauberei«; es wird von Englisch sprechenden Bewohnern mit »witchcraft« übersetzt. Deshalb benutze ich im Folgenden nur die Bezeichnung Hexerei.

24 Wie Timothy Landry gezeigt hat, bieten heutzutage Vodún-Priester in Benin nicht nur Ethnologen, sondern auch Touristen aus den USA und Europa Initiationen in ihren Kult an. Sie verlangen dafür viel Geld und sichern paradoxerweise durch strenge Regeln der Geheimhaltung die globale Expansion der Vodún-Religion; siehe Timothy Landry, *Vodún. Secrecy and the Search for Divine Power*, Philadelphia 2019.

25 Roy Willis, *Some Spirits Heal, Others only Dance. A Journey into Human Selfhood in an African Village*, Oxford und New York 1999.

26 Siehe dazu auch die Ausführungen von Peter Geschiere, *Witchcraft, Intimacy and Trust. Africa in Comparison*, Chicago 2013, S. 172 ff.

27 Tanja Luhrmann, *Persuasions of the Witch's Craft*, Oxford 1989.

28 Michael Taussig, *Shamanism, Colonialism and the Wild Man. A Study in Terror and Healing*, Chicago 1987.

29 Allen F. Roberts, »Sinister Creatures, Mimetic Competition: Cannibalism in the Later Years of the Belgian Congo«, unveröffentlichter Vortrag, Uppsala 1993.

30 In dem wunderbaren Film *Señores Naturales* vom kürzlich verstorbenen Künstler Lothar Baumgarten ist eine solche Kommunion zu sehen.

31 Tatsächlich war der vorkoloniale König – wie Christus – auch Opfer (was James Frazer sehr wohl erkannt hatte). Da er mit seinem Leib für das Wohlergehen des Königtums einstand, wurde er, wenn er alt, gebrechlich und impotent wurde, getötet, um einem jüngeren und kräftigen Nachfolger Platz zu machen.

32 Frank Lestringant, *Cannibals. The Discovery and Representation of the Cannibal from Columbus to Jules Verne*, Cambridge 1997.

33 Geschiere, *Witchcraft, Intimacy and Trust*, S. 110.

34 Ron Kassimir, *The Social Power of Religious Organization: The Catholic Church in Uganda 1955–1991*, Ph.D.-Thesis, Department of Political Science, Chicago 1996.

35 Der niederländische Ethnologe Peter Pels berichtet, dass er zu Beginn seiner Forschung im Osten Tansanias für einen Vampir gehalten wurde, der seinen Forschungsassistenten veranlasst habe, Menschen zu töten. Als ein Mann ermordet wurde, fiel der Verdacht auf den Forschungsassistenten. Nachdem der wirkliche Mörder gefunden worden war, der den Verdacht als Gerücht in Umlauf gebracht hatte, setzten Pels und sein Forschungsassistent die ethnografische Arbeit erfolgreich fort, zuerst als »amusing nuisance; later a good friend«. Peter Pels, »Mumiani: The White Vampire. A Neo-Diffusionist Analysis of Rumour«, in: *Ethnofoor*, V, 1/2 (1992), S. 165–187, hier: S. 165.

GETEILTE FOTOGRAFIE

1 Siegfried Kracauer, »Die Fotografie«, in: Bernd Stiegler (Hg.), *Texte zur Theorie der Fotografie*, Stuttgart 2010, S. 240.

2 Es gelang mir an der Universität zu Köln – dort hatte ich seit 1994 eine Professur am Institut für Afrikanistik inne –, zuerst im Rahmen eines DFG-Forschungsprojekts zur populären Kultur in Ostafrika fotografische Praktiken und Diskurse zum Thema einer Ethnografie zu machen und später die Arbeit im Forschungskolleg »Medien und kulturelle Kommunikation« fortzuführen.

3 Clifford Geertz, »›Deep play‹: Bemerkungen zum balinesischen Hahnenkampf«, in: ders., *Dichte Beschreibung. Beiträge zum Verstehen kultureller Systeme*, Frankfurt/Main 1987.

4 Roland Barthes, *Die helle Kammer*, Frankfurt 1985, S. 21.

5 Auch F. W. Murnau setzte, zum Beispiel, Negativmaterial in seinem Film *Nosferatu* ein, als der Protagonist die Brücke auf dem Weg

zu Draculas Schloss überquert; er verweist damit auf den Übergang in eine verkehrte Welt voll tödlicher Gefahr.

6 Christopher Pinney, »The Parallel Histories of Anthropology and Photography«, in: Elizabeth Edwards (Hg.), *Anthropology and Photography*, New Haven und London 1992, S. 74–94.

7 Elizabeth Edwards (Hg.), *Anthropology and Photography*, New Haven und London 1992; Elizabeth Edwards, Janice Hart (Hg.), *Photographs, Objects, Histories. On the Materiality of Images*, London und New York 2004.

8 Dazu kam, dass moderne Ethnologen wie Malinowski oder Radcliffe-Brown Themen wie Verwandtschaftssysteme oder soziale Organisationen behandelten, die sich nicht unbedingt als fotografierbar anboten.

9 Anna Grimshaw, *The Ethnographer's Eye: Ways of Seeing in Anthropology*, Cambridge und New York 2001.

10 Lorraine Daston, Peter Galison, »Das Bild der Objektivität«, in: Peter Geimer (Hg.), *Ordnungen der Sichtbarkeit*, Frankfurt/Main 2002, S. 29–99, hier: S. 30 ff.

11 Janheinz Jahn hatte bereits 1960 auf einige Besonderheiten afrikanischer Porträtkunst hingewiesen, s. Janheinz Jahn, *Durch afrikanische Türen. Erlebnisse und Begegnungen in Westafrika*, Düsseldorf und Köln 1960; und Stephen Sprague schrieb den berühmten Aufsatz über Studiofotografie in Nigeria, s. Stephen Sprague, »How I see the Yoruba see themselves«, in: *African Arts*, 12/1 (1978), S. 9–28.

12 Aber ohne Seydou Këitas Namen zu nennen.

13 V. Y. Mudimbe, *The Idea of Africa*, Bloomington 1994.

14 Bruno Latour, »Visualisation and Cognition: Drawing Things Together«, in: *Knowledge and Society*, 6 (1986), S. 1–40.

15 Hans Belting, *Florenz und Bagdad. Eine westöstliche Geschichte des Blicks*, München 2008, S. 12, 104 ff.

16 V. S. Naipaul, *An der Biegung des grossen Flusses*, München 1993, S. 19 f.

17 Bronislaw Malinowski, *A Diary in the Strict Sense of the Term*, New York 1967.

18 Nach verschiedenen anderen Tätigkeiten arbeitete sie am Haus der Kulturen der Welt in Berlin und später am Goethe-Institut

in Johannesburg, Südafrika. Danach stieg sie zur Direktorin des Goethe-Instituts in Abidjan an der Elfenbeinküste in Westafrika auf. Sie organisierte erfolgreich Kunstausstellungen und machte das Goethe-Institut zu einem wichtigen sozialen Treffpunkt – nicht nur der Elite. Am 13. März 2016 wurde sie in Grand-Bassam, einem Ort östlich von Abidjan, zusammen mit 14 anderen Zivilisten Opfer eines Anschlags.

19 Der Gründer des Parekh Studios in Mombasa, Narayandas V. Parekh, verkaufte 1983 sein Studio und zog nach Birmingham in England zu einem seiner Söhne. Der neue Eigentümer erlaubte uns, das umfangreiche Fotoarchiv, das Parekh hinterlassen hatte, zu studieren. Von seinen Aufnahmen begeistert nahmen wir Kontakt zu Parekh auf und besuchten ihn in Birmingham. Er kam auch zur Ausstellungseröffnung von »Snap me One!« in München und hielt eine Rede zur Einführung.

20 In dem Buch *Contesting Visibility: Photographic Practices on the East African Coast*, das ich als Ergebnis der Forschung geschrieben habe, sind zwei Fotos enthalten, die Henrike und mich zeigen und von Maina Hatchison aufgenommen wurden.

21 Tatsächlich versuchten Tobias Wendl und ich in verschiedenen Texten, die Grenzen zwischen populärer Kunst und »hoher« Kunst eher aufzubrechen als zu verfestigen. Nachdem die populäre Porträtfotografie in Afrika auf dem Kunstmarkt reüssiert hatte und einige Fotografen den Status von Künstlern erlangten, wurde das Thema auch von Künstlern in Afrika aufgegriffen. Wir freuten uns, dass Künstler sich von »unseren« Fotografen beeinflussen ließen und nicht umgekehrt, und dass unsere Fotografen das Vorbild lieferten, das Künstler sich aneigneten und transformierten.

22 Darauf bezog sich der Titel von El-Zeins Monografie.

23 In den 1980er-Jahren, als die Farbfotografie in Kenia eingeführt wurde, druckten große Maschinen für alle sichtbar (manchmal im Schaufenster stehend) die Fotos aus. Als Kunde konnte man, wenn man delikate Fotos hatte, die sonst niemand sehen sollte, darum bitten, mit einem Vorhang die Fotos, die von der Maschine ausgespuckt wurden, abzuschirmen und sie so dem Blick Fremder zu entziehen.

24 Indische Fotografen in Mombasa sahen sich dagegen stärker als Autoren der Bilder und viele sammelten die Negative in einem eigenen

Archiv, auch weil sie dadurch die Kunden an ihr Studio binden konnten, wenn diese zum Beispiel weitere Abzüge verlangten.

25 Ariella Azoulay, *The Civil Contract of Photography*, New York 2008.

26 Für sie war der 11. September nicht das einmalige Ereignis (wie es Baudrillard beschrieben hat), sondern die traumatische Wiederholung der Bombardierung der amerikanischen Botschaft in Nairobi von 1998, die zu vielen Toten geführt hatte, darunter auch Verwandte und Bekannte der Likoni-Fotografen.

27 Zoë Strother, *Humor and Violence. Seeing Europeans in Central African Art*, Bloomington 2016, S. 146.

28 Frantz Fanon, *Schwarze Haut, weiße Masken*, Frankfurt/Main 1980, S. 101.

29 Vgl. Roland Barthes, »Schockphotos«, in: ders., *Mythen des Alltags*, Frankfurt/Main 2006.

30 Siegfried Kracauer, »Die Photographie«, in: *Das Ornament der Masse*, Frankfurt/Main 1977, S. 21–39.

31 Susan Sontag, *Über Photographie*, München 1979.

32 Barthes, *Die helle Kammer*, S. 102 ff.

33 Philippe Dubois, *Der fotografische Akt. Versuch über ein theoretisches Dispositiv*, Amsterdam und Dresden 1998.

34 Édouard Glissant, *Poetics of Relations*, Ann Arbor 2010.

35 Eva Meyer, *Autobiographie der Schrift*, Frankfurt/Main 1989, S. 77. Auch die folgenden Seiten verdanken viel Eva Meyers Text.

36 Es handelt sich um einen Sammelband: Christopher Morton, Darren Newbury (Hg.), *The African Photographic Archive. Research and Curatorial Strategies*, London 2015; darin mein Aufsatz: »›Celebrating Life‹: The Construction of Photographic Biographies in Funeral Rites among Kenyan Christians«, S. 77–93.

EPILOG

1 Zitiert nach Gerhard Neumann, »Umkehrung und Ablenkung: Franz Kafkas ›Gleitendes Paradox‹«, in: Heinz Politzer (Hg.), *Franz Kafka*, Darmstadt 1973, S. 459–515, hier: S. 494.

2 Nicht zufällig habe ich bereits zwei frühere Texte zum Thema geschrieben: Heike Behrend, »Menschwerdung eines Affen. Bemerkungen zum Geschlechterverhältnis in der ethnographischen Feldforschung«, in: *Anthropos*, 84 (1989), S. 555-564; Heike Behrend, »Menschwerdung eines Affen. Versuch einer Autobiographie der ethnographischen Forschung«, in: *Paideuma*, 64 (2018), S. 7-26.

3 Vgl. Hartmut Binder, *Kafka. Der Schaffensprozess*, Frankfurt/Main 1983.

4 Florence Bernault, *Colonial Transactions*, S. 86.

5 Allen F. Roberts, »Sinister Creatures, Mimetic Competition: Cannibalism in the Later Years of the Belgian Congo«, nicht publiziertes Manuskript, Vortrag an der Universität in Uppsala, 1993

6 Hans-Joachim Zimmermann, *Der akademische Affe: Die Geschichte einer Allegorie aus Cesare Ripas »Iconologia«*, Wiesbaden 1991.

7 Charles Darwin, *Die Abstammung des Menschen*, Bd. 1, Stuttgart 1871, zitiert nach Zimmermann, *Der akademische Affe*, S. 698.

8 Erhard Schüttpelz, *Eine Berichtigung für eine Akademie*, S. 119 f., online unter {https://www.uni-siegen.de/phil/medienwissenschaft/personal/lehrende/schuettpelz_erhard/literatur/schuettpelz_berichtigung_fuer_eine_akademie.pdf}, letzter Zugriff 27.04.2020.

9 Franz Kafka, *Forschungen eines Hundes*, Frankfurt/Main 1988.

10 Schüttpelz, *Eine Berichtigung für eine Akademie*, S. 99.

11 Schüttpelz, *Eine Berichtigung für eine Akademie*, S. 108.

12 Gerhard Neumann, »Umkehrung und Ablenkung. Franz Kafkas ›Gleitendes Paradox‹«, in: Heinz Politzer, *Franz Kafka*, Darmstadt 1973, S. 459-515, hier: S. 463 ff.

Literatur

Ariella Azoulay, *The Civil Contract of Photography*, New York 2008.

Nigel Barley, *Traumatische Tropen. Notizen aus meiner Lehmhütte*, München 1997.

Nigel Barley, *Die Raupenplage. Von einem, der auszog, Ethnologie zu betreiben*, München 1998.

Roland Barthes, *Die helle Kammer. Bemerkungen zur Photographie*, Frankfurt/Main 1989.

Roland Barthes, »Schockphotos«, in: ders., *Mythen des Alltags*, Frankfurt/Main 2006.

Heike Behrend, *Die Zeit des Feuers. Mann und Frau bei den Tugen in Ostafrika*, Frankfurt/Main 1985.

Heike Behrend, *Die Zeit geht krumme Wege. Raum, Zeit und Ritual bei den Tugen in Kenia*, Frankfurt/Main 1987.

Heike Behrend, »Menschwerdung eines Affen. Bemerkungen zum Geschlechterverhältnis in der ethnographischen Feldforschung«, in: *Anthropos*, 84 (1989), S. 555–564.

Heike Behrend, *Alice und die Geister. Krieg im Norden Ugandas*, München 1993.

Heike Behrend, Thomas Geider (Hg.), *Afrikaner schreiben zurück. Texte und Bilder afrikanischer Ethnographen*, Köln 1998.

Heike Behrend, *Resurrecting Cannibals: The Catholic Church, Witch-Hunts and the Production of Pagans in Western Uganda*, Oxford 2011.

Heike Behrend, *Contesting Visibility. Photographic Practices and the »Aesthetics of Withdrawal« on the East African Coast*, Bielefeld und New York 2013.

Heike Behrend, »›Spaces of Refusal‹: Photophobic Spirits and the Technical Medium of Photography«, in: Heike Behrend, Anja Dreschke, Martin Zillinger (Hg.), *Trance Mediums and New Media, Spirit Possession in the Age of Technical Reproduction*, New York 2015, S. 201–220.

Heike Behrend, »›Celebrating Life‹: The Construction of Photographic Biographies in Funeral Rites among Kenyan Christians«, in: Christopher Morton, Darren Newbury (Hg.), *The African Photographic Archive. Research and Curatorial Strategies*, Bloomsbury 2015, S. 77–93.

Heike Behrend, »Menschwerdung eines Affen. Versuch einer Autobiographie der ethnographischen Forschung«, in: *Paideuma*, 64 (2018), S. 7–26.

Hans Belting, *Florenz und Bagdad. Eine westöstliche Geschichte des Blicks*, München 2008.

Florence Bernault, *Colonial Transactions. Imaginaries, Bodies, and Histories in Gabon*, Durham und London 2019.

Hartmut Binder, *Kafka. Der Schaffensprozess*, Frankfurt/Main 1983.

Laura Bohannan (unter dem Psyeudonym Eleonore Smith Bowen), *Return to Laughter. An Anthropological Novel*, New York 1954.

Pierre Bourdieu, »L'illusion biographique«, in: *Actes de la Recherche en Sciences Sociales*, 62/63 (1986), S. 69–72.

Pierre Bourdieu, *Das Elend der Welt. Zeugnisse und Diagnosen alltäglichen Leidens an der Gesellschaft*, Konstanz 1997.

Jean und John Comaroff (Hg.), *Modernity and its Malcontents. Ritual and Power in Postcolonial Africa*, Chicago 1993.

Thomas Csordas, *The Sacred Self. A Cultural Phenomenology of Charismatic Healing*, Berkeley 1994.

Iris Därmann, *Fremde Monde der Vernunft. Die ethnologische Provokation der Philosophie*, München 2005.

Charles Darwin, *Die Abstammung des Menschen*, Bd. 1, Stuttgart 1871.

Lorraine Daston, Peter Galison, »Das Bild der Objektivität«, in: Peter Geimer (Hg.), *Ordnungen der Sichtbarkeit. Fotografie in Wissenschaft, Kunst und Technologie*, Frankfurt/Main 2002, S. 29–99.

Philippe Dubois, *Der fotografische Akt. Versuch über ein theoretisches Dispositiv*, Amsterdam und Dresden 1998.

Elizabeth Edwards (Hg.), *Anthropology and Photography*, New Haven und London 1992.

Elizabeth Edwards, Janice Hart (Hg.), *Photographs, Objects, Histories. On the Materiality of Images*, London und New York 2004.

Frantz Fanon, *Schwarze Haut, weiße Masken*, Frankfurt/Main 1980.

Johannes Fabian, *Time and the Other*, New York 1983.

Johannes Fabian, *Out of our Minds. Reason and Madness in the Exploration of Central Africa*, Berkeley 2000.

Jeanne Favret-Saada, *Die Wörter, der Zauber, der Tod. Der Hexenglaube im Hainland von Westfrankreich*, Frankfurt/Main 1979.

Jeanne Favret-Saada, »Être affecté«, in: *Gradhiva* 8 (1990), S. 3-9.

Michel Foucault, *Der Wille zum Wissen*, Frankfurt/Main 1992.

James Frazer, *Der goldene Zweig*, Hamburg 1989.

Georg Gadamer, *Die Aktualität des Schönen*, Stuttgart 1977.

Henry Louis Gates, *The Signifying Monkey: A Theory of African-American Literary Criticism*, Oxford 1989.

Clifford Geertz, »Thinking as a Moral Act: Dimensions of Anthropological Fieldwork in the New States«, in: *Antioch Review*, 28/2 (1968), S. 139-158.

Clifford Geertz, »›Deep play‹: Bemerkungen zum balinesischen Hahnenkampf«, in: ders., *Dichte Beschreibung. Beiträge zum Verstehen kultureller Systeme*, Frankfurt/Main 1987.

Clifford Geertz, *Local Knowledge*, New York 1983.

Peter Geschiere, *The Modernity of Witchcraft. Politics and the Occult in Postcolonial Africa*, Charlottesville und London 1997.

Peter Geschiere, *Witchcraft, Intimacy and Trust. Africa in Comparison*, Chicago 2013.

Édouard Glissant, *Poetics of Relation*, Michigan 1997.

Alma Gottlieb, Philip Graham, *Parallel Worlds. An Anthropologist and a Writer Encounter Africa*, Chicago 1994.

Marcel Griaule, *Masques Dogons*, Paris 1983.

Julika Griem, *Monkey Business. Affen als Figuren anthropologischer und ästhetischer Reflexion 1800-2000*, Berlin 2010.

Anna Grimshaw, *The Ethnographer's Eye: Ways of Seeing in Anthropology*, Cambridge und New York 2001.

Michael Harbsmeier, »Buch, Magie und koloniale Situation. Zur Anthropologie von Buch und Schrift«, in: Peter Ganz (Hg.), *Das Buch als magisches und als Repräsentationsobjekt*, Wiesbaden 1992, S. 3-24.

Michael Harbsmeier, *Heimkehrrituale: Prolegomena zu einer Weltgeschichte des Reiseberichts als globaler literarischer Gattung* (unveröffentlichtes Manuskript).

Michael Harbsmeier, »Spontaneous Ethnographies. Towards a Social History of Traveller's Tales«, in: *MESS* (Mediterranean Ethnological Summer School 1994/95), Ljubljana 1995, S. 23–39.
Paulin Hountondji, *Afrikanische Philosophie. Mythos und Realität*, Berlin 1993.
Janheinz Jahn, *Durch afrikanische Türen. Erlebnisse und Begegnungen in Westafrika*, Düsseldorf und Köln 1960.
Franz Kafka, *Forschungen eines Hundes*, Frankfurt/Main 1988.
Franz Kafka, *Ein Bericht für eine Akademie*, Frankfurt/Main 1988.
Ron Kassimir, *The Social Power of Religious Organization: The Catholic Church in Uganda 1955–1991*, Ph.D.-Thesis, Department of Political Science, Chicago 1996.
David Kettel, *Passing like Flowers. The Marriage Regulations of the Tugen of Kenya and their Implications for a Theory of Crow-Omaha*, Dissertation, University of Illinois, 1975.
Siegfried Kracauer, »Die Photographie«, in: *Das Ornament der Masse*, Frankfurt/Main 1977, S. 21–39.
Sybille Krämer, *Medium, Bote, Übertragung. Kleine Metaphysik der Medialität*, Frankfurt/Main 2008.
Fritz Kramer, *Schriften zur Ethnologie*, Frankfurt/Main 2005.
Timothy Landry, *Vodún. Secrecy and the Search for Divine Power*, Philadelphia 2019.
Bruno Latour, »Visualisation and Cognition: Drawing Things Together«, in: *Knowledge and Society*, 6 (1986), S. 1–40.
Bruno Latour, *Wir sind nie modern gewesen. Versuch einer symmetrischen Anthropologie*, Frankfurt/Main 2008.
Philippe Lejeune, *Der autobiographische Pakt*, Frankfurt/Main 1994.
Frank Lestringant, *Cannibals. The Discovery and Representation of the Cannibal from Columbus to Jules Verne*, Cambridge 1997.
Claude Lévi-Strauss, *Traurige Tropen. Indianer in Brasilien*, Köln 1974.
Claude Lévi-Strauss, »Das Feld der Anthropologie«, in: ders., *Strukturale Anthropologie II*, Frankfurt/Main 1992.
Karl Löwith, *Weltgeschichte und Heilsgeschehen*, Stuttgart 1967.
John Lonsdale, *Unhappy Valley*, London 1992.
Tanja Luhrmann, *Persuasions of the Witch's Craft*, Oxford 1989.

Bronislaw Malinowski, *A Diary in the Strict Sense of the Term*, New York 1967.
Achille Mbembe, »Provisional Notes on the Postcolony«, in: *Africa*, 62/1 (1992), S. 3-37.
Achille Mbembe, *On the Postcolony*, Berkeley 2001.
Birgit Meyer, *Sensational Movies. Video, Vision, and Christianity in Ghana*, Oakland 2015.
Eva Meyer, *Autobiographie der Schrift*, Frankfurt/Main 1998.
Valentin Mudimbe, *The Idea of Africa*, Bloomington 1994.
Shahnaz Nadjmabadi, »From ›Alien‹ to ›One of Us‹ and Back: Field Experiences in Iran«, in: *Iranian Studies*, 37/4 (2004), S. 603-612.
V. S. Naipaul, *An der Biegung des grossen Flusses*, München 1993.
Gerhard Neumann, »Umkehrung und Ablenkung: Franz Kafkas ›Gleitendes Paradox‹«, in: Heinz Politzer (Hg.), *Franz Kafka*, Darmstadt 1973, S. 459-515.
Stephan Palmié, *The Cooking of History. How to study Afro-Cuban Religion*, Chicago 2013.
Peter Pels, »Mumiani: The White Vampire. A Neo-Diffusionist Analysis of Rumour«, in: *Ethnofoor*, V (1/2), 1992, S. 165-187.
Christopher Pinney, »The Parallel Histories of Anthropology and Photography«, in: Elizabeth Edwards (Hg.), *Anthropology and Photography*, New Haven und London 1992, S. 74-94.
Hortense Powdermaker, *Stranger and Friend. The Way of an Anthropologist*, New York 1966.
Allen F. Roberts, »Sinister Creatures, Mimetic Competition: Cannibalism in the Later Years of the Belgian Congo«, unveröffentlichter Vortrag, Uppsala 1993.
John Roscoe, *The Bakitare or Banyoro*, Cambridge 1923.
Richard Rottenburg, »Marginalität und der Blick aus der Ferne«, in: Heike Behrend (Hg.), *Geist, Bild und Narr. Zu einer Ethnologie kultureller Konversionen*, Berlin 2001, S. 37-44.
Erhard Schüttpelz, »Eine Berichtigung für eine Akademie«, online unter {https://www.uni-siegen.de/phil/medienwissenschaft/personal/lehrende/schuettpelz_erhard/literatur/schuettpelz_berichtigung_fuer_eine_akademie.pdf}, letzter Zugriff 27.04.2020.

Erhard Schüttpelz, *Die Moderne im Spiegel des Primitiven*, München 2005.

James Siegel, *Naming the Witch*, Stanford 2006.

Susan Sontag, *Über Photographie*, München 1979.

Stephen Sprague, »How I see the Yoruba see themselves«, in: *African Arts*, 12/1 (1978), S. 9–28.

Zoë Strother, *Humor and Violence. Seeing Europeans in Central African Art*, Bloomington 2016.

Michael Taussig, *Shamanism, Colonialism and the Wild Man. A Study in Terror and Healing*, Chicago 1987.

Michael Taussig, *Mimesis und Alterität. Eine eigenwillige Geschichte der Sinne*, Hamburg 1997.

Kathrin Tillmanns, *Medienästhetik des Schattens. Zur Neubestimmung des Mensch-Technik-Verhältnisses im digitalen Zeitalter*, Bielefeld 2017.

Stephen Tyler, *Das Unaussprechliche. Ethnographie, Diskurs und Rhetorik in der postmodernen Welt*, München 1991.

Ulrich van Loyen, *Neapels Unterwelt. Über die Möglichkeit einer Stadt*, Berlin 2018.

Roy Wagner, *The Invention of Culture*, Chicago 1981.

Tobias Wendl (Hg.), *Africa Screams. Das Böse in Kino, Kunst und Kult*, Wuppertal 2004.

Harry G. West, *Ethnographic Sorcery*, Chicago 2007.

Roy Willis, *Some Spirits Heal, Others Only Dance. A Journey into Human Selfhood in an African Village*, Oxford 1999.

Michael Young, *The Ethnography of Malinowski. The Trobriand Islands 1915–18*, London 1979.

Hans-Joachim Zimmermann, *Der akademische Affe. Die Geschichte einer Allegorie aus Cesare Ripas »Iconologia«*, Wiesbaden 1991.

Dank

Für freundliche Hilfe und tatkräftige, manchmal langwierige Unterstützung danke ich Irene Albers, Sandra Calkins, Iris Därmann, Michael Harbsmeier, Armin Linke, Birgit Meyer, Eva Meyer, Ulrike Ottinger, Claus Dieter Rath, Richard Rottenburg, Hille Sagel, Christiane Schmidt, Magdalena Schrefel, Erhard Schüttpelz, Ina Sykora und ganz besonders Christine Noll Brinckmann, Peter Geschiere, Ulrich van Loyen, Michi Knecht und Jojada Verrips.

HEIKE BEHREND, 1947 in Stralsund geboren, studierte Ethnologie und Religionswissenschaft in München, Wien und Berlin. Sie arbeitete ethnografisch vor allem in Ostafrika, lehrte an verschiedenen Universitäten im In- und Ausland und lebt in Berlin.

Erste Auflage Berlin 2020

MSB Matthes & Seitz Berlin Verlagsgesellschaft mbH
Göhrener Str. 7, 10437 Berlin
info@matthes-seitz-berlin.de

Umschlaggestaltung: Judith Schalansky, Berlin
Layout und Satz: Tom Mrazauskas, Berlin
Druck und Bindung: Pustet, Regensburg

ISBN 978-3-95757-955-3

www.matthes-seitz-berlin.de